"十四五"职业教育国家规划教材

融合型·新形态教材
复旦社云平台 fudanyun.cn

U0730627

现代幼儿园管理实务

（第二版）

主　编　张　欣　程志宏

副主编　解永霞　孔玲芳

编　者（按姓氏笔画排列）

王小儒　王雅琴　孔玲芳　叶　婷　李　芳

刘秦中　张　洁　张　欣　庞凤兰　俞　芳

钱海峰　程志龙　程志宏　解永霞

复旦大学出版社

内容提要

本书由专家学者和一线经验丰富的园长、教师编写，从幼儿园的实际需求出发，梳理出影响幼儿园可持续发展的诸多要素。将管理过程中的困惑用专题的方式，提供了一个从理论层面到操作层面的指导，对管理工作具有一定的借鉴作用，从而达到改善和提高管理水平的目的。

本书可作为幼儿园管理者的培训用书，也可作为学前教育专业教材，具有前瞻性、实用性和创新性，对规范幼儿园管理、提升管理水平起到较好的指导作用。本书配有课件，可登录复旦社云平台免费下载（www.fudanyun.cn）。

复旦社云平台
数字化教学支持说明

为提高教学服务水平，促进课程立体化建设，复旦大学出版社学前教育分社建设了"复旦社云平台"，为师生提供丰富的课程配套资源，可通过"电脑端"和"手机端"查看、获取。

【电脑端】

电脑端资源包括 PPT 课件、电子教案、习题答案、课程大纲、音频、视频等内容。可登录"复旦社云平台"（www.fudanyun.cn）浏览、下载。

Step 1 登录网站"复旦社云平台"（www.fudanyun.cn），点击右上角"登录/注册"，使用手机号注册。

Step 2 在"搜索"栏输入相关书名，找到该书，点击进入。

Step 3 点击【配套资源】中的"下载"（首次使用需输入教师信息），即可下载。音频、视频内容可通过搜索该书【视听包】在线浏览。

【手机端】

PPT 课件、音视频、阅读材料：用微信扫描书中二维码即可浏览。

【更多相关资源】

更多资源，如专家文章、活动设计案例、绘本阅读、环境创设、图书信息等，可关注"幼师宝"微信公众号，搜索、查阅。

平台技术支持热线：029-68518879。

"幼师宝"微信公众号

【本书配套资源】

学习课件

配套练习

前言
Foreword

目前,学前教育面临前所未有的机遇和挑战。中国共产党第二十次全国代表大会的报告(简称"二十大报告")中指出,"深入贯彻以人民为中心的发展思想,在幼有所育、学有所教扶持上持续用力促使人民生活全方位改善。""办好人民满意的教育,强化学前教育普惠发展。"报告还明确提出,"加强教材建设和管理,完善学校管理和教育评价体系,健全学校家庭社会育人机制。""实施科教兴国战略,强化现代化建设人才支撑,培养造就大批德才兼备的高素质人才。"办好人民满意的教育,是中国教育现代化发展提出的新使命、新任务。引导大学生悟透二十大精神,建立正确的道德观念。同时,针对办园体制多样化,新扩建幼儿园与日俱增的现状,满足高校学生和在职管理者尽快熟悉和掌握管理幼儿园的需求,特编写了这本教材。

本教材作为学前教育职业指导用书,将党的二十大报告精神、国家的教育方针政策有机融入课程思政,融入教材建设,引领师生树立正确的世界观、人生观、价值观,全面助力师生坚定爱党报国、敬业奉献、服务人民的崇高理想信念,深耕专业知识。力争为学前教育高质量发展、培养具有健全人格和德、智、体、美、劳全面发展的社会主义事业建设者和接班人作贡献。

本书由复旦大学出版社组织了一批专家学者和经验丰富的一线园长、教师,从幼儿园的实际需求出发,梳理出影响幼儿园可持续发展的诸多要素。用专题的方式将幼儿园管理过程中的主要问题梳理出来,给管理者提供了一个从理论层面到操作层面的指导,对其管理具有一定的借鉴作用,从而达到改善和提高管理水平的目的。此外,还通过案例研讨的方式,让管理者感受到:有长远眼光的园长,必定有清晰的办学思路,这样才能引领幼儿园科学健康地发展。

本书可作为幼儿园管理者的培训用书,也可作为幼儿师范院校的专业教材,具有一定的前瞻性、实用性和创新性,将会对规范并提升幼儿园管理起到重要的指导作用。

本书的结构特点:在编写思路上打破了以往的篇章结构,用专题的形式呈现给读者,读者可按需使用。每一专题都独立成文,而全书又囊括了幼儿园管理过程中的每一个环节,使本书结构完整,系统性强。

本教材的特点主要表现在如下几个方面:

模块化:打破了固有的编写思路,坚持按需施教的原则,从现代幼儿园管理的实务出发,开发出既相互独立,又相互关联,具有一定内在逻辑性和系统性的十个不同学习模块的专题,形成类似积木组合式的课程结构。

创新性:从体系上讲,本书一方面完整地阐述了幼儿园管理工作中的基本内容、原理与方法;另一方面从时代的需要出发，增加了法律支撑、幼儿园品牌及幼儿园课程等内容，特别是渗透了思维方法的给予，让幼儿园管理者感受到先进系统的管理思想，引发管理者全方位的思考，从而开拓自己的管理思路，完善自己的管理行为。

现实性：本书更加关注当前幼儿园现实发展与管理中存在的问题，以专题形式对幼儿园管理中的品牌建设、文化建设、法律支撑、团队发展、课程管理及危机管理等话题予以探讨，让读者更加贴近变化发展中的幼儿园现实，并用此书指导具体的工作。本书主要针对办园已规范，并正在走向成熟的园所，专题内容突出园所管理工作中的重点和难点。初入职和未入职教师管理者还可参阅复旦大学出版社出版的《幼儿园组织与管理》一书，两书结合使用相得益彰。

本书的大纲及框架建构的思路主要由宁夏回族自治区银川市第一幼儿园张欣园长承担，淮北师范大学程志宏教授参与，主编由张欣、程志宏担任，解永霞、孔玲芳任副主编。参加编写的主要单位有：苏州幼儿师范高等专科学校、宁夏幼儿师范高等专科学校、银川市第一幼儿园、银川市第八幼儿园、四川省乐山市机关幼儿园、宁夏回族自治区教育厅教研室、安徽省蚌埠学院文学与教育系。编写人员有：程志龙（专题一），张卉、王雅琴（专题二），俞芳、叶婷（专题三），张欣、刘秦中（专题四），王小儒、解永霞（专题五），张洁（专题六），程志宏（专题七），李芳、解永霞（专题八），庞凤兰、钱海峰（专题九），张欣、孔玲芳（专题十）。

由于编者的水平和资源有限，难免存在不足，诚恳希望广大读者在使用中提出宝贵意见。

目　录
Contents

园长与幼儿园发展

导读　　　　　　　　　　　　　　　　>>>

　　党的二十大报告指出，要加快建设高质量教育体系，办好人民满意的教育。在加快推进教育现代化、建设教育强国的新征程中，始终坚持党对教育工作的全面领导，落实立德树人根本任务，培养一代又一代德智体美劳全面发展的社会主义建设者和接班人。

　　书记、园长（目前在幼儿园管理中大多实行一岗双责制，更好地落实党对教育的全面领导）的引领对幼儿园的发展至关重要，了解园长的基本职责并科学定位是发挥作用的重要前提。

教学课件

一、园长在幼儿园发展中的地位和职责

（一）园长在幼儿园发展中的地位

陶行知先生曾经说过："校长是一个学校的灵魂。要想评论一个学校,先要评论他的校长。"[1]作为基础教育之基础的幼儿园,其园长在管理幼儿园的具体事务上与校长有一定的区别。但是,一个好园长对于一所幼儿园发展的意义绝对不小于一个好校长对于一所学校发展的价值。办好一所幼儿园的关键在于园长。

自1990年以来,我国幼儿园实行园长负责制,幼儿园工作由园长统一领导和全面负责。

园长负责制是幼儿园在上级宏观领导下,以园长领导全面负责为核心,同党组织保证监督、教工民主管理有机结合,为实现幼儿园工作目标,充分发挥行政管理功能的幼儿园领导关系的结构体系。

上级机关领导是指幼儿园由上级教育行政部门领导。园长是幼儿园行政的最高负责人,处于幼儿园的中心地位,是幼儿园的法人代表,对外代表幼儿园,对内领导和负责全园的保教、科研和行政管理工作。

幼儿园党组织的职能是保证与监督。党的领导主要是政治领导和思想领导。幼儿园实行园长负责制以后,党支部把自己的力量集中到加强党的自身建设、发挥党员的先锋模范作用;加强思想政治工作,团结全体师生员工,支持园长的工作,保证和监督党的各项方针政策的落实和国家教育计划的实现;坚持用社会主义核心价值体系教育广大师生,激励他们立志为祖国的富强奋勇进取、建功立业,保证学生体、智、德、美的全面发展。

教工民主管理是指教职工有参与管理幼儿园的权利。建立和健全教职工代表大会制度,使教职工参加幼儿园的民主管理和民主监督,这是我国幼儿园管理史上的一个创举。《中共中央关于教育体制改革的决定》中规定要建立和健全教职工代表大会制度,这就不但解决了党政分工和职权责统一的问题,而且还解决了教职工参加幼儿园民主管理和民主监督的问题,从而使幼儿园领导体制更加完善。

（二）园长的职责

园长的职责是指担任园长这一职务的人应担负的责任和工作范围。在实行园长负责制后,园长在幼儿园的地位和作用有了进一步的提高。只有明确了园长的职责才能正确实行园长负责制,才能为提高园长工作效能打好基础。明确园长的主要职责,既是管理学上的"职权责一致"原则所要求的,也是现实工作的迫切需要。

根据《幼儿园工作规程（试行）》(1996年)(以下简称《规程》)和《全国幼儿园园长任职资格、职责和岗位要求（试行）》(1996年)等文件规定以及当前幼儿园园长工作的具体情况,我们将园长的主要职责概括为思想政治领导的职责、组织管理的职责、保教管理的职责、人力资源管理的职责以及沟通与协调关系的职责等。

1. 思想政治领导的职责

对于幼儿园来说,正确而有效的思想政治领导不仅可以指引幼儿园发展的方向,而且可以产生巨大的推动力,促进幼儿园的发展。因此,园长管理职责中首先就要坚持正确而有效的思想政治领导。

思想政治的领导职责要求园长做到以下两个方面:

---

[1] 陶行知.陶行知全集（第一卷）[M].长沙：湖南教育出版社,1984.

第一,园长要贯彻国家教育方针政策,确立正确的办园指导思想,以此形成幼儿园发展的核心凝聚力。因此,园长必须积极学习、正确理解国家的教育方针政策,通过持续不断的思想教育和引领,使全园教师达成对幼儿园发展的共识,以此来指引幼儿园向正确的方向发展,并在理解深化幼儿园教育价值的基础上提升幼儿园教育发展的社会价值。

第二,园长要逐渐形成自己的教育思想,树立自己的教育理念,以此来影响人、塑造人。苏霍姆林斯基非常重视教育思想在办学过程中的作用。他说:"领导学校,首先是教育思想的领导,其次才是行政上的领导。"[1]园长在国家教育方针政策学习的过程中,要不断思考幼儿的发展和幼儿园的发展问题,不断探讨幼儿教育的规律及幼儿园发展的特点和规律,不断学习先进的教育理念和管理思想,逐渐形成自己独特的教育思想和理念,引导幼儿园教职工努力在工作实践中探索幼儿教育规律,形成自己的教育观、儿童观等,以期更好地实现幼儿教育的价值。

🐎 案　例

不该发生的一幕[2]

今天,我外出有事刚回到学校,远远看到中班一个班级的小朋友正在草地上寻找什么,我上前一看,原来他们正在捉一种小虫,我心想:"老师真有心,在带小朋友进行观察活动呢。"谁知接下来的事却让我目瞪口呆:小朋友捉到了虫都放在地上用小脚一踩,小虫顿时都被踩成了肉酱。我忙问老师:"这是怎么回事?"老师说:"这是害虫,我让他们踩死的。"这种小虫我以前所带班的小朋友也非常喜欢,我还专门生成了一个主题活动,使小朋友认识到这种小虫是人类生活环境中的一个组成群体,我们不能随便破坏它们生活的环境,就像今天地球上环境恶化就是我们人类人为破坏所造成的。因此我班的小朋友特别爱护这种小虫,即使捉到了观察一会,最后还是会把它们放回去的。可是,现在竟然是这个结果。我一方面痛心的是我们老师知识的不足,不但没有好好把握幼儿的兴趣点,丧失了教育的良机,而且还进行了错误的引导;另一方面痛心的是老师这样的教育使小朋友践踏小生命一点也不心软。虽然在我的干预下老师及时纠正了小朋友的行为,但我想给小朋友留下的不良影响将要有一段时间才能消除得了。

通过这件事,我觉得我们的老师要经常反思自己的言行,好好思考我们的一个不经意举动言行会给幼儿带来什么影响,从而做到谨言慎行,真正给幼儿好的启蒙教育。

2. 组织管理的职责

园长作为幼儿园的管理者,对幼儿园组织的发展至关重要。园长要正确认识幼儿园组织管理在整个幼儿园体系中的重要作用。

要善于通过计划、组织、协调和控制等技能提高幼儿园发展的效率。组织管理是幼儿园可持续发展的保证,一位好园长必须确保组织管理的有效性,确保幼儿园发展的高效率。所以,园长要建立幼儿园组织管理网络,不仅要建立有效的幼儿园管理体系,而且要做好其他工作,例如财政预算与规划,教育资源的获取、分配与管理,幼儿园环境创设与使用等等。

---

[1]〔苏〕苏霍姆林斯基.和青年校长的谈话〔M〕.赵玮等译.上海:上海教育出版社,1983.
[2] 摘自幼儿教育科学网http://yejy.jyjy.net.cn

3. 保教管理的职责

保教工作是幼儿园的中心工作。因此，园长对保教工作的领导也应该是幼儿园园长工作的中心。园长在对保教工作进行管理的过程中必须摆正自己的位置，应站在一定的高度来做好幼儿园保教工作，避免因幼儿园保教工作的琐碎、繁杂而陷入具体事务管理的局面。

园长进行保教管理要做到一规划二落实三监督四反馈，缺一不可，循环进行。规划是指园长对于幼儿园中长期保教工作发展的设想和愿景，以及每学年、学期制定的幼儿园保教工作计划和班级保教工作计划。落实是园长要进行责任分工，各项活动有专人负责管理和落实。监督即园长定期了解保教工作的进度，确保将科学的规划在幼儿园保教活动中落到实处。反馈即园长根据在落实和监督保教工作过程中发现的问题，分析原因，调整计划，不断改善保教工作，确保保教工作高质高效地完成。

4. 人力资源管理的职责

人是组织发展中最宝贵的资源，管理工作归根结底还是对人力资源的管理。对于园长来说，人力资源管理主要是做好用人、培养人和调动人的积极性三个方面的工作。人力资源管理在幼儿园管理过程中，替代原有的人事管理概念则是一种进步，即强调"以人为本"的管理，改变过去人事管理中以事为中心，强调事而忽视人的倾向。因此，园长在进行人力资源管理的过程中，要充分考虑到本园教职工的特殊情况，采用合理有效的管理措施，切实体现"以人为本"的管理理念，发挥每一位教职工的潜能，形成一股合力，共同实现幼儿园的有效发展。

5. 沟通与协调关系的职责

幼儿园不是孤立存在的，"教育必须被放在学校-社会的大环境中来评价，必须把教师、学生、管理者、辅导人员、家长、其他居民联系在一起看待。学校平庸还是优秀，取决于这些相互关联的人的综合表现——他们如何沟通、如何联系、如何相互支持、如何共享信息"[1]。因此，园长要承担与外界各种关系沟通和协调的职责，为幼儿园的发展创设有利的外部环境。园长需要处理好与上级行政部门之间的关系、与家长的关系、与社区的关系，以及与其他幼儿园的关系。每一所幼儿园都有其自身的办园风格和特色，若能妥善处理好与其他幼儿园的关系，相互学习、相互借鉴、相互促进、共同发展，对于幼儿园来说是大有益处的。

🐎 案 例

园长的领导艺术

某园采购员聪明能干，但脾气不好，有时很倔，有时闷头不理人，因而群众关系较差。

一天中午，食堂急需一批餐料，管理员请他去买，他不去，管理员只好找园长。园长通过询问才知道采购员正闹胃病。园长马上请园保健医生拿来胃药，并劝他到医院看病。采购员一语不发，骑车出去后很快把餐料买了回来，以实际行动证明自己克服困难完成了任务。

事后，园长找到采购员，肯定了他的成绩，指出有困难可以和管理员协商，同志间要互相尊重、互相配合，采购员也诚恳地谈了自己的想法。原来是有些教职工对他不够尊重，购买物品无计划，急需物品时又呼三喊四，搞得他心情烦躁、手忙脚乱。园长听后，帮他分析原因，并建立了相应的采买报批制度，即常规教师教学物品每学期提前做出计划，开学初就购买；临时所需物品提前三天做出计划，极特殊情况再随时购买。这样既减轻了采购员的负担，便于合理安排时间，又使采购员

---

［1］〔美〕唐·倍根，唐纳德·R.格莱叶.学校与社区关系［M］.周海涛主译.重庆：重庆大学出版社，2003.

有闲暇从事幼儿园其他工作。从此,采购员性格开朗了一些,经常为集体做好事,如为幼儿园修理床架,设计并安装消毒灯架等,为幼儿园节省资金几千元。

可见,真正的领导人不一定自己具体做事能力有多强,只要懂信任,敢放权,有着良好的心理素质,就能团结比自己更强的力量,从而提升自己的身价。相反,许多具体做事能力非常强的人却因为过于追求完美,事必躬亲,对什么人都不放心,最后只能成为一个最好的专业人员、优秀的中层管理者,很难成为真正的领导人。

(三)园长发挥作用的条件

1.园长的办园自主权

园长对幼儿园的保教及其他各项工作实行统一领导,全面负责。园长如果没有较多的自主权,就不可能做到这一点。园长负责制赋予园长行使的管理权力主要有以下四个方面。

(1)决策权。在国家有关法律、法规、政策所允许的范围内,园长有权对本园的保教和行政工作进行决策。园长在决策之前,通过多种渠道广泛听取各方面的意见,但园长拥有最终的决策权。园长与副园长之间是领导与被领导的关系。

(2)指挥权。园长对外代表幼儿园,对内统一领导,统一指挥全园的行政工作。幼儿园各管理机构和人员要接受园长的领导,这样可以避免政出多门。

(3)人事权。园长可提名和任免副园长和其他行政干部,按照当地干部管理权限规定的不同,报上级主管部门批准或备案。园长可根据工作需要,对园内已有的教师的工作进行适当调整。园长有权按照有关规定和程序对教职工进行考核、奖惩。对教职工的重大奖励和行政处分须听取党组织、园务会成员和工会(教代会)的意见,并按有关规定,报上级行政部门批准。

(4)财经权。园长有权按国家有关政策和规定,合理使用幼儿园经费、保教设施及其他财产。

园长除以上权力外,还可拥有国家和政府主管部门授予的其他权力。

2.处理好四个关系

(1)园长与上级的关系。园长与上级的关系包括与上级党组织和上级教育行政机关的关系,都是被领导与领导的关系。对于园长来说,在执行上级指示时,既要领会精神,又要结合本园实际。

(2)党政关系。党政关系是指幼儿园党组织与行政组织的关系,他们不是领导与被领导的关系,书记和园长是其所在组织的第一把手。实质上党政之间是分工与合作的关系、支持与尊重的关系、监督与被监督的关系。要强调分工,即分工明确,各司其职,这是理顺党政关系的前提。党组织在幼儿园中发挥保证和监督作用。园长应充分行使自己的职权,发挥自己的聪明才智,对幼儿园工作进行有力的领导,但同时,园长应该主动地、自觉地争取党支部的支持和监督,重大问题决策主动吸引党支部参与;教职工的思想政治工作应与党支部配合,并协助支部做好团、工会的工作。

(3)领导与群众的关系。正确处理园长和群众的关系,就是正确执行民主集中制原则,在民主的基础上集中,在集中指导下民主,集中和民主相得益彰,辩证统一。

园长负责制与教职工参加民主管理是相互依存的两个方面。教职工要服从园长的领导,园长要虚心听取群众的意见,接受群众的监督。教职工不仅是管理的对象,也是管理的主体,他们有权利也有责任参加幼儿园管理。园长要尊重教职工的民主权利,发挥他们的主动性、积极性和创造精神,增强他们的责任感。教职工的参与和认同,对于组织的巩固、工作的推进、士气的提高是必不可少的。因此,园长要把自己的智慧与群众的智慧结合起来,在制定计划、做出决策时,要充分听取大家的意见。幼儿园的计划和决策如果是广大教职工的意志的体现,自然能得到大家的拥护和支持。

（4）集权与分权的关系。集权与分权的关系是指幼儿园主要领导人与其他领导成员的关系。实行园长负责制,园长要对幼儿园工作全面负责,即有权力决定幼儿园工作。然而,管理好一个幼儿园,仅凭园长一个人的力量是有限的,要有效地管理好一个幼儿园,必须有一个领导班子,在园长的领导下共同把幼儿园办好,这个领导班子就是领导集体。

园长既要集中使用权力,又要善于分权。在领导班子成员之间,要合理分工,使每个领导成员都能做到有职、有权、有责。园长既能集中领导,统一指挥,又能使每个成员能够放手工作,充分发挥作用,在工作中互相信任、互相支持。

（四）实行园长负责制的必要条件

1. 转变管理观念,树立现代管理意识

转变观念,提高认识,这是实行好园长负责制的前提条件。园长及领导班子其他成员应在思想观念上适应园长负责制的要求。因此,园长要树立新的权力观念、领导关系结构观念,要有革新思想和创新精神。幼儿园领导班子成员缺乏创造性,是很难落实园长负责制并争取积极的工作绩效的。

2. 加强干部培养,提高园长素质

实行园长负责制,园长要对幼儿园工作全面负责,这对园长的素质要求就更高了,这是实行园长负责制的前提和保证。

实行园长负责制,要依赖整个幼儿园全体人员共同的活动,因此,对幼儿园中其他管理人员也提出新的要求。所以,在选好园长的同时,还要组建科学合理的领导班子,建设一支合格的领导干部队伍。

3. 转变政府职能,确保幼儿园自主办园

幼儿园组织系统是一个开放系统,幼儿园管理体制的改革是一个系统工程。园长负责,是要向幼儿、家长、幼儿园教职工负责,也要向上级领导部门负责。上级如何管理幼儿园,对园长负责制能否顺利实行关系极大。因此,在领导体制方面,上级部门和幼儿园要同步进行改革,主要做好以下三个方面工作:一是权力下放,让园长真正拥有办园自主权,能在职权范围内直接处理幼儿园内部事务;二是改变领导管理方式,从过去的微观管理为主转向宏观管理为主,从单纯的治理或管理转向服务式管理;三是推行简政措施,任务"归口"下达,克服多头领导,精简会议,既要少开会又要按职能分工召开会议。

4. 健全相关法律法规,依法办园

随着园长负责制的实施,会遇到一些具体问题需要解决,为了有效推行园长负责制,需要不断地健全相关法规,使园长负责制的实施有章可循。

5. 健全职能机构,强化民主管理体系

建立园务委员会、教职工大会制度,完善民主管理的组织形式。

二、园长的影响力

（一）园长的影响力

1. 园长影响力的概念

影响力是指人们在相互交往中,引起或改变他人心理与行为活动的能力。领导者与被领导者、教育者与受教育者都有影响与改变他人心理和行为的能力,也具有接受影响的能力。职权与权威的作用

及其有效实施往往是通过影响力来实现的。由于领导者掌有职权,其影响力更大。[1]

2. 园长影响力的构成

领导者是否具有强而有效的影响力,取决于诸多因素。其主要影响力有权力性与非权力性两大类。

(1)权力性影响力。权力性影响力又称强制性影响力,是由社会赋予领导者的特定的职务、地位、权力、资历等构成的。它有如下影响特点:第一,对他人的影响具有强迫性,不可违抗;第二,领导者与被领导者双方有疏远与离心的倾向;第三,靠外力推动形式,作用有限;第四,被领导者处在被动服从的地位,缺乏自觉性、主动性和积极性。

(2)非权力性影响力。非权力性影响力即自然性影响力,是由领导者的品德、知识、才能、感情等因素而产生的影响力。这些虽然与领导者的权力因素没有必然联系,但这两种性质的影响力的结合会产生更强大的影响作用。它有如下影响特点:第一,自然的、非强制的;第二,被领导者心悦诚服,自觉自愿接受;第三,领导者与被领导者之间关系和谐,心理相容;第四,影响力更强大、更持久。

权力性影响力与非权力性影响力的具体性质与影响作用见表1-1:

表1-1 领导者影响力因素表[2]

分 类	因 素	性 质	心 理 影 响	
权力性	传统因素 职位因素 资历因素	观念性 社会性 历史性	服从感 敬畏感 敬重感	强制性
非权力性	品德因素 才能因素 知识因素 感情因素	本质性 实践性 科学性 精神性	敬爱感 敬佩感 信赖感 亲切感	自然性

(二)提高领导者影响力的路径

根据影响力因素的构成,提高领导者影响力主要应从以下三个方面入手。[3]

1. 正确发挥权力性影响力

权力性影响力的核心是职权的使用,领导者应掌握和正确行使这种权力。

(1)公正严明,审慎用权。行使合法权利具有执法性质,领导者应该用严肃审慎的态度对待。要按章办事,做到有法可依,有章可循;办事和处理问题要注意原则性;要有适当的公开和透明,不能隐匿和滥用职权。

(2)秉公自律,治园清廉。领导者不搞个人特权,不以权谋私,勤政廉洁,就会赢得大家的信任,增强影响力。

(3)善于用人,精于授权。分权、授权、控权是管理的艺术。领导者要讲究用人艺术,善于调动下属的积极性。做到权责相连,用人不疑,疑人不用,扬长避短,各取所长。

(4)听取意见,接受监督。有效行使领导者职权,实行参与管理,虚心听取教职员工的意见,接受上级和下级的监督。

2. 提高非权力性影响力

(1)领导者应加强自我品德修养,做到品德高尚,作风正派,思想敏锐,政治坚定,团结同志,关心他人,提高品德威望。

[1][2][3] 程正方.学校管理心理学(第二版)[M].北京:中央广播电视大学出版社,2006.

（2）努力学习各种文化知识，扩大知识面，提高专业、管理、科技文化与知识素养，提高个人专业水平，增强影响力。

（3）注意在实践中加强锻炼，提高能力水平，将自己的知识与实践紧密结合，不断提高自己的决策能力、开拓创新能力、社会交往能力、组织与管理能力等。

（4）倡导人性化管理，树立以人为本的先进管理理念。人性化管理是幼儿园管理的突出特点。领导者应密切联系教职工，关心教职工的疾苦，做到关心人、体贴人、爱护人、帮助人，与教职工建立起亲切、深厚、真挚的感情。

3. 正确处理好职权和权威的关系

职权和权威对人的心理和行为都发生影响，但是它们对人的心理和行为的影响作用是不同的。职权引起的是被领导者的外部动机，而权威引起的则是人的内部动机。职权是权威的基础，离开了职权，权威没有意义。权威是职权的支持和补充，权威对职权有增效或减效的作用。因此，领导者要将这两类影响力结合起来，相辅相成，互为补充，从而增强管理的实效。

三、园长的基本素养

素养包括素质和修养两个方面。素质又有广义和狭义之分。狭义的素质是生理学概念，指人的先天生理解剖特点，主要指神经系统、脑的特性及感觉器官和运动器官的特点，它是心理活动发展的前提。广义的素质是指一个人在先天禀赋的基础上，经过社会环境熏陶和自身磨炼而形成的满足其生存和发展所需要的各种条件要素的总和。素质可指个体素质，也可指群体的素质。而修养一词指的是修身养性、反省自新、陶冶品行和涵养道德等。因此，园长的基本素养离不开先天的条件和后天的努力。

园长的基本素养是指从事幼儿园领导工作所必须具备的基本条件，以及在领导工作中经常起作用的内在要素的总和。《早期教育中的领导力》一书指出领导素养包括"共同目标、相互尊重、终身学习、联合领导、追求卓越、致力于成功、承担风险、支持、坦诚开明、颂扬和幽默感"[1]。园长需要具备一定的思想政治道德素养、知识素养、能力素养和身心素质，才有可能胜任园长工作。

（一）思想政治道德素养

一个国家，一个民族，如果没有现代科学，没有先进技术，一打就垮；而如果没有思想政治素质，没有道德素养，不打自垮。意大利诗人但丁有句名言：一个知识不全的人，可以用道德去弥补，而一个道德不全的人却难以用知识去弥补。中国历史上强调做君子，德胜才是君子，才胜德是小人，德才兼备才是圣人。园长就要做一个有德有才、有志有为的人。

政治思想素养是园长应具备的首要素养。它主要分为三个层次：政治上，园长应具有正确的立场、执著的信念和崇高的觉悟，它要求园长要全面理解和贯彻党和国家的学前教育方针，坚持社会主义的办园方向；在思想上，园长要有正确的办园指导思想、现代的教育观念和科学的教育理论。苏霍姆林斯基曾经说过，学校的领导首先是教育思想的领导；在品德上，园长应具有高尚的职业道德、强烈的事业心和责任感、为学前教育事业献身的精神。园长的思想政治素质应体现在以下三个方面。

第一，坚持四项基本原则与改革开放，具有正确坚定的政治方向和较高的政治理论、政策水平。我们的幼儿园是社会主义性质的幼儿园，要使幼儿园工作具有正确的政治方向，园长就要具有一定的马克

---

[1] 罗德.早期教育中的领导力[M].郭良菁,刘蓉慧,庄淑幸译.上海：华东师范大学出版社,2007.

思主义理论修养,能努力运用马克思主义的立场、观点和方法指导幼儿园工作;坚持四项基本原则,坚持改革开放,运用科学发展观正确分析处理幼儿园工作中的各种关系,解决工作中的问题。

第二,忠诚于人民的学前教育事业,有为社会主义现代化建设事业培养人才的献身精神。要热爱社会主义的教育工作,要对幼儿园的工作、对下一代的培养有强烈的责任心,要把自己的岗位工作与现代化建设事业联系起来,与国家的前途和命运联系起来。事业心和献身精神是领导好幼儿园工作的重要前提和条件,它不仅能源源不断地给予幼儿园领导者以极大的内在推动力,也能给全园师生以重大的影响,推动大家不断克服困难,奋勇前进。

案　例

谈谈幼儿园园长的职业素养 —— 写在《魅力校长的修炼》读后[1]

2006年中央电视台《焦点访谈》播出了《深山里的一条船》,主人公叫陆永康。他是贵州省黔南自治州羊福民族小学的一位教师,因患小儿麻痹症,只能跪着行走。当时学校没有教师,停课一年,学生流失殆尽。陆永康成为一名民办教师后,他做的第一件事,就是把辍学的孩子劝回来。他跪着"踏"遍了周边8个村寨,3年里劝回了100多名学生。他在那里执教13年,是跪着给孩子们上课,跪坏了5双自制的"船鞋"。他的敬业精神,谱写了一曲感人至深的爱之歌。

人民教育家陶行知曾立下誓言:"人生天地间,各自有禀赋,为一大事来,做一大事去。"为此,他放弃高官厚禄,到贫穷的农村去创办平民学校,过着简朴的生活,自己戏称:"人人称为老夫子,生活不如老妈子。"

教育无小事,教育上再小的事,涉及广大幼儿就变成了天大的事情。只有忠诚于幼儿教育事业,对幼儿教育充满爱和责任,把幼儿教育当做生命的一部分,当成一种享受,执著热情地去工作,才能做出成绩。

第三,坚持正确的办园理念,全面贯彻教育方针。正确的办园思想就是要明确我们的教育目的和幼儿园的培养目标,坚持学生体、智、德、美等方面的全面发展,完成幼儿园的培养任务。这是全面贯彻教育方针的关键。因此,幼儿园领导要努力学习教育理论,掌握幼儿培养规律,用正确的教育思想来领导幼儿园,克服学前教育小学化倾向,敢于排除错误思想的干扰。

(二) 园长的知识素养

知识素养是指领导者做好本职工作所必须具备的基础知识、专业知识及其合理的知识结构。对领导者来说,拥有知识的程度以及知识的优化(主要指知识结构与领导角色和领导工作之间的适应性)程度成为制约领导力高低的重要因素。一般而言,领导者的知识素养主要包括扎实的基础知识、精深的专业知识和广博的学科知识三个方面。

1. 扎实的基础知识

这是领导者必备的知识。基础知识的面很广,对幼儿园管理者而言主要包括科学文化知识、社会科学理论知识、政策法规知识、现代科学知识和社会主义市场经济知识等。科学文化知识是基础知识的基础,也是其他知识的根基。社会科学理论知识揭示了人类社会的本质、发展方向和发展规律,是做好

---

[1] 作者为永康市机关幼儿园李梅枝,有修改.

领导工作的指导思想和理论基础。政策法规知识主要包括党的路线、方针和政策,国家的各项法律法规以及制度。现代科学知识可以丰富领导者的科技知识,提高科技素质,提高决策水平和领导艺术。社会主义市场经济知识能使领导者掌握市场经济规律,按规律办事。

2. 精深的专业知识

专业知识是领导者知识结构的核心和主体部分,也是区别领导者与其他领域人才知识结构的主要标志。专业知识包括与领导工作的"共性"知识和本行业有关的业务知识。"共性"知识包括管理学、经济学、人才学、政治学、决策科学、领导科学等方面的知识。本行业有关的业务知识主要是指学前教育的专业知识,即学前心理学、学前教育学、学前卫生与保健及学前教育五大领域的相关知识等。领导者虽然不一定要成为某一专业领域的专家,但是应当对自己领导的领域的专业知识有较多的了解。幼儿园不同层次的领导者应该有不同的专业知识要求。

3. 广博的学科知识

相关学科知识是领导者知识结构的一个重要组成部分,它是与幼儿园领导者工作有关的学科知识。主要有哲学、逻辑学、演讲与口才、公共关系、心理学、教育学、社会学、历史学等知识。哲学是理论化、系统化的世界观,是自然知识、社会知识、思维知识的概括和总结。哲学知识有助于园长更好地把握幼儿园管理思想和理念,有助于更好地提升园长的领导智慧,做一个智慧型的园长。心理学知识可以使园长从教师及幼儿生命个体身心发展的角度看问题,更好地把握人的心理发展状况及其基本规律,了解人的心理发展过程,以便在幼儿园管理中更好地关心人、教育人和发展人,更好地协调人与人之间的关系,实现人与人之间的良性沟通与互动,进而减少人与人之间的心理摩擦与抵触情绪,提升园长自身的领导力。这些相关学科知识能使领导者拓宽视野、开阔思路、创新方法、活学活用,有助于领导者发现问题、分析问题和解决问题,也能够提升领导者的综合素养。

由于幼儿园管理具有综合性、复杂性的特点。所以要求园长既要有理论知识,又要有实践知识;既要有基础知识,又要有专业知识;既要有传统知识,又要有现代知识。这些知识不但要建立在幼儿园管理的要求之上,而且要构成一个网络,形成一个层次化的知识体系。即要建立以教育管理为核心的,广博与专精相结合的知识结构。

（三）园长的能力素养

这是园长不同于教师的主要特点。一个园长如果只有相应的文化水平、专业知识和一定的教育理论水平而缺乏管理才能,那他就不可能成为一个合格的园长。当然,管理才能不是天生的,可以在实践中锻炼。我们认为园长的能力素养主要包括决策能力、执行能力、交往能力、创新能力、危机管理能力、教育教学与科研能力和语言表达能力等方面。

1. 决策能力

幼儿园决策一般是指对幼儿园组织发展所进行的一种战略部署或规划的管理过程。园长的决策正确与否,直接决定幼儿园的兴衰成败。决策水平的高低是衡量领导者素质高低、领导水平高低的重要标准。科学的决策能力主要表现在善于利用外部资源、善于处理复杂信息、善于洞察事物变化、善于预见未来情形、善于应对紧急情况、善于构想事业宏伟蓝图和创新工作思路等。

2. 执行能力

执行能力是一种把想法变成行动,把行动变成结果,从而保质保量完成任务的能力。执行对于幼儿园的发展来说是十分重要的,正如《执行能力》一书所说:"领导工作与领导决策的成败得失证明:执行力是不可替代的领导力,领导者必须将执行与决策并重。""有效的执行是决策的生命力所在,执行出效益,执行出生产力,执行是一切正确决策的生命线。"因此,园长作为幼儿园的决策者,既要增强自身的执行能力,也要增强教职工的执行能力。

3. 交往能力

交往能力是指妥善处理组织内外关系的能力,包括与周围环境建立广泛联系和对外界信息的吸收、转化能力,以及正确处理上下左右关系的能力。交往能力主要包括表达能力、沟通能力、理解能力、协调能力、合作能力等。其中的沟通能力尤为重要。沟通能力主要表现为善于倾听和反馈意见、善于表达和传递信息、善于动员和组织群众、善于说服和引导舆论、善于概括和总结要点、善于利用和驾驭会议、善于控制和调整情绪、善于处理谈判事项等。沟通能力强有助于发挥领导者的作用,有效的沟通不仅可以让全园树立统一的办园理念,使教职工和园长相互尊重、信任,并一起克服困难,还能更好地协调复杂的外部关系和优化幼儿园的生存发展环境,有利于有效地配置资源和实现幼儿园目标。

4. 创新能力

江泽民同志指出:"创新是一个民族进步的灵魂,是国家兴旺发达的不竭动力。"领导者的创新能力就是及时发现新问题,善于提出新思想,敢于采用新方法,有效解决新问题的能力。幼儿园领导活动是一种综合性、创造性较强的社会活动,创新能力是园长应有的基本素质之一。

5. 危机管理能力

随着科学技术的进步、社会生产力的发展以及全球化进程的加快,各种社会问题不断复杂化、多样化,公共危机的发生频率加快而且破坏性增大。因此,幼儿园管理者的危机管理能力非常重要。危机管理能力主要包括危机预防能力、危机识别能力、危机处置能力和危机善后能力等。

6. 教育教学与科研能力

园长首先应是教育教学的内行,掌握学前教育的理论知识,领会《幼儿园教育指导纲要(试行)》(以下简称《纲要》)和《3—6岁儿童学习与发展指南》(以下简称《指南》)精神,懂得教育教学的规律,熟悉各方面的教学工作。同时,园长作为幼儿园教师的带头人,应重视科研兴教,科研兴园。园长要深入教学第一线,掌握教学的第一手材料,坚持和师生共同研究教育教学问题,参与指导教师教学工作,创造良好的教学竞争气氛,引导教师组织课堂教学的各环节,促使教学效率的提高,让教师在实践中和竞争中增长才干。园长的重要任务之一,就是组织教师乐于学习、勤于思考、勇于探索、善于总结,形成浓厚的教科研氛围,与教师一起共同探索教研教改的新路子,促使幼儿园教学工作向纵深发展。

7. 语言表达能力

语言包括口头语言和书面语言。园长的口头表达能力很重要,它往往能使工作得心应手。另外,还要具备很好的书面表达能力,从理论上系统地总结工作中的经验和教训,交流学习。

(四)园长的身心素养

身心素养是幼儿园领导者不可或缺的基本素质。领导工作是一项高强度的、综合性的复杂与创造性劳动,需要消耗大量的体力与脑力。只有具备良好的身心素质才能胜任这一高度紧张甚至是超负荷的社会活动,并能出色地完成领导任务。身心素质包括身体素质和心理素质。

1. 健康的身体素质

身体素质包括体质和体貌两个方面。身体素质是幼儿园领导者素质的物质基础,是领导者其他全部素质的物质载体。园长责任重大,任务较重。身体素质的状况将直接影响着领导者其他素质的质量、效能和价值。因此,考察、选拔、聘任校长时,要重视身体的素质。

年轻人在担任园长以后,要保持旺盛的精力,不仅生活要有规律,更重要的是要注意锻炼身体。这样不仅可以增强自己的体质,而且可为广大师生树立体育锻炼的良好风尚。

2. 良好的个性心理品质

随着社会的不断发展,教育将成为世界竞争的前沿阵地,幼儿园也将面临历史性挑战,会遇到前所未见的许多新情况、新问题。因此，幼儿园要在激烈的竞争中求得生存发展，园长应具有良好的个性心理品质。园长的个性心理品质是园长在管理幼儿园活动中经常表现出来的心理倾向和心理特征，包括需要、兴趣、动机、气质、性格、能力等。它反映了园长的整体精神面貌。良好的个性心理品质，是园长积极进取的动力源泉。幼儿园能否办出特色，形成独特的风格与园长的个性发展直接相关。

（1）稳定的情绪。幼儿园工作千头万绪，园长经常会经历成功喜悦和挫折的困扰，因此园长一定要保持平衡的心理状态，做到喜怒有常、哀乐有度。

（2）宽阔的胸怀。园长要有全局意识，忠诚党和国家的幼教事业，只求奉献，不求索取，以忘我的态度、科学的精神、优良的作风，投身到幼儿园工作之中。

园长要豁达大度，宽以待人。在幼儿园工作中，常常会有不同的意见，甚至有可能会发生冲突。园长不仅要宽宏豁达，能够换位思考，缓和对立的情绪；园长还要谦虚大度，能够容纳"能人"。

（3）坚强的意志。幼儿园工作的复杂性和繁重性，决定了园长工作时间的连续性、空间的广泛性、方法的随机性。为此，园长要有坚强的意志。只有这样才能在战胜挫折、克服困难中，不断积累经验，增长才干。

第一，冷静自制，三思而行。幼儿园管理最突出的特点就是对人的管理。教师是一个特殊的群体，决定了园长管理必须注意冷静自控。园长一定要有"宰相肚里能撑船"的宽容精神，在何种情况下始终处于头脑冷静的状态。有时还要忍受暂时的委屈。冷静自制是园长的能力，也是园长的一种涵养和品质，其主要表现为沉着、耐心、理智地处理问题。

第二，对前途充满信心，对目标和成功充分自信。面对困难，要求园长努力锻炼自己的意志，勇于探索、创新、开拓进取，充满自信地探索适应幼儿园发展的新途径、新路子。

第三，不屈不挠的抗挫折能力。抗挫折能力是健康的心理素质不可缺少的。未来的社会竞争中，成功与失败并存，园长要学会科学的心理调适，增强自我调控能力。尤其是面对失败，要求园长要具有抗挫折能力，在困难和失败面前，不灰心、不气馁，正视失败，总结经验，吸取教训。

（4）踏实的工作作风。园长应该成为"综合型"的实干家。对内，始终尊重全园师生的首创精神，全心全意地依靠广大师生办园，集思广益、民主办园。勤调查、多研究，广交朋友，积极协调各方面的关系，及时化解各种矛盾。对外，积极争取领导机关、社会各界、幼儿家长对幼儿园工作的关怀、支持和配合，努力构建幼儿园、家庭、社会三结合的教育网络，集万民之力，聚八方之财，团结和带领广大教职工做好幼教事业。

（5）竞争与合作的能力。未来社会对人的要求会明显提高，园长既要有强烈的竞争意识，又要有善于合作的能力。只有这样，才可能为幼儿园的发展创造良好的外部环境和外部氛围，使幼儿园立于不败之地。

四、幼儿园领导班子的优化

（一）幼儿园领导班子优化的必要性

幼儿园领导班子的优化是指幼儿园领导班子的成员，按一定类型的序列和比例进行合理的搭配，形成一个具有多功能的综合体。

学前教育要全面贯彻教育方针，实现教育目标，必须有一个战斗力强的指挥系统。幼儿园领导班子是该指挥系统的核心。领导班子的优化是幼儿园管理工作的重要内容。由个体组成的班子整个结构合理，幼儿园整体工作才能高效运转。"革命化、知识化、专业化、年轻化"是对整个干部队伍的要求，作为领导成员的个体结构，从总的方面说必须是德才兼备。但是，人很难做到全才，幼儿园领导班子中个体条件的不足是在所难免的。通过领导班子结构的合理组合,就可以互相补充,使幼儿园领导班子由若干个偏才组成为全才。

(二)幼儿园领导班子的合理结构

1. 组织结构

合理的人员结构包括两个方面:一是领导班子由担任不同职务的人组成。幼儿园领导班子成员一般由园长、党支部书记、保教主任、总务主任等人员组成,规模大的幼儿园可以增设副园长、保教副主任、总务副主任等职务;二是幼儿园领导班子由多少数量的人员组成,这也要由幼儿园规模大小来确定。班子成员过多或过少都是不适宜的。

2. 个性结构

个性结构是指具有一定性格、气质等不同类型的人构成的综合体。要使各种良好的素质都集中于一人之身那是不可能的。在幼儿园的领导班子中有人感情丰富,较易外露,有人善于思考,偏于内向;有人闯劲较大,有人较为稳重;有人爱好文娱活动,有人喜欢科技创作;有人交往活动能力较强,有人勤于埋头苦干。这些不同个性的人如果组合适当,可以互补。如果只强调个性的一致,不仅不现实,而且效果也不一定理想,甚至会产生内耗。当然,要使不同个性的人能和谐合作,关键是有共同的思想基础,因此思想政治教育非常重要。

3. 年龄结构

年龄结构是指把不同年龄的人最佳地组合起来,即要有合理的老中青比例。一般说应以中青年为主,不少于总数的一半;老青兼有,青年略多于老年。不同年龄的人具有不同的经验、智力和心理状态。年长者阅历深,经验丰富,能起到"传帮带"的作用;中年人年富力强,能起到"中流砥柱"的作用;青年人精力充沛,接受新知识快,勇于创新,能起到"先锋"作用。这样的年龄结构组合可起到扬长避短、优势互补的作用。

4. 专业结构

专业结构是指领导班子中,按其专业与职能不同,形成一个合理的结构比例。在幼儿园领导人员中需要有长于思想政治工作的,有长于保教管理的,有长于总务后勤管理的;领导管理保教工作的人员既要有长于文理科的,也要有长于艺体的。但是,领导要真正成为内行,光有专业技术还不够,还必须有科学管理的知识,懂得按管理学的理论来指导某一方面的管理工作。所以,领导班子的成员必须有管理的知识和经验。

5. 智能结构

智能是指人们综合运用知识的能力和水平。合理的智能结构是指具有各种专长或能力特点的人,按照一定的比例组合的动态整体。幼儿园领导成员必须具备多种能力,如组织控制能力、综合分析能力、思维判断能力、语言表达能力等。幼儿园领导班子的某一个成员不可能具备各方面的所有能力,要想做好幼儿园的工作,必须发挥领导班子的整体能力,整体能力的发挥必须建立一支由具备不同能力的人组成的领导班子。有善于纵观全局、运筹帷幄、深谋远虑、科学决策的战略者;有善于识才用才、分配资源、协调关系、全面组织的指挥员;有善于宣传鼓动、联系群众、以身作则、巧妙引导的领导者;有训练有素、勤于指导、脚踏实地、冲锋陷阵的带头人。总之,幼儿园领导班子总体的智能结构一定要科学合理。

五、选择合理的领导管理方式

领导管理方式是指体现于全部领导管理行为活动过程中的领导与被领导者的关系。园长的领导作用是通过其全部领导实践活动的实际行为来表现的,只有其领导行为表现对全体教职工、幼儿的行为产生积极的影响,才能实现其领导作用。因此,领导管理方式与领导工作效率也有关系。

国外行为科学从领导者与被领导者的关系去划分领导方式的类型。一般划分为专制型、民主型和放任型三种。

（一）专制型

专制型的特点是幼儿园内的活动计划及方针均由园长决定,工作方法、工作步骤也由园长指定。研究者认为,这种类型的领导的优点是效率高,容易适应变化局面,能发挥能力较弱的部属的作用。缺点是使下级过分依赖于领导,由于一切由上级决定,部属不容易产生工作热情,有时还会增加对领导的不满情绪。

（二）民主型

民主型的特点是幼儿园的活动及计划由全体成员讨论决定,园长以客观态度提出意见、评价工作成果,及时给予批评表扬,并以幼儿园成员参加活动。这种领导方式的好处是提高幼儿园全体教职工的工作能力和积极性,发挥集体的力量,同时由于教职工参加讨论重大问题,工作责任心提高,对领导的意见也减少。其缺点是事事由教职工讨论协商较费时间,在紧急情况下不能采用,有时还影响领导的果断性;如果教职工水平低、经验少,还会影响工作的成效。

（三）放任型

放任型的特点是,在进行某种活动或工作时园长对教职工不指导,不积极干预,工作心中无数,任其发展,教职工遇到问题请示时,被动地应付处理。这是一种放弃领导不负责的方式,必然造成工作控制不住,效率低,同事之间合作差,下级对领导失去信心。但是,在某种情况下,如教职工能力强、要求较高的创造性的工作,这种方式也有一定作用。

对于行为科学的上述主张,我们既不能全部肯定,也不能全部否定,而是要根据民主集中制原则以及幼儿园的具体实际,选择这几种类型的最佳结合点,以提高领导管理的有效性。[1]

六、园长的领导艺术

园长领导艺术是指园长为实现幼儿园发展目标,通过运用科学知识、实践智慧和胆识魄力去做好幼儿园各项工作,并为完成这一工作任务而采取的科学有效的手段和途径。园长不仅是一个幼儿园的最高领导者和决策者,更是一个幼儿园的构造者和发展者。多重角色的实现就要求园长的领导工作具有艺术性。

（一）园长领导艺术的基本特征

园长领导艺术有以下三个基本特征。

1. 独特性

园长领导艺术是园长在长期的教育实践过程中,不断学习和探索的结果。它不仅受外部社会经济、政治环境及文化传统的影响,更受园长自身的理论素养、认知水平、能力大小及个人的兴趣、爱好、性格气质等条件的制约。这就使得每位园长的领导艺术风格呈现出独特的个性色彩。

---

[1] 萧宗六,余白.学校管理学新编[M].武汉:华中师范大学出版社,2001.

2. 权变性

园长领导艺术的权变性是指园长必须依据不同的时间、地点、对象和条件,随机应变地处理问题。即使是同一类性质的事件,也应随机应变。权变性是园长在幼儿园长期工作实践的基础上所形成的机智敏捷的反应能力和高超有效的管理能力的综合反映,它决定着园长领导工作的创造性和想象力,也是园长领导艺术的关键所在。

3. 情感性

幼儿园往往是由女性成员组成的一个特殊群体,有其感情细腻、争强好胜又极自尊等共性特点,园长要合理运用情感的隐性感化力量。所以,园长必须清楚地了解每个教师的心理需求,以情动人,以爱换心,用情感手段激励他们热爱幼儿教育事业和幼儿本身。园长在管理过程中的情感投资是维系与教职员工和谐关系的黏合剂。

(二)园长的领导艺术

1. 多谋善断

园长是幼儿园的主要决策人,经常要对一些问题做出决策。要正确处理谋与断的关系。谋与断有这么几种类型:一是不谋不断;二是不谋武断;三是多谋不断或优柔寡断;四是多谋善断。其中,多谋善断是最好的一种。多谋即多思考,多同别人商量;善断即善于判断,善于做出决定。多谋善断是智慧和责任感的产物,是提高工作效率不可缺少的领导艺术。

2. 知人善任

知人善任是领导者善于识别人才和使用人才的本领,是领导者的基本能力之一。知人善任主要表现在善于识别人才、凝聚人才、使用人才、培养人才、激励人才、协调人才和举荐人才等方面。

所谓知人,就是了解人。知人是善任的前提。要善任,必须先知人。但是,要做到知人,并非易事。怎样才算做到了"知人"呢?要真正了解一个人,至少应了解以下几个方面内容:政治思想和道德品质、文化水平和工作能力、工作态度和工作效果、爱好特长、家庭经济状况和工作条件、健康状况等。

🐎 案　例

知人善任

东汉历史学家班彪分析刘邦之所以成大事有五个原因,其中一个原因就是"知人善任"。司马迁在《史记》中记载:刘邦统一天下以后,大摆宴席庆功。他在宴席上向群臣说:"公知其一,未知其二。夫运筹策帷帐之中,决胜于千里之外,吾不如子房;镇国家,抚百姓,给馈响,不绝粮道,吾不如萧何;连百万之军,战必胜,攻必取,吾不如韩信。此三者皆人杰也,吾能用之,此吾所以取天下也。项羽有一范增而不能用,此其所以为我擒也。"这段话说明,刘邦对张良、萧何、韩信有着深刻的了解,而且能充分发挥他们的长处。

所谓善任,就是很会使用人。要善任,应从以下几方面考虑。

首先,量才使用。管理学有一条原理叫"能级相称原理",意思是能力与职务要相称。

其次,用其所长。用人之所长,避人之所短,这是管理学的一个重要法则。古话说"金无足赤,人无完人",任何人都不可能是完美无缺的。用人,首先要看"此人能做什么"。在发挥他长处的过程中,帮助他逐步弥补自己的短处,而不是首先着眼于减少他的短短,更不能抱"他这个缺点不改,就不能用"的态度。用人的要诀,是把职、权、责三位一体地交给被使用的人。

再次，人尽其才。人尽其才是指能使每个人充分发挥自己的聪明才智。孙中山对人尽其才有个具体解释，他说："所谓人尽其才者，在教养有道，鼓励有方，任使得法也。"这个解释很全面。这就是说，要使每个人充分发挥自己的聪明才智，首先要做到"教养有道"。教养有道就是要有一套教育人培养人的计划、办法和得力措施。光使用，不教育，不培养，让人才自生自灭，人的聪明才智是不可能充分发挥出来的。

🐎 **案 例**

用人之所长，避人之所短

19世纪60年代初，美国爆发了著名的解放黑奴战争。当时无论从人力物力来说，北方都占有优势。但是，在1861—1864年间北军连吃败仗。原因就在于林肯选用人才的标准是"无重大缺点"。后来，林肯吸取教训，任命爱喝酒但很有打仗特长的格兰特将军为总司令。这成了美国南北战争的转折点，北军从此反败为胜。

3. 善于团结干部

（1）要按照分层管理的原则办事。各人有各人的职责，园长不要越级指挥工作。善于调动其他领导成员的工作主动性、积极性，使他们在各自的岗位上尽职尽责，是团结干部的重要方法。

（2）要互通声气。园长统管全局，掌握情况较多，要及时向有关领导成员通报。互通声气，沟通信息，是为了使大家取得共同语言。

（3）正确处理已经产生的矛盾。

4. 善于运筹时间

时间是一种特殊资源。"时间就是金钱"。园长不仅要充分认识时间的重要性，还要做到善于支配时间。国外有一种专家，叫做时间管理专家，他告诉你什么时间干什么事效率最高。作为现代管理者，要特别珍惜时间，要有强烈的时间观念。怎样管理好时间呢？主要应注意以下两个方面的问题。

（1）要善于掌握自己的时间。

第一，要有工作时间安排表。要做到学期有中心，阶段有重点，周周有计划，天天有打算，按表行事。

第二，处理事情要分轻重缓急。

第三，要研究事情的关联性。

第四，想一想是不是干了职责范围以外的事情。

第五，要提高不同时间的利用率。

第六，要安排自己学习和锻炼身体的时间。

（2）要合理安排别人的时间。

领导者向下属布置任务，实际上就是在安排别人的时间。因此，作为领导者应该认真考虑怎样做到合理安排，不浪费别人的时间。

第一，作报告、讲话要简短。

第二，报表要简化。

第三，约下级人员谈话要把握时机。

（三）园长领导艺术提高的途径

园长要敢于向一切不适应时代发展的传统观念和做法挑战，使幼儿园各项工作与时俱进。这就需要提升园长领导工作的艺术性,需要园长既具有超前意识,又具有洞察分析现状的能力,练就系统思维的品质。园长领导艺术提高的途径既需要园长提升自身的理论素养,也需要园长增进自身的实践知识和技能。

1.认真学习,提高自身理论素养水平

随着终身教育观念的产生,终身学习应运而生。园长要培养扩展新知识,拥有新知识的能力,并使之内化,逐步转化成为自身素质,才可能跟上新时期的步伐,使幼儿园成为终身学习的基地。每一位园长,既要认真学习邓小平理论、"三个代表"和科学发展观和习近平新时代社会主义思想,又要钻研教育学、心理学、领导管理学及新的教育理论,学习法律、法规,通晓世界各国教育改革和发展的新动向、新特点,适应素质教育的要求,并结合本园实际,创造性地制定幼儿园的总体发展规划、办园目标、课程计划、教研教改及硬件建设,合理配置教育资源,亲自参与教学实践。园长岗位培训工作的全面展开,无疑对培养提高园长的综合素质将起到重大的推动作用,只有学习、学习、再学习,抓紧抓好,才能真正取得实效。

🐎 案　例

家长对老师的误会

园长正在办公室里,一位家长破门而入,责问园长:"园长,你们园老师怎么回事,罚我儿子半天不能玩!这么小的孩子不玩,那还能干啥?亏你们园还是一级一类园呢!"园长一听,愣了,园里可从来没发生过这样的事情,其中是不是有误会呢?见家长正在火头上,园长递给她一杯水,请她坐下,让她先消消气把事情原委说清楚。家长告诉园长:"昨天,我接孩子回家,问孩子,今天玩得怎么样,孩子说:'老师让我半天不准玩。'园长,我孩子也就3岁10个月,哪能半天不玩呢?"园长说:"我先了解了解情况,一定给您一个满意的答复。"于是,园长找到了小二班王老师询问此事。王老师着急地向何园长解释:"园长,是这样的,明明昨天淘气,我就对他说:'明明,你再淘气的话,老师让你半天不准玩。'但我只是让他安静地待了一分钟,并没有真正让他半天不准玩。"保育员也向园长证明情况属实。园长全明白了,小班孩子不能正确理解教师的话,时间观念也差,所以表达出来就引起了家长对老师的误会。园长将事情的真相告诉了家长,并且向家长道歉。家长反而不好意思了,直说:"看来得去学学儿童心理学,谢谢园长!"事后,园长找来王老师,没有批评她,而是与她一道探讨教育的技巧,并建议她第二天主动向家长道歉。

2.虚心请教,增进自身的实践知识和技能

虚心拜有经验和学识的老园长为师,学习如何制订幼儿园发展规划,如何处理幼儿园内外部各种冲突和矛盾,如何协调社会、幼儿园及家庭的相互关系,如何组织幼儿园教育教学过程中的各种活动等。当然,在学习过程中,不能只模仿,而要融会贯通,消化吸收。

🐎 案　例

反思——园长加强自身修养的关键[1]

记得1999年9月,我来到新建的幼儿园任园长,在筹备开园阶段,我和另一位园长一起穿起工

---

[1]　摘自 http://www.jy46.com,本文曾发表于《幼教园地》2006(4).

作服，开始了幼儿园的筹备工作。那时，哪里有脏活、累活、重活哪里就有园长的身影，在我们的带领下，全园职工大干苦干，筹备工作很快完成。这时，我自鸣得意地想，管理无非就是带头苦干，只要你能吃苦，管理一个幼儿园决不成问题。然而，问题很快就出现了，园长在的地方人人能干，园长看不到的地方，事事无人干。这时，我意识到管理上的失败，同时也明白了一个道理，我到幼儿园是来管理的，不是来带头干活的。园长不必事必躬亲，要学会管理，我开始认真反思自己的管理行为。

3. 园长要具有创新精神

首先，园长要意识到创新对于国家、民族、幼儿园和幼儿的价值所在。意识决定并指导行动，只有园长明确了创新的价值，才可能在行动中进行创新。其次，园长的创新以观念创新为前提。不怕做不到，就怕想不到，只有想到才有可能做到，所以园长要引领幼儿园的发展，不断在观念上创新，为实践创新做好准备。再次，园长要敢于进行创新的实践。园长不仅要有创新的观念、创新的思路，还要有创新的勇气。

（四）园长的专业发展

按照园长的成长规律，园长个体一般要经过职前预备期（5—7年中层干部）、上岗后的适应期（2—3年）、职称期（3—4年）、成熟期（熟练驾驭教育规律，在理论上和实践上取得成就）等阶段。这几个阶段是园长成长的必经阶段，但每个阶段多长时间，具有个体的差异性。园长又是一个职业群体，在不同阶段的素质水平，决定园长队伍素质的层次性。一般来讲，划分为合格园长、骨干园长（好园长）和优秀园长几个层次。根据园长素质的层次性，确定具体的培养目标，实行分段培养和培训。不仅要增强培养的目的性，还要为园长确立明确的进取方向，鼓励他们通过主观努力不断从低层次走向高层次。

小　结

园长是办好幼儿园的关键。园长的职责较多，要依法享有办园自主权，正确处理好各个方面的关系。要为园长负责制的实行创造条件。

园长主要有权力性与非权力性影响力。园长要从多方面提高其影响力。园长要具备比较全面的素质，政治站位高，作风建设硬，专业素养强，聚焦教育干实事，才有可能胜任园长工作。幼儿园领导艺术表现在多方面，有独特性、权变性、情感性等特征，园长应遵循成长规律，多途径提高自己的领导艺术。

幼儿园文化建设

导读 >>>

党的二十大报告指出，全面建设社会主义现代化国家，必须增强文化自信，围绕举旗帜、聚民心、育新人、兴文化、展形象建设社会主义文化强国。习近平总书记同时也提出，始终坚持中国特色社会主义道路自信、理论自信、制度自信、文化自信。在这个实现教育现代化、推进教育强国、发展高质量教育体系的时代背景之下，紧抓幼儿园内涵发展，坚持幼儿园文化自信，做好文化建设顶层设计显得尤为重要。

文化建设是一项为国家立心、为民族立魂的系统工程。作为教育文化基石的幼儿园文化建设，近年来得到了人们的普遍关注。优秀的幼儿园文化是健康而纯洁的文化；是向上的、启智的、审美的文化。幼儿园的文化建设关系到整个幼儿园的办园理念，更关系到幼儿的健康成长与教师的业务水平提高。幼儿园的文化建设是办好幼儿园的重要组成部分，也是实施创新素养教育的突破口，更是实施幼儿园深层次、高品位建设的有效途径。

本专题将从文化的概念入手，在阐述幼儿园文化建设的内涵、意义的基础上审视当前幼儿园文化建设所取得的成果及存在的问题。

教学课件

一、什么是文化？

文化是一个非常广泛的概念，给它下一个严格和精确的定义是一件非常困难的事情。其实，关于文化的概念有几百种之多。文化一词源于拉丁文字cultura，本意为土地耕耘和作物培育，可见文化起源于人类劳动和生产活动。后来用于人类自身的心灵、心理、智慧、情操、道德、思想的培育、教育等一切精神活动乃至日常社会生活内容的价值凝练。笼统地说，文化是一种社会现象，是人们长期创造形成的产物。同时，又是一种历史现象，是社会历史的积淀物。确切地说，文化是指一个国家或民族的历史、地理、风土人情、传统习俗、生活方式、文学艺术、行为规范、思维方式、价值观念等各方面的综合。

二、什么是幼儿园文化？

与文化的概念一样，如果要严格地、准确地给幼儿园文化下一个科学的定义，也并非易事。目前，关于幼儿园文化有很多种说法，华南师大的袁爱玲教授精辟地总结为：幼儿园文化是一个幼儿园的品牌；是幼儿园长期积淀的产物；是幼儿成长和教师发展的重要生态环境；是幼儿园自身发展的主题；是幼儿园的核心价值观；是最影响幼儿园向心力和凝聚力的因素。

幼儿园文化涵盖幼儿园的各个层面，一般可分为物质文化、精神文化、制度文化、行为文化四个层面。

三、幼儿园文化的内涵

可以这样理解幼儿园文化的含义：幼儿园文化实质就是幼儿园的价值观，幼儿园文化作为幼儿园的上层建筑是幼儿园经营的灵魂，是一种无形的管理方式。它是构成幼儿园生存的基石，也是幼儿园发展的动力和成功的关键。幼儿园文化蕴含着幼儿园的办园方向、目标确立、运营策略、社会责任以及园长对理想幼儿园模式的系统构想。它决定着幼儿园的精神面貌，是凝聚和激励全体保教人员进行教育教学改革的精神力量，是幼儿园得以可持续性发展的巨大内驱力。

四、幼儿园文化的功能

幼儿园文化是幼儿园综合素质的体现，也是幼儿园综合竞争力的表现。既是幼儿园全体成员凝聚在一起的强大的精神力量，也是幼儿园的品牌形象，它对全体员工和幼儿产生潜移默化的陶冶作用。幼儿园文化不仅是一种环境，更是一种氛围，是一种需要长期培育、苦心经营的教育氛围。

浓郁的文化氛围，优美的育人环境，真正体现出了一个幼儿园文化的积淀和底蕴，它不仅对教师和孩子的学习、生活、心理起到良好的调节作用，而且对行为习惯的养成，促进幼儿全面素质的提高，促进幼儿园可持续发展都具有重要的现实意义和长远意义。文化的影响潜移默化，它既有导向性又有暗示性，真可谓"随风潜入夜，润物细无声"！

表2-1　幼儿园文化的功能

功　能	内　　容
熏陶功能	幼儿园文化对幼儿产生一种耳濡目染、潜移默化的影响。对幼儿的知、情、意、行、思起着熏陶作用,从而达到"蓬生于麻,不扶而直"的教育效果
凝聚功能	健康、积极的幼儿园文化对培养幼儿的集体主义精神和团结向上的园风有着重要的作用
导向功能	幼儿好奇好动、幼稚单纯,个性品质尚未形成,此时最需要的就是引导,正如老子所说:"性犹湍水也,绝诸东方则东流绝诸西方则西流。"
激励功能	处在良好的文化环境中,幼儿会活泼开朗,善于思考,不断进步;教师也会心情舒畅,精神和悦,主动工作

五、幼儿园文化的建构与运行

虽然大家对幼儿园文化的内涵有不同的认识与观点,但大多把幼儿园文化建设的构成分为物质文化、精神文化、制度文化、行为文化四个层面。其中,精神文化是幼儿园文化的核心层,相对于物质文化和行为文化来说是一种更深层次的文化现象,在整个幼儿园文化中,处于核心地位。

(一)幼儿园物质文化——文明基石

1.幼儿园物质文化

幼儿园物质文化是以物质为载体反映文化内涵的总和,是由园舍建筑、设施设备、活动场地、教学器材、玩具学具、图书声像资料、环境布置、空间布局以及绿化等有形的东西所折射出的理念、价值、审美等无形的东西。

这些有形的教育教学设备属于校园文化的硬件,也叫校园显性文化。这些以物质形态存在的文化设施既是幼儿园教学教养活动的场所,又体现出幼儿园独有的文化特征。其中,幼儿园环境是幼儿园物质文化的一种外在象征,是幼儿园生存和发展的基本条件。

《纲要》指出:"环境是重要的教育资源,应通过创设并有效地利用环境促进幼儿的发展。"一个好的幼儿园环境就应该是一本立体的、多彩的、富有吸引力的无声教科书。环境是通过潜移默化的方式对儿童产生影响的,而这种影响是深刻而持久的。幼儿园的外在环境大到楼房建筑、走廊过道、绿化园林、活动场所,小到游戏器材、玩具、活动区角、操作材料等无不传递和昭示着幼儿园的文化。它们如同一面镜子,生活在环境中的人既能看到自己改造客观世界的实践能力,也能从这些物化的形态中反映出自己的教育观与儿童观。

2.幼儿园环境创设及管理

幼儿园是教育场所,一所好幼儿园的环境创设不但让孩子们能尽情地玩耍,而且还能让孩子们正确地认识世界。孩子们在幼儿园里不是被教出来的,而是在他们所处的环境中被熏陶出来的。

在幼儿园,将幼儿游戏、认知、生活、语言、情感等各方面内容有目的、有意识、有计划地渗透在教室、卧室、走廊、墙面、活动区等地方,使其形成一个整体的教育环境。

(1)幼儿园室内外环境应以安全、宽敞、整洁为宗旨,尽最大可能为幼儿提供富有吸引力的优良环境。

◉ 幼儿园外部环境设计欣赏：日本幼儿园外观设计

极具创造性的外观设计，带给幼儿无尽的想象；宽敞、安全的室外活动空间让孩子尽情享受阳光的沐浴，舒展肢体，快乐奔跑。

◉ 幼儿园外部环境设计欣赏：西班牙 Rosales del Canal 幼儿园外部环境设计

温暖而缤纷的色彩，与周边环境相得益彰，西班牙 Rosales del Canal 幼儿园的外部环境带给孩子的是安宁、舒适，与大自然融为一体的感受。

（2）幼儿园的教室、通道及其他活动空间是建筑师依据相应的活动流量、人体工效学和建筑标准设计的，所有的活动区能以培养幼儿的信任感，发展幼儿的独立性，培养他们的注意力，发展他们的技能技巧为目标与宗旨。

◉ 幼儿园内部环境设计欣赏

几乎每一个人的童年都曾做过一个五彩缤纷的梦，或是梦想拥有一柜子五颜六色的衣服，或是幻想将来有一间五彩缤纷的房子。斯洛文尼亚的一间工作室便为当地的孩子建了一间五彩缤纷的幼儿园。当我们在欣赏这间幼儿园时，就仿佛走进了童年的梦里。

所以，幼儿园环境并不是一个简单的空间和设备设施，而是一个重要的教育要素和教育手段，具有潜移默化地促进幼儿内在发展的巨大教育功能。

阳光可以从三面装有百叶窗的外墙和屋顶洒进来。室内原木色的地板、桌椅、柜子仿佛有了生命的呼吸，与色彩缤纷的百叶窗相互辉映，营造出充满生命活力与想象力的艺术空间。

3. 幼儿园环境创设的方法

幼儿园环境创设的主要方法是装饰，"装饰"对幼儿的成长有着重要作用，它不仅诉诸感官的需求，而且以特有的设计方式，将空间环境与幼儿组成非语言的信息交流，对幼儿的心理产生潜移默化的影响。那么，装饰是什么呢？简单地说，装饰就是幼儿园微观环境艺术设计的一个部分。就它的作用而言，它既以明显而富有变化的特点构成幼儿生活和活动的氛围，同时又是幼儿认识、操作的对象，对幼儿的身心都会产生直接或间接的影响；就它的表现形式而言，有各种壁画也有装饰品，有平面的也有立体的，有纸做的也有其他物品制作的，有贴在墙上的也有吊在空中的，在色彩上要求互相和谐，在装饰手段上要有一定方法，在材料上能根据需要变换使用。

（1）根据幼儿园不同区域和需要来考虑装饰的内容和方法。幼儿园装饰的区域主要有活动室、寝室、楼梯走廊、大门院落、各种专栏、会场、舞台等。

更衣室里面的衣柜是由原生态木材制成，而下方用来放鞋子的抽离式盒子的表面也漆上了五彩缤纷的颜色。让孩子的感官无处不感受到自然的气息与色彩的魅力。

　　活动室是幼儿园环境装饰的重点之一。活动室的装饰首先是墙面设计,主要墙面装饰要主体突出,构图不散,形象可爱,颜色优美,墙面设计的高度以幼儿观看为宜。

活动室色彩明艳、色调协调,墙面设计简洁、大气、富有生命力,区角设计给幼儿以安全、温馨的满足感。

　　(2)节日的装饰:节日装饰形式要丰富多彩,色彩要热烈、明快,以暖色调为主。装饰的形式要注意点、线、面的结合,如用彩灯、彩球、花篮、气球组成大小不同的点,用彩链、拉花等组成横线、斜线、曲线等各种不同的线,用剪纸、剪贴、绘画等组成大小不同的面。这样形成一个立体空间的装饰,体现节日隆重热烈的气氛。

（3）其他区域的装饰：幼儿寝室的装饰要少而精，内容和形式以轻松的摇篮曲式的画面为宜，色调要淡雅。多功能活动室等装饰适合用欢快、活泼、浪漫的形式。

淡蓝的色彩充满宁静安详的气息，整洁宽敞的床铺给孩子 空间宽敞、设施安全、整洁大方的多功能活动室。
家的温馨。

总之，幼儿园环境文化的创设一定要以幼儿为中心，在环境布置中要充分相信幼儿有自己学习、动手的能力，教师应着重考虑如何发挥幼儿的积极性、主动性，使他们成为环境的主人，把布置环境的过程变为幼儿感知和学习的过程，以促进幼儿的发展为标准，从利于幼儿的身心健康角度出发，做到美观、适用、安全。

🦄 案 例

李跃儿芭学园环境创设理念及实施

易于生存的教育为孩子提供的是一个可供成长的土壤，而不是一个给他灌输知识的场所。芭学园的教育环境具有以下四个特点：

1. 提供供各种不同特质的孩子选择的物质环境

不同特质的孩子感兴趣的工作材料是不同的。即使是相同特质的孩子，在不同的日子里、不同的时间里、不同的心情下，需要的工作材料也是不同的。所以，芭学园准备了丰富的材料，供各种不同特质的孩子选择。

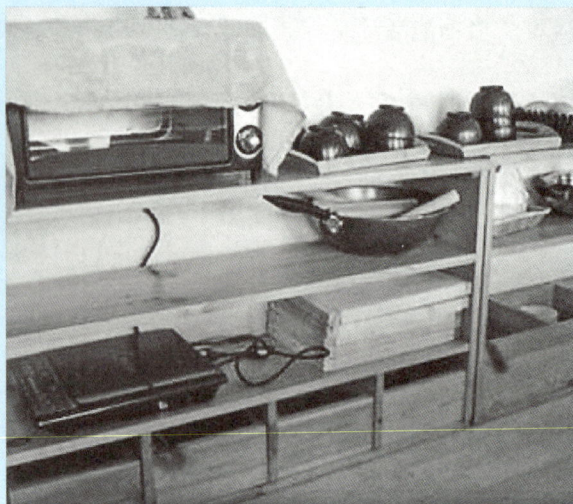

2. 提供供各种不同年龄的孩子使用的工作材料

芭学园提供丰富的工作材料,供不同年龄的孩子选择。

孩子发展有着属于自己的阶段性,不同年龄的孩子有着属于自己阶段的发展任务,为了适合混龄班级需要,芭学园为不同年龄的孩子准备适合不同发展阶段的工作材料。

3. 提供给孩子的工作材料都带有生命的本质

芭学园提供给孩子的工作材料都具有生命的本质。比如：羊毛（来自有生命的羊的身上，并且被阳光照射过、被生命滋养过）、松果（被阳光长期照射过，并且带有树的生命的历程）、木头块（自然生长的植物）。

4. 所有工作材料的功能都朝向生存的目的

人类最基本的生存能力是把自己的设想付诸实施。芭学园提供和将来生存相关的工作材料。孩子只要用这些工作材料去工作，他的能力就会朝着将来生存的方向发展。

（二）幼儿园核心文化——精神文化

1. 幼儿园精神文化

幼儿园精神文化主要是指幼儿园的历史传统和被大多数人认同的文化观念、价值观念、生活信念等，它是一所幼儿园本质的、个性的、精神风貌的集中反映，是幼儿园发展的动力。

幼儿园精神文化反映的是幼儿园里的人们在生活方式、价值取向和行为规范上的一种团体意识和精神氛围。它具有导向作用，是联系和协调一所幼儿园所有成员（包括管理者、保教人员、幼儿等）的纽带，是幼儿园的灵魂。它深入到幼儿园里每个人的心灵深处，并在他们的行动中自觉表现出来。

2. 幼儿园精神文化建设的切入点

一所现代化幼儿园的标志不仅是现代化的园舍、先进的设备，更多的应是蕴含其间的人文精神。目前幼儿园文化建设中一种结构性的失衡：人文精神、人文品位的不足。其实，再优良的物质环境、再完善的规章制度、再完美的教育理念、再美好的行为规范，都必须要人去创造、贯彻和落实。人的精神状态、人的文化素养、人的道德水平乃是幼儿园文化建设成功与否的关键。

（1）何为人文精神。人文精神亦称"人文主义"，它由三种主要元素构成：第一是"人性"，即尊重人，尤其尊重人作为一种精神存在的价值；第二是"理性"，即人是有思想、有头脑的，他能够思考真理，追求真理；第三是"超越性"，即人能够追问、追求生命的意义。可以这样说，"人文精神"是人类在探索未知世界的过程中，不因前途迷茫而退却，勇往直前，积极进取，坚韧不拔，追求真理的精神概括和象征。

人文精神不仅是精神文明的主要内容，而且影响到物质文明建设的成效。它是构成一个民族、一个地区、一所学校（幼儿园）文化个性的核心内容；是衡量一个民族、一个地区、一所学校（幼儿园）的文明程度的重要尺度。一个国家的国民、一个地区的民众、一所学校（幼儿园）的师生，其人文修养水准，在很大程度上取决于人文教育的重视程度。

（2）"人文精神"在幼儿园文化中的现实意义。当今的中国正处于"体制转轨、社会转型"的时期，由于新与旧的交替、传统与现代的冲突、东西方价值观的消长，以及相关制度的欠缺、法制体系的不完善、文化建设的滞后等问题的存在，不可避免地带来了一些消极的社会现象。在时下的中国文化里，特别缺少人的尊严这一观念。表现为缺少诚信，为达目的不择手段，这是其一；其二，注重享受，幻想一步登天，急功近利乃至投机取巧；其三，缺乏奋斗精神，怕吃苦，脱离现实地追求高品位的生活；其四，安于现状，固步自封，造成人力资源的极大浪费。如此的社会文化现状，虽然并非主流，但还是或多或少地对幼儿园教职员工的思想、观念和行为带来了不少负面的影响。比如,论资排辈问题、只谈获取不谈贡献的问题、上班出工不出力的问题、安于现状不思进取的问题、领导在与不在两个样的问题、喜欢谈吃喝玩乐讨厌谈工作学习等,与人的"是非观、价值观、理想、信念"有关的精神问题,在当今的幼儿园中就比较普遍地存在着。

面对诸多问题,若幼儿园只是一味地想依靠制度建设、人的管理、环境美化等方法来解决,其结果大多难以如愿。比如,虽然我们也有"办园目标""园歌""园训""师训"等共同的理念和价值观上的要求,然而,如果这些要求并未得到全体教职员工普遍的内心认同而成为一种自发的需要,那么很难融入他们的心灵而成为一种思想性的积淀,更难成为一种言行举止的精神力量。又如,当今不少幼儿园热衷于以"岗位、职级、职责、规范、考评、奖惩"等为内容的"制度文化"建设,实质上是现代企业管理文化的一种简单移植。它注重的是分层分等、领导权威;强调的是下级服从;工作效能:这种"带有'强权文化'特征的'制度文化'",实质上忽视了人际关系的和谐,轻视了人的思想教育,缺乏"人文精神"的弘扬,"以人为本"的管理理念并没有得到真正的落实,因而人作为主体的巨大作用没有得到充分的发挥,他们的无限潜能和智慧没有得到深度的挖掘。相反,通过人文精神的弘扬来加以克服和纠正,就能收到良好的效果。

(3)在幼儿园文化建设中如何弘扬人文精神。目前,绝大多数幼儿园在进行园文化建设的过程中,目标是非常明确的,那就是通过文化建设使自己的幼儿园在社会上、教育界,成为一所"有影响""有名气""有品牌"的幼儿园。这种想法、做法无可非议,但要注意的是,不能因名利心太重而"急功近利";更不要为了包装成名而"华而不实",结果是"好看但不中用"。我们一定要沉下心来做老实人、办实在事。古人说得好:"十年树木,百年树人""教人者需先正己"。幼儿园是教育人、培养人的机构,幼儿园文化建设的真正目的应在于提高办园水平和保教质量。而要完成这样的目标,关键是提高教职员工的人文素养,弘扬人文精神,这是幼儿园文化建设的灵魂。那么,在幼儿园中我们应该从哪些方面入手对教职员工进行人文精神的培育呢?

第一,在教职员工中树立积极向上的个人价值观。幼儿园的文化建设应注重人的因素,积极塑造正确的价值观,努力促使教职员工把实现自我价值与本园的发展目标结合起来,培养正确的是非、善恶观,树立竞争意识、拼搏意识和奋发向上的意识,把为幼儿教育作奉献作为教职员工实现自我价值的最高追求。

第二,加强教师的道德建设。教师的人格力量和魅力是儿童成长的重要精神源泉。所以,新世纪、新时期的教师应该具有科学的世界观、人生观,高尚的道德品质和健康向上的心理素质,应该以高尚的、美好的人民教师形象去影响、熏陶年轻一代,成为幼儿心目中良好的榜样。

第三,提高教师的文化素养。文化素养影响着教师自身的教育教学的观念和实践,影响着教师的行为规范,体现在教师一日教育活动的每一个环节中。提高教师的文化素养,是实现幼儿全面、和谐发展的重要前提,是提高幼儿园文化品位的重要条件。为此,一方面要根据幼儿园实际有针对性地对教师进行统一的在职培训,另一方面也要鼓励教师根据工作的需要和自己的兴趣进行自发的业余进修,真正落实和实现终身教育的理念。

第四,重视教师形象的建立与维护。教师形象应是幼儿园文化的一个集中代表,是幼儿园文化的一种外在表现。良好的教师形象不仅可以在幼儿园的内部产生强大的凝聚力和向心力,而且可以在社会上树立幼儿园良好的信誉,扩大幼儿园的影响力,提高幼儿园的竞争力。所以,在幼儿园应实施和落实教育"名牌"战略、"名师"工程,以教师质量树教师信誉,以"名师""名园"获得更大的社会声誉。

第五,真真切切地把"以人为本"落到实处,尊重教师,尊重人才。教师是幼儿园文化建设的主人,是幼儿园发展的关键。为此，幼儿园文化建设一方面应把教师置于幼儿园管理的最高位置，视教师为幼儿园发展的第一资源，把教师的科学与文化素质的提高、积极性与创造性的发挥，视为发展的动力之源；另一方面，要重视培养教师爱岗敬业的精神，这是幼儿园文化得以生存和发展的基础。

第六，创造幼儿园内外和谐的环境。只有符合教职员工所需要的、具有浓厚文化气息的物质、文化环境才能激发教师对幼儿园的认同感和责任感；只有符合教职员工文明和谐的园内、园外的人际交往环境，才能使教职工在工作中感受到集体的温暖、社会的尊重，找到自己应有的社会地位，从而产生强烈的使命感，形成一种真正的、强大的凝聚力。为此，幼儿园也应从教职员工的角度，而不仅仅是从幼儿的角度去创设和优化物质、文化和人际环境。

另外，人文精神的培养要注意教职员工个人的精神追求与集体的"精神文化"建设之间的和谐与互动。一方面要鼓励、提倡教师尊重自我，有自己独立的思考与主见，有自主、自动、奋发的精神；另一方面要注意培养教职员工的共同价值观、共同的精神需求。否则，将会产生个人与个人、个人与集体间的精神追求与价值观的冲突与摩擦，从而影响幼儿园的文化建设。同时，每个人的成长环境不同，因而同一时期要求不同的人具有相同的、一致的价值观、思想、理念和行为是不现实的，应该允许在一段时间内人与人之间有差异。为此，幼儿园的文化建设应具有开放性、民主性、多样性、层次性和多元性等特征。

（三）幼儿园制度文化建设

1. 何为幼儿园制度文化

幼儿园制度文化是为实现自身目标（有的是教育目标，有的是幼儿园的发展目标）对员工的行为给予一定限制的文化，它具有共性和强有力的约束行为规范的要求，包括规范每一个人的行为、各项工作的流程、各项规章制度以及各种考核奖惩制度等。

幼儿园制度文化是精神文化的产物，一定要适应精神文化的要求，是精神文化的有效载体，对精神文化建设起到积极的促进作用。

2. 幼儿园制度文化建设的内容

制度文化主要包括幼儿园职业道德规范、员工行为规范、服务行为规范、激励奖罚规范、教育培训规范。

（1）幼儿园职业道德规范：针对幼儿教师这个职业提出的一系列道德准则，用来约束教师这一特定职业的道德规范，是每个幼儿园都必须遵守和维护的。教育部于2018年11月8日颁布了《新时代幼儿园教师职业行为十项准则》，进一步明确幼儿园教师的职业规范，对广大幼儿教师落实立德树人根本任务提出新的更高要求。

（2）教职工行为规范：幼儿园教职员工行为准则，主要包括仪容仪表、岗位纪律、工作流程、待人接物、环境与安全、素质与素养。

还要做到以下三点：

第一，激励员工心智，在幼儿园中形成一种勤于学习和善于钻研的好风气。

第二，把教职员工的工作同自己的人生目标联系起来，它能唤起员工的广泛热情，发挥集体协同作用，让每位教师都体会到在共同的目标中有我的一份时，就会感到自己所从事的工作不是临时的、权宜的、单一的，而是与自己个人的人生目标相联系的，从而具有强烈的责任感和责任心。

第三，让每一位教师都认识到幼儿园文化是自己最宝贵的资产，它是和幼儿园一起成长的精神财富，这样的教师就会以积极的人生态度去从事工作，恪守自己的行为和规范。

3. 幼儿园制度文化建设的要点："以人为本"的管理理念

幼儿园制度文化的建设要以人为本。幼儿园教育中实施教育的主体是教师，教师是有着自己的思想和个性的活生生的人。因此,幼儿园在制定一系列制度的时候,要时刻考虑到制度是为教师的发展服务的,要充分体现以人为本的思想。也只有从以人为本的角度出发来建设制度,才能使文本化的制度内化为幼儿园全体人员的共识,成为他们自觉的行为和习惯,实现制度效能的最大化,并最终形成真正意义上的幼儿园制度文化。

(1)以幼儿为本。严格依照幼儿的年龄特点和身心发展规律制定与幼儿有关的各项规章制度。如在午睡制度上,允许不愿午睡的幼儿可以在教师视野范围内自由活动,但不能影响其他幼儿午睡。又如在学习规定上,不强制幼儿去学习什么,在合情合理的前提下,幼儿学什么和怎样学都允许幼儿自由选择,不搞"一刀切"。另外,要求教师全身心地关爱幼儿,不体罚或变相体罚幼儿,始终让幼儿生活在一个充满爱的环境之中。

(2)以教师为本。制定与教师有关的制度时充分体现民主和面向全体的基本原则,放权给教师,如将主题目标、教学内容、活动安排的选择权交给年级组长及执教老师。同时,赋予教师各种权利,如幼儿园制度制定的参与权,领导选拔的选举权和被选举权,对幼儿园管理的发言权等。

(3)秉承传统,和谐统一。幼儿园制度文化的建设要体现传统。虽然每个幼儿园的发展历史是不一样的,但在幼儿园的发展过程中,通过一代又一代教职员工的共同努力,每个幼儿园都形成了一定的文化积淀,这些文化积淀就形成了每个幼儿园的传统,并影响着在这里活动的所有人员。因此,幼儿园在建立制度时,要考虑和继承幼儿园的传统,只有这样,才能更好地发挥制度的效能,形成良好的幼儿园文化制度和氛围。

(4)建立核心的精神文化。幼儿园制度文化的建设要体现对幼儿园精神文化的塑造,幼儿园发展的核心影响力是幼儿园的精神文化,它是幼儿园持续发展的精神支柱和不竭动力。因此,幼儿园制度文化的建设重在通过制度的教育功能,使幼儿园的全体人员都能在思想上正确认识和理解幼儿园制度的实质,在行为中充分体现制度的要求,最终为幼儿园精神文化的塑造服务。

(四)幼儿园行为文化——制度基础

1. 何为幼儿园行为文化

幼儿园行为文化:由个体或群体的常态行为反映出的态度、情感、价值观等理念和精神。体现在园长及教师的管理与教育行为的艺术与习惯上。

2. 园长是幼儿园文化建设与实施的核心人物

作为一个幼儿园的最高决策者,园长的素质、修养、行为在幼儿园文化的建设中起着举足轻重的作用。园长必须具有深厚的文化理念和独特、明晰的办学思路,能明确幼儿园文化建设的目标,并形成全员共识,采取有效措施,大胆探索、勇于实践。

园长应立足于"人"的发展,尊重人。幼儿园文化的建立是基于人本的、科学的、发展的管理,建立先进的管理制度,增强管理层对于幼儿园共同价值取向的认同感,增强管理层的服务意识,使幼儿园管理层能够高效地服务于育人目标。具体表现在以下四个方面。

(1)科学管理,建立公平、公正、公开的管理制度与机制。园长的管理艺术是指园长在一定的学识、智慧、能力、经验和气质等因素的基础上,为实现幼儿园目标,面对各种领导条件、方式和方法,灵活、恰当、创造性地运用的领导策略、技巧和风格。它是领导者的素质和领导水平的综合表现。处理各种事物能体现公平、公正的基本精神:办事公道,不徇私情,合理考虑相关因素。

(2)园长必须知人善任,适当授权,让每一位教职工成为自己的得力助手。要倡导教育民主,最大限度调动每一个人的内在生命激情。园长应最大限度地把握好用人艺术,自己不是样样精通,但必须具备知人善任的能力。应当以调动人的积极性,发掘人的潜力为根本。既不可小材大用,也不可大材小用，更不可无才乱用。着眼于教职员工个人专长和特点，使之有用武之地。"骏马能历险，犁田不如牛，坚车能载重，渡河不如舟。"用人贵在用其长、避其短，这样才能获取最大的效应。

（3）园长应实行人性化管理。"以人为本"的现代管理思想，可以让幼儿园凝聚集体的智慧，并赢得家长和教职工的信任。有效的管理来源于高效的沟通。和谐的人际沟通是轻松管理的主要方法。只有让教师有尊严，教育才会神圣；只有让教师心灵舒畅，教育才会快乐。园长必须将自己在工作中所想所做的事情讲出来，教职员工有好的表现要大声表扬，有不好的现象要敢于指出。无论是作为领导还是下属，有时会不知不觉地只站在自己的角度看问题，所以园长与教职员工要懂得换位思考。

（4）重视教师的发展和培养。幼儿园教师队伍建设是内涵发展的基本保证。教师是幼儿园最重要最有价值的人力资源，优化人力资源无疑是工作重心所在。

首先，要解决好全体教师的共同需求。定期开展的教科研活动以及幼教专家的讲座或现场观摩等形式多样、内容丰富的园本培训活动，可以使全体教师在有效教学策略的方法、设计与运用方面，以及专业技能技巧方面得到很大的提升。

其次，加强新教师的培养工作。新教师刚踏上工作岗位，缺乏实践经验，老教师的引领可以使新教师在成长过程中少走弯路，可以帮助新教师尽快具备基本的教育教学能力。

最后，提高教师自身文化素质和修养是教师发展和培养的关键所在。教育是一个系统工程，教师不仅要教会知识，而且要育好人。各方面都要为人师表，教师的整体素质的提高是幼儿全面发展的保证。教师只有不断地强化理论学习，才能在亲身实践中把书本理论转化为自身经验。所以，要用"终身学习"的理念指导、鼓励教师多读书，做"善于学习、勤于反思"的学习型人才。

3. 构建新型的教师文化

（1）弘扬价值观念，增强教师职业意识与信念。多年来，社会对幼儿教师的偏见以及幼儿教师自身职业价值、对自己成就的期望太低等原因，造成许多教师对自己从事的职业缺乏归属感，而工作只是为了完成园长交给的任务。教师体验不到教师的尊严和执教的幸福，更谈不上崇高的职业理想与信念。所以，必须不断更新教师的自我价值观和行为模式，增强责任感和使命感。

（2）倡导学习文化，提升教师文化育人魅力。幼儿园教师关注较多的是自己专业技能知识的学习，导致不少教师思维单一、知识浅显。因此，幼儿园可通过多读书、读好书的途径扩大教师的阅读面，使教师的文化品位和审美情趣得到提升。用多元文化、现代时尚气息充实教师的精神生活，激活他们内心的鲜活感受，从而丰富教师的人文素养，从而使教师的日常穿着打扮、行为举止、表情动作等都更具感染力，并逐渐内化成一种文化育人的魅力。

（五）幼儿园文化建设应注意的问题

泰戈尔曾这样总结过教育的真谛：不是锤的打击，乃是水的载歌载舞，使鹅卵石臻于完美。幼儿园文化建设无疑是这"载歌载舞的水"中极为重要的一部分。当前，幼儿园文化建设在践行与反思中取得了一定的成绩，还应该注意以下三个问题。

1. 注重形式而忽略内涵

有一种观念认为文化建设就是搞形象设计和包装，就是要喊口号、搞活动。这些只是幼儿园文化建设的表层，是幼儿园文化的各种表现形式，而一所幼儿园经过长期努力形成的幼儿园精神文化才是文化建设中的核心价值所在。

2. 全盘照搬、套用别人的成功模式

在幼儿园文化建设实施中，一些幼儿园以同行业中成功实施文化管理的园所模式为蓝本，一成不变地应用于自己的幼儿园，没有考虑幼儿园的历史、地理环境以及自身文化的特点，这无异于削足适履。

因此,没有自身文化特色的幼儿园,完全套用别人的成功模式,就显得比较教条和僵化。幼儿园文化建设只有形成自己鲜明的个性,才能产生活力和生命力,才能发挥作用,使幼儿园可持续地发展下去。

3. 文化建设不系统、不持久

一些幼儿园在文化建设实施时,缺乏细致、深入的调查研究,没有制定完备的策划方案以及长远的发展规划,只抓住文化建设的某一个内容做文章,顾此失彼,使幼儿园文化建设偏离了轨道,往往形成单纯的思想政治工作、园所文艺活动、规章制度的建设等。

有的幼儿园对文化建设的实施只有三分钟热度,看到大家都在做,就轰轰烈烈,大搞特搞。等新鲜感一过,顿时热情全无,于是偃旗息鼓,停滞不前。而优秀的幼儿园文化建设都是在长期的实践和积累中慢慢积淀形成的,需要经过时间的验证。

小 结

　　文化兴国运兴,文化强民族强。幼儿园文化是构成幼儿园生存的基础,是幼儿园发展的动力和成功的关键,是幼儿园的灵魂。一所幼儿园的发展,依靠的是优秀的园本文化,而文化的传承和发展,又依靠全体教职员工的用心维护,因此,文化成长了个人,个人也成就了文化。良好的幼儿园文化不仅能够激发教职工的团队意识,同时促进了幼儿、教师、幼儿园三位一体的发展。

　　幼儿园文化不仅是一种环境,更是一种氛围,是一种需要长期培育、苦心经营的教育氛围。只有不断地去研究、去丰富、去提升,才能构建高品位的幼儿园文化体系,为教育强国建设贡献智慧和力量。

幼儿园的品牌建设

导读 >>>

　　党的二十大报告明确指出,要在幼有所育奔向幼有优育上持续用力,加强幼儿园品牌建设是实现幼有优育的重要体现。学前教育高质量发展呼唤更多的幼儿园打造品牌,需每位教育管理者"扎根中国、融通中外、立足时代、面向未来",尤其是立好办园理念这个园所品牌之魂,建好教师队伍这个园所品牌之体,穿好"总结提炼"这件园所品牌之衣,积极探索"世界学前教育的中国模式"。未来幼儿园的竞争是幼儿园品牌的竞争。简而言之,教育品牌就是优质加特色,是幼儿园最宝贵的资产,是幼儿园的核心竞争力。一所幼儿园要取得持续的成功,就要打造适合自己的品牌,形成品牌的"品格"魅力和核心思想,真正实现幼有优育。

　　本专题围绕"幼儿园为什么需要品牌""幼儿园的品牌如何规划""幼儿园品牌如何定位与推广"等一系列品牌问题进行探讨。

教学课件

一、幼儿园为什么需要品牌

案 例

中华老字号——北京同仁堂的品牌故事

北京同仁堂是中药行业著名的老字号,创建于清康熙八年(1669年),自雍正元年(1723年)正式供奉清皇宫御药房用药,历经八代皇帝,长达188年。其产品以"配方独特、选料上乘、工艺精湛、疗效显著"而享誉海内外,产品行销40多个国家和地区。

历代同仁堂人恪守"炮制虽繁,必不敢省人工;品味虽贵,必不敢减物力"的传统古训,树立"修合无人见,存心有天知"的自律意识,确保了同仁堂金字招牌的长盛不衰。

中华老字号——同仁堂之所以能够风靡世界如此之久,就在于它善于审时度势,以变化求生存,以变化求发展,在传承自身文化特色的基础上,运用新理念、新模式、新技术来提升自己,通过创新来续写老字号的品牌力量,其"长寿秘诀"主要体现在以下方面:

1. 品牌文化

同仁堂是祖国传统中医药文化的继承者。中医药理论是祖国传统中医药文化的精髓,它吸收了中国古典哲学和儒家、道家思想的精华,强调"天人合一""辨证论治"的理念。同仁堂自创立伊始,就是在中医理论指导下生产和使用中药,收集并研制有效方剂,在实践中不断创新与提高,至清末同仁堂有文字记载的中成药已多达近五百种,以医带药的模式传承至今。

2. 品牌质量

供奉御药使同仁堂中医药文化独具特色。在供奉御药期间同仁堂以身家性命担保药品质量,采用最高标准的宫廷制药技术,磨炼出诚实守信的制药道德,使"炮制虽繁,必不敢省人工;品味虽贵,必不敢减物力"的古训得到了进一步升华。形成了"配方独特、选料上乘,工艺精湛、疗效显著"的制药特色,并得以世代弘扬。

3. 品牌精神

若用一句话概括同仁堂的企业精神,那就是:同修仁德,济世养生。同仁堂的创业者尊崇"可以养生,可以济世者,惟医药为最",把行医卖药作为一种济世养生、效力于社会的高尚事业来做。历代继业者,始终以"养生""济世"为己任,恪守诚实敬业的品德,形成的是"德、诚、信"的思想和诚信文化。

4. 团队管理

同仁堂职工队伍是传承和发展同仁堂文化与事业的重要团队。这是一支具有能动而强烈的传承性与创造性的队伍,是同仁堂事业得以代代相传的最大动力。"忠诚、无私、激情","用同仁堂的文化吸引人,用同仁堂的干劲鼓舞人,用规范化的标准要求人,用优良的经营成果回报人"这一同仁堂人的标准又集中体现为对工作的高标准、严要求,以及对病患者的同情友爱和高度负责。

同仁堂品牌是同仁堂中医药文化的集中体现,是在继承祖国传统中医药文化精华,并融入宫廷制药规范的基础上,经过三百余年的实践与创新,中医与中药的结合,所形成的具有自身特色的品牌形象、价值取向、质量文化、经营理念和队伍建设的总和。

"吃同仁堂的药放心"是社会对同仁堂品牌的最高评价,是同仁堂济世养生的最终落脚点,是患者口中的金字箴言。

这就是品牌的力量!

(一) 什么是幼儿园品牌

1. 品牌的含义

品牌是由名称、标志、象征物、包装、口袋、口号、音乐或其组合等一些区别竞争的符号而联想到的,基于价值的消费者与组织或个人之间的关系及其所带来的无形资产。一个完整的品牌应该包括品牌符号、品牌核心价值、品牌联想、品牌关系和品牌资产这五个方面,越是内容全面的品牌越是强势品牌。

2. 幼儿园品牌的内涵

幼儿园品牌就是优质+特色,是幼儿园最宝贵的资产,是幼儿园的核心竞争力。幼儿园品牌不是仅仅用一个名词反映,而是幼儿园综合品质的表现。幼儿园应该从外在品质和内在品质两个方面创建自己的品牌,一个完整的幼儿园品牌包括隐形和显现两个部分(见图3-1)。

隐形部分:幼儿园精神、集体价值取向、行为方式、幼儿园特色、幼儿园文化、幼儿园传统、幼儿园品位、教学成果等,这是幼儿园品牌的核心灵魂。

显现部分:行为方式和物质文化方面,直接彰显了幼儿园的文化、性格,这是幼儿园资源中可贵的印记。

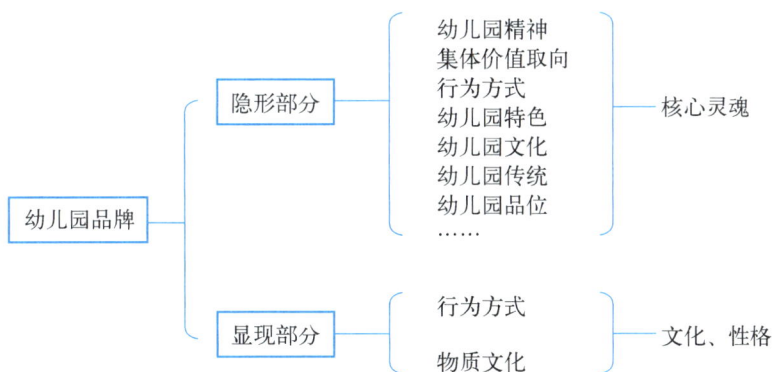

图 3-1　幼儿园品牌

(二) 品牌打造对幼儿园发展的意义和作用

可口可乐的老总曾经说过:假如有一天可口可乐的工厂一夜之间化为灰烬,但只要可口可乐的品牌还在,第二天全世界的银行照样会争相排队为可口可乐提供贷款。这就是可口可乐的品牌价值。那么,品牌对于幼儿园来说有哪些价值,能为幼儿园发展带来怎样的促进作用呢?

1. 保证生源

创建幼儿园品牌有利于提高幼儿园的知名度和社会影响力。人们对钟爱的事物了解得越多,就会倾注更多的感情,这些特殊的感情倾向,必定会影响他们的行为选择。在品牌影响如此强烈的今天,幼儿园品牌能够唤起人们的记忆和联想,有利于强化人们对幼儿园的关爱和感情投入,从而提高幼儿园的竞争力,保证生源。

2. 吸引人才

创建幼儿园品牌,有利于树立良好形象,吸引优秀人才。幼儿园的竞争本质上也是人才的竞争,而表现突出的则是师资的竞争。在现实的人事制度中,在现实存在的城乡差别的条件下,主要是留住现有的优秀教师。有时精神比物质更能吸引人,因为教师看中的不仅仅是高工资、高福利,更看中的是幼儿园的人际氛围和声誉。在幼儿园品牌影响力下树立的良好的幼儿园形象能够使教师产生一种荣誉感和自豪感,从而将自己的命运与幼儿园紧密联系起来,形成建设幼儿园的使命感和责任感。

3. 形成口碑

以优质幼儿园品牌带动并依托的优质教育环境和优质保教质量,必定会在社会上产生良好的口碑,有利于提高幼儿园的影响力,提升幼儿园形象,扩大幼儿园的知名度,从而为幼儿园的发展提供更为有利的社会环境,成为幼儿园对抗竞争的有效手段。

4. 无形资产

创建幼儿园品牌,有利于形成巨大的无形资产。在"教育经营"的理念之下,有形资产总是有限的,而幼儿园品牌这一物性资产,必然会带来有形资产的增值,为幼儿园的发展注入活力,让我们更好地利用社会资源来为幼儿园教育服务,实现幼儿园的可持续发展。

二、幼儿园品牌建设的核心——办园理念的提炼

幼儿园的不同从本质上看就是其办园理念的不同。办园理念作为幼儿园对理想教育的追求,体现了幼儿园对一定教育价值的确认,对幼儿园的办学目标和发展方向有着引导和规范的作用,能够激励全体教职员工坚定地信奉某种教育价值观,并让全体教职员工对幼儿园的未来充满信心。由此可见,每个幼儿园都有必要提炼自己的办园理念,并使之成为幼儿园办学的指南针与精神支柱。幼儿园的办园理念是幼儿园品牌建设的核心。

然而,纵观许多幼儿园对自身办园理念的介绍,可以发现有的大而空泛,如"以人为本,自主学习";有的则如同广告,如"不要输在起跑线上""培养小天才";有的存在雷同,没有自己的特点,如"一切为了孩子"。那么,究竟应如何确立办园理念呢?幼儿园至少需要思考以下基本问题:幼儿园教育的目的是什么?幼儿园教育的本质属性是什么?幼儿园教育质量的评价标准是什么?幼儿园的课程建设与环境创设有何特点或突出的地方?幼儿园的办学方向与理想是什么?当今时代对幼儿园的要求是什么?只有结合幼儿园实际深入思考这些基本问题,才有可能提炼出富有思想深度与文化内涵的办园理念。

(一)办园理念应立足于幼儿园实际

一所幼儿园的办园理念应立足于本园实际,与幼儿园的办学历史与文化积淀相结合,只有这样才有可能抓住幼儿园的本质特点与精神内核,提出富有本园特色的办园理念。每个幼儿园不管其创办时间的长短,都会有自己的文化与特质,而且随着教育实践的开展与深入,最终都会形成属于自己的、他人不可复制的独特传统与集体风貌。这些精神与文化要素都应该在幼儿园的办园理念中有所体现,才能避免办园理念千篇一律的雷同现象。

一所办学历史悠久的老园与一所刚创办不久的新园在提出自己的办园理念时,显然应有不同的着重点与出发点。对于老园来说,几十年甚至上百年的奋斗历程凝聚了各个不同方面的力量参与幼儿园建设,梳理其原有的文化积淀与传统,思考如何实现传承与创新的结合因此变得十分重要,也是其办园理念产生的源泉。对于一所新园来说,则应多作横向比较,多向优秀的幼儿园学习,思考如何既维护幼

儿园教育的基本使命又在激烈的竞争中脱颖而出,从而产生既富有哲理深度又令人耳目一新的办园理念,引领幼儿园富有个性地创造性发展。

(二)确定发展定位是办园理念的核心

办园理念实质是对幼儿园办学理想状态的一种行动追求,因此它必然包含对幼儿园发展定位的思考,而且也正是这种发展定位的确定使之具有行动的力量,使办园理念得以体现出一定的前瞻性与引领性,同时又具有一定的可行性与可操作性。

在思考和确定发展定位时,首先要充分考虑国际国内教育改革的历史背景与时代要求,如当前国家新近颁布施行的中长期教育改革与发展规划纲要,对学前教育的性质、发展目标与举措等做出了明确指示与规定,要求各地政府积极建设具有普惠性质的学前教育公共服务体系,这对接受公共财政支持的公办幼儿园来说,就应把促进教育机会与教育过程公平作为自己办学努力的重要方向之一,积极探索可行策略与措施,接收所在片区家庭经济困难适龄儿童与流动儿童入园,为他们提供平等的受教育机会。

其次,要充分考虑幼儿的发展需要。办园理念作为幼儿园教育精髓的体现,应始终围绕幼儿园教育的宗旨与目的来提炼。对幼儿园教育来说,其教育对象的幼小决定了幼儿园教育只能是奠基性的全面发展的教育,即幼儿园教育的目的是培养身心全面健康和谐发展的儿童。这就意味着幼儿园不管怎样发展都应当始终为儿童的发展服务,始终以促进儿童身心健康为根本使命,其始终应当追求的是教育质量的不断提升,而不是教育之外的功利结果或名誉。坚持这一发展定位,对当前仍然受到市场较大冲击的幼儿教育领域来说尤其具有重要的现实意义。当前仍大量存在的民办小规模幼儿园为维持自身生存而一味迎合家长的功利化要求,实施具有小学化倾向的幼儿教育即是严重违背了幼儿园作为教育机构的基本发展定位,丧失了教育的基本立场,是值得深刻反思与反省的。

再次,应得到全员配合与共同认可。作为引领幼儿园长远发展的纲领性口号,办园理念的形成与实现还需要得到全体教职员工的理解与认同。组织全体教职员工自上而下或自下而上地反复讨论幼儿园的发展定位,能够有效促进全员对幼儿园教育本质属性与根本使命的认识与理解,进而认同和接受幼儿园的办园理念。在此讨论过程中,幼儿园管理者应带领全体员工从办园环境、教师发展、课程实施、幼儿成长、家园合作等方面具体思考与分析当前幼儿园教育存在的问题与今后努力的方向,确定切实可行的中长期发展目标及其保障条件,以科学准确地定位幼儿园的发展。

(三)像教育家一样真正实践办园理念

虽然现在绝大多数园长距离教育家还很远,但是为了实现办园品质的提升和幼儿园跨越式的发展,每位园长都应努力像教育家那样真正实践本园的办园理念,而不要使之仅仅成为一种文字游戏或口号。例如,某一幼儿园的办园理念是"挖掘潜能、展现天赋,促进每一个幼儿富有个性的发展"。这一办园理念的提出受到了苏联著名的教育理论家和实践家苏霍姆林斯基的启示,他相信孩子、尊重孩子、用心灵去塑造心灵的教育思想指导我们应树立平等对待和尊重儿童的教育观,并在办学思路、办学方针、办学策略、办学措施中努力落实这一教育观。作为教育工作者,不管有没有达到教育家的水平,都应有教育家的情怀,能够秉承教育家的理想与高度的责任意识,通过自身卓绝的努力实践办园理念。

(四)让办园理念引领办园特色

目前很多幼儿园都在创特色创品牌,为幼儿园发展赢得更广泛的支持与更广阔的空间。这种努力的方向本身没有什么错,但如果幼儿园仅为创特色而提出自己的教育特色,就有可能偏离幼儿园教育的本质与使命。所谓办园特色实质上应是每个幼儿园在长期的教育实践过程中形成的独特而稳定的办园经验，如意大利瑞吉欧的"方案教学"、蒙台梭利教学法独特的混龄操作等。因此，在考虑办园特色时，我们必须思考为谁而"特"？为什么"特"？如何"特"？对这些根本问题的回答显然都离不开对幼儿园办园理念的思考。只有正确的办园理念才能引领幼儿园形成始终有利于儿童全面和谐健康发展的特色教育，避免特色教育走向极端。如果以"愿每一天每一个孩子都健康快乐成长"为办园理念的幼儿园就会抓住"孩子""健康""成长"等关键词，始终坚持以孩子的身心健康和谐全面发展为根本追求，而不会为了片面形成幼儿园的英语教育特色而牺牲孩子们快乐游戏与户外活动的时间，占用孩子们本应活泼开展艺术与科学探索活动的时间。在此正确办园理念的引领下，幼儿园将只会努力在与多领域教育活动的融合中来体现自身的教育特色，从而既保证幼儿获得均衡全面的教育，又在英语方面表现出特长或优势。

总之，办园理念是幼儿园的灵魂，是幼儿园品牌建设的核心，它对幼儿园的长远发展起着引领作用，决定着幼儿园的办园方向和教育质量。作为一种精神信仰与教育理想，它虽然还不是现实但最具力量，展示着幼儿园的整体发展水平与认识高度，是提高幼儿园办园水平、实现幼儿园跨越式发展、打造一流幼儿园品牌的关键因素。每个幼儿园都应在反思自身发展定位、总结自身发展经验中提炼自己独特而科学的办园理念。

案 例

银川市第一幼儿园办园理念解读

银川市第一幼儿园（以下简称一幼）始建于1950年4月，是宁夏回族自治区办园历史最长、规模最大的一所首批省级示范幼儿园。历经六十多年的发展，现占地30亩，总建筑面积14 700平方米，共有四栋教学楼，一栋办公楼，设智慧书屋、科学发现室、多为智能学习空间等多个功能室；共有33个教学班，收托1 400多名幼儿。随着影响力的逐步提升，银川一幼现已形成了一园七校区集团化办学模式，实现了优质教育资源共享。

一、办园理念

幼儿园坚持"教师的家园、孩子的乐园、家园共育的花园"的办园理念，为孩子的成长搭建平台，让昨天童真、童趣的"画"成为今天耐人寻味的"书"，继而成为明天健康自信的"我"；让孩子沐浴在爱的阳光下，启心智之门，雅情趣之源，做成功的人！

二、幼儿园内的四张名片

1. 第一张名片——智慧树

智慧树源于一幼的建筑设计理念。一幼建筑的原设计理念是一颗豆荚，中间的两栋楼环抱寓意对内团结包容，外围两栋楼向外展开，寓意对外改革开放，吸纳一切先进的教育

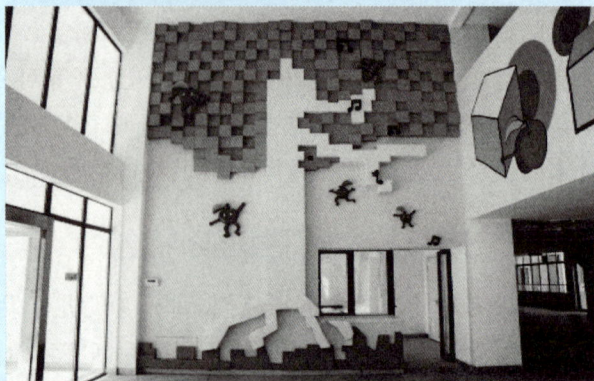

思想。建筑理念与文化融为一体，树干的造型酷似一把金钥匙，寓意着我们用文化的金钥匙开启孩子智慧的大门，培养如同参天大树般顶天立地的人才，象征着银川一幼像大树一样充满生机、蓬勃发展。这棵树上的五颗平安果、枸杞娃娃是地域特色的展现，也蕴含着学前教育五大领域课程，同时代表着我们的孩子平安、健康、快乐、自信、自由地成长。

2. 第二张名片——昨天的画

梵高的《向日葵》、达·芬奇的《蒙娜丽莎》、中国皮影《吹笛少年》《母与子》，还有宁夏贺兰山岩画太阳神的图案，让幼儿可以时刻感受着世界和民族的文化瑰宝，同样也培养着他们的创意思维，我们将民族和世界文化的精华传递给孩子，让孩子们在欣赏名家名画的同时，展开想象的翅膀绘制属于自己的图画，绘出五彩的内心世界。

3. 第三张名片——今天的书

我们的孩子一天天长大，经过日积月累，昨天他们笔下的千万幅图画就绘成了自己今天的儿童图画书。一幅幅出自孩子们的绘画作品正是他们童年自我的真实写照，快乐、有趣而又充满奇思妙想。一本图画书就是一个孩子的内心世界，在丰富多彩的图画世界中孩子们将不断汲取营养、成长积淀，一步步迈向更高的阶梯。

4. 第四张名片——明天的我

这面墙上我们所看到的三面椭圆形的镜子，是按照大、中、小班的不同年龄阶段孩子的身高而定制的。镜子正面孩子们可以看到自己的面貌，而背面有教育家、科学家、伟大领袖的图片（镜子背面可随时更换成其他职业的图片）。让孩子们在成长的过程中，通过镜子不断审视自己，为自己的明天树立更高的目标。世界就是一个地球村，希望孩子们将来从中国走向世界。

三、"三园教育"文化体系

一幼人始终坚持以爱育人，以德立师，齐心协力将银川一幼打造成"教师的家园、孩子的乐园、家园共育的花园"，确定"专育、趣育、全育"课程培养体系，用"三园教育"文化体系培植幼儿心灵的土壤，放飞孩子心中的梦。

1. 专育——做教育有思想、教学有方法、做人有魅力的教师

银川一幼的管理团队首先确立了"鼓励创新，允许失败"和"扬长教育"的理念，重点打造了

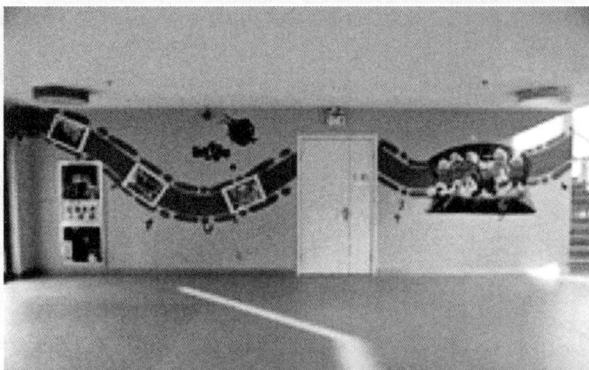

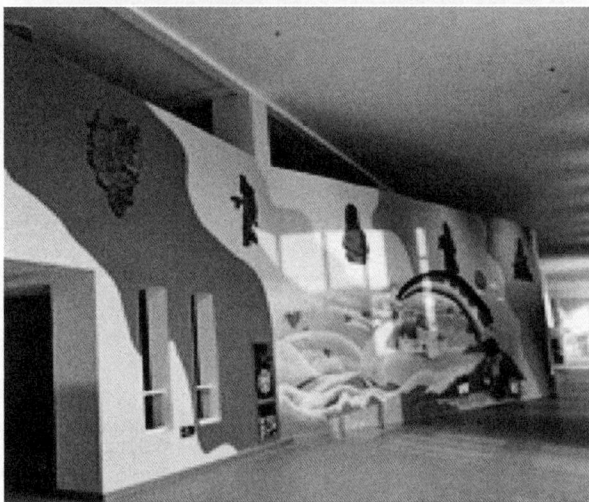

"专育课程"。一幼的美留存在教师年轻向上的容颜里，也刻画在榜样的故事里，赛课比课、项目研究，如琢如磨，我们相信真教育就是在磨炼中成长，重师德、正师风，才是教师该有的样子，依兰飘香，歌声悠扬，书墨传香，舞姿飞扬，教师在这里提升自己的人文修养和个人魅力。

2. 趣育——育具备五大核心素养的孩子

五大核心素养是指阅读素养、创意思维、审美雅趣、自我管理、家国情怀。银川一幼致力于让孩子拥有嬉戏的童年，具备飞翔的力量，形成特有的以"大自然、大社会"为活教材的"三层五类"课程。尺有所短，寸有所长，一幼教师的理念从"补短"转向"扬长"，让小草成为最好的小草，让乔木成为最好的乔木，相信"孩子是天生有能力、有自信的学习者和沟通者"，用孩子的故事评价孩子的成长。

3. 全育——引导教育理念科学、教养态度积极、教导方式正确的家长

一幼通过多媒介、多手段引导家长树立正确的儿童观和教养观，形成管理式参与、双向互动式参与、表面参与三种层次的家园合作形式，激发家长的参与意识，引导家长逐步形成了积极的教养态度。

三、幼儿园品牌的外在建设——品牌形象的设计

（一）幼儿园品牌形象的内涵

幼儿园品牌形象，是指社会公众按照一定的标准和要求，对某个幼儿园经过主观努力所形成和表现出来的形象特征所持的整体看法、最终印象和综合评价。

幼儿园品牌形象是幼儿园价值观的重要外化表现，其形象不仅来源于公众对幼儿园所表现出来的、看得见的、摸得着的外在事物的观察，而且源于公众对幼儿园内在精神如园风、教师的敬业精神、幼儿的素质状况等的感知和体验。幼儿园的形象一方面是形象具体的，如幼儿园的建筑、教学质量等；另一方面，幼儿园的形象又是主观的、抽象的，如幼儿园的整体素质、特色，师生的精神面貌以及幼儿园的信誉度、责任感等。

良好的幼儿园品牌形象会令人时刻感受到它的存在以及由它透射出来的那种独特的幼儿园感染力、凝聚力和震撼力。良好的品牌形象是一笔无形的财富，它综合体现了幼儿园的声望和信誉，反映了整个社会对幼儿园的信任程度，是幼儿园生存与发展的基础。

（二）幼儿园品牌形象的功能

1. 内部统和，形成教育合力

幼儿园品牌形象作为社会公众的评价和认定，在某种意义上代表着一种荣誉，所以它具有激励性。幼儿园品牌形象建设能建立幼儿园内部教职工共同的思想、理念和价值观，通过塑造幼儿园精神，建立与之对应的行为和视觉传达，从而增强幼儿园管理中教职员工的主体性，使各部门人员协调、团结，形成一种相互配合、相互促进的关系，产生凝聚力，形成教育合力。

2. 外部塑形，追求可持续发展

品牌形象建设可以为幼儿园"造型"，构建幼儿园理念、幼儿园文化，鼓励教职员工士气，使幼儿园精神面貌焕然一新，并保持幼儿园的"青春"活力。幼儿园的品牌形象设计不仅仅是对幼儿园现有状况的包装，更是着眼于高品位的幼儿园文化的营造、高质量的幼儿园教育环境的建设，使师幼思想仪表、言

行领社会之先,并独具风范。幼儿园品牌形象的树立将有利于幼儿园与社会、家庭的良好沟通,使幼儿园、家庭、社会协调一致、关系融洽,从而获得社会各方面的广泛支持。

(三) 幼儿园品牌形象设计的策略

1. 凸显办园特色

幼儿园品牌形象不是标准化的、整齐划一的,而是具有独特个性,具有鲜明特色的。个性与特色是一所幼儿园的优势所在,是幼儿园发展的强劲生命力,也是幼儿园品牌形象设计的前提和基础。办园特色是在一定教育思想的指导下,教育方针与各园实际相结合的产物,是以园长为核心的全体员工集体智慧和共同实践成果的结晶。它是一种再创造,而不是教育思想和教育方针的照抄照搬、生搬硬套。每一所幼儿园都要善于把握教育大环境,认清社区中环境,根据幼儿园小环境,进行特色研究,准确定位发展战略,选准突破口,形成正确的办学特色。

2. 培育组织精神

在对一些幼儿园的实际考察中,人们经常有这样的感觉,有的幼儿园办学实力雄厚,硬件设施堪称一流,应有尽有,可是在琳琅满目的设施设备前面,对照起那些著名的特色幼儿园,却每每产生某种空虚之感,总觉得少了点什么,不能给人留下深刻的印象。这里所缺少的常常就是一所幼儿园应该具备的组织精神。对大量形象良好、特色鲜明的幼儿园的研究表明:这些幼儿园之所以能够成功是因为他们塑造了一种生机勃勃而使人不断奋发向上的幼儿园精神。

一些园长认为:只要引进、运用科学的管理方法,制定严格的规章制度和采用合理的组织结构,就能成功地管理好幼儿园。事实上,在一所幼儿园行之有效的规章制度、组织机构和管理方法,搬到另一所幼儿园,却由于文化底蕴不同,很可能难以贯彻实施。一个具有远见卓识的园长,不能仅仅盯在方法的选择、规章的制定以及智能的运作上,而应该特别关注幼儿园文化的建设,创造一种推动幼儿园前进的组织精神。

3. 打造视觉形象

幼儿园视觉形象指幼儿园的外观形象,是幼儿园理念和行为的外在表现,它包括幼儿园布局、建筑风格、绿地空间、景观标志、小品设施、环境建设与卫生乃至员工、幼儿的穿着举止等可以用眼睛看到的东西。打造视觉形象的目的是使一切到幼儿园的来客,首先在视觉上对幼儿园产生良好的第一印象。

打造视觉形象需要一套完整的宣传体系,是对幼儿园形象的规范化、定向性设计,表达了幼儿园形象以及在各种场合出现时的标准化的视觉传播方法。具体包括以下七个方面。

(1) 园徽:园徽是代表园所的徽章,是园所的标志和象征,是幼儿园办园理念、办园特色、人文精神的集中体现,是幼儿园的象征性标识,是园所文化建设的基础性载体,也是幼儿园思想道德教育和精神文明建设的重要内容。园徽设计应通过一定的图案、色调、文字和式样体现幼儿园的办园方向、教育目标、理念精神和鲜明特色。园徽确定后,要反复出现在幼儿园的公共展示物上。

图3-2　新泉中心幼儿园园徽　　　　图3-3　银川市第一幼儿园园徽　　　　图3-4　宋庆龄幼儿园园徽

（2）园旗：园旗也是园所的一种代表，它通过一定的式样、色彩和图案反映一所幼儿园的办园特色和历史文化传统。园旗可分为桌旗、串旗、持旗和挂旗四种。其中，桌旗主要用于幼儿园各部门在办公室摆放；串旗旗面一般可用不同的颜色，主要用于幼儿园各种重大活动时在园内悬挂；持旗和挂旗主要用于幼儿园重要室内外场所悬挂以及各部门（班级）在外出活动或对外活动中使用。桌旗、串旗、持旗和挂旗应有不同的旗号标准。

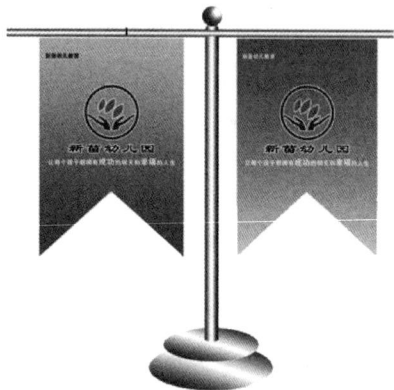

图3-5　新苗幼儿园桌旗

图3-6　七彩阳光幼儿园挂旗

（3）园训：园训是一所幼儿园的灵魂。园训体现了一所幼儿园的办园传统，代表着园所文化和教育理念，是人文精神的高度凝练，是幼儿园历史和文化的积淀。一所老牌幼儿园的园训，为我们打开其历史之门提供了一把钥匙。同时，它也是一种文化，是一种面向社会的精神标志，能为幼儿园起到一定的宣传作用。有些园训还对其本园的创建历史或文化背景有所反映，包含着较多的信息。

图3-7　新龙幼儿园园训

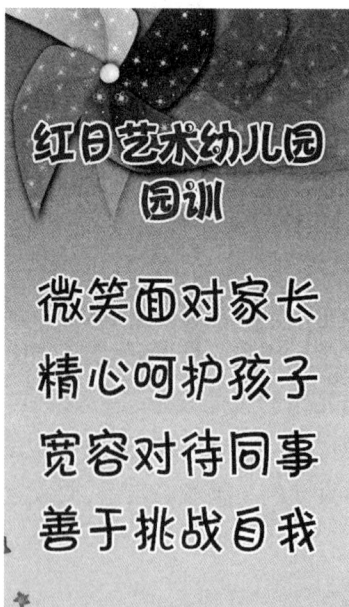

图3-8　红日艺术幼儿园园训

（4）园服：园服是园所规定的统一样式的员工服装和幼儿服装。男式园服要阳刚帅气，女式园服要体现出幼儿园师生应有的活泼好动、生气勃勃的特点。园服还应该体现出年龄、性别上的差异，各年龄段在款式结构上应有区别，应该体现不同年龄段孩子的心理和生理特征，且保证质量，从而使日常所穿着的服装也能起到良好的美育作用。

图 3-9　幼儿园男女生夏装

（5）园所主色调：每所幼儿园都应有自己的主色调。由于色彩具有区别、象征、联想等心理效应，每所幼儿园不同的地域、园舍条件和理念、性格、风俗特征也就与一定的色彩联系到一起，幼儿园的主色调一旦确定后，其园所的建筑、装饰乃至桌椅床铺都应采用主色调或围绕主色调变化。除主色调外，还应规定与之相和谐的辅助色调及其组合。

（6）园所宣传品：在每一段时期内，要统一对外宣传口径，制作统一的宣传画册（或礼品书等），园徽和园所主色调必须广泛运用在这些宣传品上。

图 3-10　爱弥儿双语艺术幼儿园家园联系册

（7）标志性的文化设施建设：标志性的文化设施是幼儿园形象的最直接的表现，是幼儿园文化发展的物质基础，是幼儿园现代文明的象征。每所幼儿园都有自己的特色和个性，作为标志性的文化设施正是这种特色和个性的集中体现。例如，南京市鼓楼幼儿园的陈鹤琴雕像（纪念馆）、上海宋庆龄幼儿园的宋庆龄雕像等，都为各自的园所增添了风采和魅力。标志性的文化设施建设既折射出幼儿园的历史文化，又富有浓厚的时代特征，成为一所幼儿园的象征。

图 3-11　南京鼓楼幼儿园陈鹤琴像

4. 树立品牌人物

首先，园长在幼儿园形象设计中占着举足轻重的地位。园长是幼儿园对外沟通的重要人物，其形象代表着幼儿园的形象，因此也可通过设计和树立品牌人物形象来影响员工，带领员工走入规范化、专业化形象当中，以此为典范，不断塑造。其次，培养个性突出的教师也是创建品牌特色幼儿园的重要前提。品牌教师与幼儿园之间是一种动态性的关系，两者相互依存、相互促进。如上海市本溪路幼儿园成就了应彩云老师，反过来，应彩云老师使得上海市本溪路幼儿园成为学前教育领域中的品牌幼儿园。

四、幼儿园品牌的定位与推广

（一）什么是幼儿园的品牌定位

所谓定位，就是让品牌在消费者的心智中占据最有利的位置，使品牌成为某个类别或某种特性的代表品牌。幼儿园品牌定位，就是指为某个幼儿园品牌确定一个适当的市场位置，使幼儿园在家长的心中占领一个特殊的位置，要让幼儿园的教育理念和教育服务在预期的顾客的心智中实现区隔。

（二）为什么幼儿园品牌需要定位

1. 准确的品牌定位有利于抢占消费者的心智空间，从而实现最大化的品牌效应

如果我们不对客户进行心智模式剖析，对幼儿园品牌繁多，供大于求的现实熟视无睹，那么就会在竞争中被淘汰。品牌定位策略的关键就是要在人们心目中形成品牌区隔，抢占人们的心智空间，让你的品牌深入人心，实现品牌效应的最大化。

2. 只有定位明确的幼儿园才能在日益激烈的竞争中存活发展

随着国家政策的开放，教育也不再是个"铁饭碗"，大量民营幼儿园的创办让幼教市场充满了竞争的火药味。家长对教育的投资不再是最大的问题，提供何种教育服务则日渐凸显出来。给品牌找到一个最有利的定位，管理者需要分析竞争者主打的诉求点，根据竞争者没有涉及的空白点来找到本品牌的切入点。

3. 专注于定位明确的目标市场才能提高办园效益

目前国内幼儿园出现了初步的市场细分行为，除了大多数的普惠幼儿园，也有一些高端幼儿园。幼儿园还需根据家长的不同需求有针对性地做出改革和延伸，设置特色教育课程，进一步提高办园效益。

（三）幼儿园如何进行品牌定位

给品牌定位需要考虑三个方面的因素：消费者选择业务最看重的因素，如价格、服务、品牌、方便性、附加值等及其顺序排列；竞争对手的劣势；自身的优势。定位就是要找到这三者的最佳结合点，给

消费者一个独特的购买理由。定位决定了品牌竞争的终极点。那么,如何才能使幼儿园的品牌定位精确,从众多对手中脱颖而出呢?

1. 细分市场,确定和分析目标消费者(幼儿、家长)

幼儿园可以从地域、人口结构(年龄、收入、文化、职业)、行为(生活方式、追求的教育价值、对幼儿园的看法)、心理(习惯型、理智型、冲动型、想象型、时尚型、节俭型)进行细分。通过对消费者的细分,才能找到幼儿园的目标客户。

2. 分析竞争对手,寻求最佳定位

准确了解幼儿园周边对手和他们目前的经营情况,是幼儿园准确定位的前提。从对手的优势和劣势、素质结构、核心人才(管理、技术、研发、专家)、教育状况(主要特色课程、自主研发还是引进)、管理手段(价值策略、用人策略、绩效管理)、生源分析(生源所在各区域比例、消费价位、主要消费群体、招生通道、方式)、最新动态举措、财务收支分析八个方面进一步进行详细的分析。通过对竞争对手的分析,寻找能把你和竞争对手的区分之处,并在此基础上建立起对客户而言的价值。

3. 分析自身优劣,寻求定位支点

在清晰分析目标客户之后,幼儿园就要理智地分析自身幼儿园的环境、师资、设施、信誉等状况,清楚认识幼儿园的优势和劣势、长处和短处,从而为其发展平台找到正确的方向。

案　例

现代宝贝幼儿园的品牌定位[1]

现代宝贝幼儿园创办于2006年9月,是一所民办的全日制幼儿园。占地8 900平方米,建筑面积4 800平方米,12个班级规模。创办时间虽然不长,但是发展的速度非常快。从当初30名幼儿逐步上升到180名幼儿,从开始的3个班发展到目前的9个班级。作为这个幼儿园的举办者,我要感谢老天对我的厚爱,但当我静心思考幼儿园发展的时候,我总是将现在的发展归功于我们在建园之初就清晰了对幼儿园品牌创建的思考。

任何教育品牌都必须发现和科学定位自己的服务对象和核心价值,而后紧紧围绕主题,将这个核心价值向目标消费者、向公众传播,在服务对象心目中建立清晰、可感的核心价值形象,并在各个环节中不断加强、巩固完善这一核心价值。

现代宝贝的核心目标:培养现代宝贝,建造未来人才。

现代宝贝幼儿园的核心价值如下。

客户:我们的客户是孩子的家长,我们通过为儿童提供优质的教育服务使家长满意,这是我们的首要任务。

诚信:我们富有社会责任感,并将帮助员工不断提高各种技能,鼓励他们满怀热情地投入工作,尊重员工、公平对待每一位员工,并对他们取得的成果给予充分的肯定,为他们的成长提供充分的机会。

合作:在团队中形成相互信任和协作的氛围,我们与家长共享儿童健康成长、和谐发展的教育经验。

卓越:我们努力做到受人尊重,不仅体现在教学上,更体现在与家长共享良好的公众形象上,我们要标准高、要求严、改进快、不断追求卓越。

---

[1]　作者为上海市浦东新区现代宝贝幼儿园凌捷。

敬业：这是对幼儿园、对自己责任的态度，它会产生一种积极的力量，我们要永远保持这种精神。

定位分析如下。

服务对象和层次的定位，要"寻求市场空间，瞄准目标人群"。要懂得错位发展，避开强势竞争。现代宝贝幼儿园地处三林镇世博家园地区，周边大多是动迁基地，少量的商品房楼盘将于1—2年进户。幼儿园的3公里内还有2所民办幼儿园，3所公办幼儿园。其中一家公办幼儿园开办3年只招收了6个班级的学额。5公里内还有3所民办幼儿园和4所公办幼儿园。这么密集的学校分布和小区入住率普遍不高以及居民的经济条件和收入不高的情况下，我们决定将现代宝贝定位为适合中等以上收入的家庭。"以现代学校的硬件设施、一级幼儿园的办学质量，平民能够接受的收费标准"作为建园的标准，创办老百姓上得起的优质民办教育。品牌在定位时要充分考虑社会的客观要求、学校的客观基础、办学的客观条件和教育的客观规律。

（四）幼儿园品牌的宣传与推广

幼儿园的品牌塑造仅有生长过程是不够的，它同样需要宣传与推广。系统地整合品牌传播包括内部品牌传播和外部品牌传播。尽管品牌传播是一个消费者导向的概念，从思考的方向上看应该是由外到内，但从传播的过程看却应该是从内到外，传播的对象从企业内部员工到外部合作伙伴和消费者。

🐎 案 例

现代宝贝幼儿园品牌的宣传与推广[1]

现代宝贝幼儿园在此之前没有任何品牌运作，因此，如何让一个陌生品牌被社会接受，如何让一个新的社区了解幼儿园，让社区的百姓走进幼儿园，是摆在举办者面前的一个难题。现代宝贝幼儿园通过以下举措让幼儿园品牌渐渐地得到了广大家长的认可。

1. 利用社区工作者的网络，让品牌深入每一个社区细胞

我们的生源来源于社区的孩子，因此民办幼儿园要重视社区的网络建设。在现代宝贝幼儿园成立伊始，我们就建设了"社区联络官"这个岗位，其职责就是负责与社区领导及居民的联络和沟通，了解社区居民对优质民办教育的需求，收集社区对幼儿园的评价及建议，形成幼儿园、社区、家庭之间的一个桥梁。

社区联络官的设立是建立统一的对外窗口，通过其定期拜访社区领导和居民，汇报幼儿园近期工作。每年，我们都会召开一次社区工作会议，邀请社区领导走进幼儿园，向社区领导汇报幼儿园的发展，听取社区领导对我们工作的建议以及转达我们对社区百姓的感谢。

2. 通过互联网这张无形的网，构建品牌宣传的重要阵地

学校网站是学校的"商标"，在这个高度信息化的社会里，运用互联网建立自己学校的网站是直

---

[1] 作者为上海市浦东新区现代宝贝幼儿园凌捷。

接的宣传手段。我们在构建网站时主要从以下三个方面规划：（1）专人负责，专业规划，从社会、园所、家长的需求来设定网站功能；（2）常态管理，及时更新，不断丰富网站功能和信息量；（3）园长带头，身体力行，带领教师投身网站建设。

通过以上方式，最大限度地调动教师对网站建设的参与度，让互联网成为幼儿园品牌宣传的有力助推手。

3. 策划具有品牌特色和文化的活动，吸引社区百姓走入园所

在课程背景和文化的引领下，幼儿园策划举办了三年一轮的文化节，即上海文化节、中国文化节、世界文化节。每年一届的文化节浓缩了我们课程研究的精髓，旨在通过每年不同的主题和不同的形式让孩子和家长了解多元文化的魅力，从而更好地推广品牌。

除了文化节，还根据园本文化和师德建设要求举办相关的活动，如"我喜欢的好老师评选活动"。还有儿童的成果展示，如"幼儿园大班毕业典礼"活动，要求所有参加的家长着正装及晚礼服，以示对孩子的尊重及重视，让家长再一次感受到我们是多么地爱孩子。

4. 制定让客户和园所双赢的营销方案，让口碑推广成为营销的重要途径

现代宝贝幼儿园在三年的发展过程中，我们不断地推出让家长真正感觉到实惠的营销方案。从刚办园时，我们降低入学收费门槛，让有入学需求的幼儿能够如愿以偿地进入幼儿园就读。在三年中逐步提高学费，让幼儿园的收费与幼儿园的办学成绩成正比例增长。

在2008年我们获得上海市一级幼儿园称号后，我们推出了《好友计划》来感恩家长三年对我们工作的支持。这个活动通过适当降低学费，让所有的家长无形中成为我们的免费招生员，让我们园内的家长推荐他周围的小朋友来报名，双方都能享受到一定程度的优惠。

5. 重视与各种媒介的合作，扩大品牌的影响力

现代宝贝幼儿园一般选择以下媒介为幼儿园品牌做品牌宣传：育儿网站、搜索网站、房产论坛、教师博客、专业杂志、DM派放、平面广告等。

在选择前，园长应特别要考察这些媒介的宣传风格和特定的客户群体是否与我们的理念相吻合，避免盲目行动，收效甚微。另外，通过媒介宣传后，还应考虑宣传效果的关注，一般不应同时在2种以上的媒体宣传，以免无法观察成效。

小　结

党的二十大提出，要加快建设教育强国、科技强国、人才强国。教育为国家品牌建设提供人才和智力支持，其本身也要打造品牌。这其中，园长要有强烈的品牌意识、执着的品牌追求，带领全园打造、维护、提升品牌，目的是树立良好的园所形象，提供优质的教育教学服务，引导幼儿园可持续发展。

中国有很多名园，积累了丰富的办园经验，这里所强调的幼儿园品牌不是仅仅用一个名词反映，而是幼儿园综合品质的表现。因此，幼儿园应该从外在品质和内在品质两个方面创建自己的品牌，通过园徽、园服等方面的设计，形成整体形象，在视觉上构成冲击力。同时也要重视内在品质的建设，形成办园理念和组织共同追求的价值观。此外，幼儿园还要根据自身的实际情况进行准确的品牌定位，通过各种渠道和方式进行品牌推广，只有这样才能真正发挥品牌的影响力。具有中国特色的幼儿园品牌的打造应该成为每个幼儿园的追求，但我们还应该牢记：打造品牌不是目的，培养身心健康、和谐发展的人才是教育追求的目标。

专题四

幼儿园管理中的法律
支持和法律责任

导读 >>>

　　党的二十大报告提出,"全面依法治国是国家治理的一场深刻革命,关系党执政兴国,关系人民幸福安康,关系党和国家长治久安。必须更好地发挥法治固根本、稳预期、利长远的保障作用,在法治轨道上全面建设社会主义现代化国家。"1995年以来,《中华人民共和国教育法》《依法治教实施纲要(2016—2020年)》《中华人民共和国民法典》《中华人民共和国家庭教育促进法》等法律法规颁布及出台,标志着我国学前教育已进入依法管理、依法从教的新时期。作为幼儿园管理者,依法规范自身的办园行为,依法提供了幼儿园保护自己的武器,这就是幼儿园管理中的法律支持和法律责任。为提升幼儿园管理人员的法律素养和能力,学会从法律角度分析与解决幼儿园教育与管理中的问题,本专题将从幼儿园管理中的相关法律支持、法律责任,以及幼儿园的法律地位和权利等角度进行探讨,用法律为幼儿园管理提供支持和保障,真正实现依法治园。

教学课件

一、幼儿园管理中的法律支持

法律的完善是社会发展的要求,体现社会的进步。伴随着学前教育事业迅速发展,新形势、新问题不断出现,原有的办园体制、管理体制发生变化,新的体系又尚未建立,我们在学前教育与管理中所接触到的社会关系更显复杂,更加需要依靠法律来调整和处理疑难问题,作为幼儿园管理者特别要对各个层级的学前教育法律法规有一定的了解。

（一）幼儿教育法规的定义和现状

法律规范就是要明确相关法律主体什么能做、什么不能做,即通过行为控制来调整和控制社会关系。学前教育法规作为教育法律法规的一个组成部分,是由一定的国家教育行政机关依照法定程序制定的,旨在调整相关国家行政部门在行使其对学前教育行政权力和公民在行使受教育权利的教育活动中所发生的各种社会关系的法律规范体系的总称。

目前,我国在法规、法律层次上还没有一部类似《学前教育法》的规范性文献,其他法律中涉及学前教育的原则性规定比较多,缺乏配套的法律法规政策,仅有的《幼儿园管理条例》《幼儿园工作规程》等行政规定又缺乏法律的权威,其内容也无法解决经济体制和社会结构转型带来的一系列新问题,远远不能满足幼教事业发展的需要。学前教育法规的不完善与学前教育事业的蓬勃发展已经形成了巨大的反差,很多园长深感在幼儿园管理实务中缺乏法律上的支撑,对相关法律问题的探讨有现实而迫切的需要,这就要求我们下更大的力气学习学前教育与管理中的法律知识。对现有学前教育法规乃至相关政策文件的概况有一定程度的了解,特别要学会从法律角度分析教育现象,运用法律规范幼儿园保育教育活动,协调处理各教育关系主体间的纠纷。

（二）我国教育法律体系中的幼儿教育法规概况

由于立法制定机关的主体不同,学前教育法规形成了不同层级、不同效力的规则体系。从法律的纵向效力层级上讲,我国法律体系分为:宪法——法律——行政法规——地方性法规——地方性规章等几个层级,其中对学前教育的法律支持表现在以下四个方面。

1. 宪法及其他相关法律中有关学前教育的条款

案 例

法律保障儿童受教育权

小米出生时患病,造成左脚跛瘸,但她可以独立行走,只是不像正常人一样灵活。如今小米已经4岁了,和她同龄的小伙伴都已经上幼儿园,于是,小米的父母带她到附近的幼儿园报名入学,但学校认为她是残疾儿童,拒绝招收。

受教育是公民的基本权利和义务。我国《宪法》第四十六条规定:"中华人民共和国公民有受教育的权利和义务。国家培养青年、少年、儿童在品德、智力、体质等方面全面发展。"父母有抚养教育未成年子女的义务,适龄儿童的父母应当保证自己的孩子按时入学并接受教育。

残疾人也同样享有平等接受教育的权利。我国《残疾人保障法》第二十五条规定:"……普通小学、初级中等学校,必须招收能适应其学习生活的残疾儿童、少年入学……普通幼儿教育机构应当接收能适应其生活的残疾幼儿。"在本案例中,小米虽然身体残疾,但她的身体伤残情况并不影响她适应学校的学习生活,幼儿园拒收小米入学的行为,侵犯了小米的受教育权。

　　学前教育的对象是儿童,儿童是特殊群体,国家和社会有责任对儿童给予特别保护。宪法作为由国家权力机关——全国人民代表大会制定的国家的总章程和根本大法,具有最高的法律效力,是我国全部立法的基础和根据。《宪法》第十九条规定,国家"发展学前教育"。第四十六条规定:"中华人民共和国公民有受教育的权利和义务。国家培养青年、少年、儿童在品德、智力、体质等方面全面发展。"第四十九条规定:"儿童受国家的保护。"儿童是国家最宝贵的资源,儿童权利的宪法化体现了国家对儿童和幼儿教育的重视与保护,这也是我们开展幼儿园教育的根本法律依据,我们有权以《宪法》作为维护自身权利的法律武器,但这显然还不够,我们还需要在其他层级的法律中寻找具体的法律支持。

2. 教育法律中关于学前教育的条款

🐴 **案　例**

"虐童照"背后的法律问题

　　有关幼儿园教师体罚、虐待幼儿的报道不时见诸报端。其中,浙江温岭女幼师颜某"揪耳朵""扔垃圾筒"等多张虐童照更令人触目惊心。很多人呼吁出台"虐童罪"。事实上,涉案女教师颜某因涉嫌寻衅滋事犯罪被公安机关刑事拘留,为其拍"拎耳照"的童某因寻衅滋事被行政拘留七日。可见,颜某的行为已经触犯了法律的最后一道防线——《刑法》。其实,除了刑法等通用性的法律,在专门的教育法律中也可以找到依据,《未成年人保护法》第二十一条规定:"学校、幼儿园、托儿所的教职员工应当尊重未成年人的人格尊严,不得对未成年人实施体罚、变相体罚或者其他侮辱人格尊严的行为。"第六十三条第二款规定:"学校、幼儿园、托儿所教职员工对未成年人实施体罚、变相体罚或者其他侮辱人格行为的,由其所在单位或者上级机关责令改正;情节严重的,依法给予处分。"熟悉教育法律中关于幼儿教育的条款,并使之成为我们做好幼儿园教育与管理工作的有力法律支持,是十分必要的。

　　教育法律是由国家最高权力机关——全国人民代表大会及其常委会制定的教育规范性文件,必须由国家主席签署主席令予以公布,其效力仅次于宪法。

　　《教育法》第十七条规定:"国家实行学前教育、初等教育、中等教育、高等教育的学校教育制度。"在法律层面说明了学前教育是学校教育赖以延续和发展的重要源头,是公共教育服务的重要组成,在整个国民教育体系中有着特殊的地位和作用。而《教育法》的所有规定也均适用于学前教育。例如:《教育法》第四十四条规定:"教育、体育、卫生行政部门和学校及其他教育机构应当完善体育、卫生保健设施,保护学生的身心健康。"第七十三条规定:"明知校舍或者教学设施有危险,而不采取措施,造成人员伤亡或者重大财产损失的,对直接负责的主管人员和其他直接责任人员,应依法追究刑事责任。"这些都与幼儿园管理有很大的关联。

　　《教师法》第二条规定:"本法适用于在各级各类学校和其他教育机构中专门从事教育教学工作的教师。"幼儿教师是教师队伍中不可忽略的重要力量,他们的身份和待遇也和其他教师一样,应当受到重视，应当随着教师整体的地位和待遇的提高而加以提高。《教师法》是保护幼儿教师合法权益和法律地位的有力武器。

《未成年人保护法》中也有关于幼儿园管理的诸多规定，除了前文案例中的以外，还例如，第十六条第一款："学校不得使未成年学生在危及人身安全和健康的校舍和其他教育教学设施中活动。"第十七条："学校和幼儿园安排未成年学生和儿童参加集会、文化娱乐、社会实践等集体活动，应当有利于未成年人的健康成长，防止发生人身安全事故。"第十九条："幼儿园应当做好保育、教育工作，促进幼儿在体质、智力、品德等方面和谐发展。"第二十六条："儿童食品、玩具、用具和游戏设施，不得有害于儿童的安全和健康。"第二十七条："任何人不得在中小学、幼儿园、托儿所的教室、寝室、活动室和其他未成年人集中活动的室内吸烟。"第五十二条："明知校舍有倒塌的危险而不采取措施，致使校舍倒塌，造成伤亡的，依照刑法第一百八十七条的规定追究刑事责任。"

《民办教育促进法》中也对利用非国家财政性经费，面向社会举办的民办幼儿园也作出了相应规定。另外，《残疾人保障法》《传染病防治法》《食品卫生法》等与教育有关的法律中也有关于幼儿教育的相关规定。

3. 学前教育的行政法规

🐴 案 例

根据幼儿教育行政法规作出的判决[1]

某幼儿园小朋友张某，在幼儿园上课期间玩滑滑梯摔伤，经鉴定为九级伤残。经查，该幼儿园系取得办学许可证的民办幼儿园，但是，事发当天安排的带班老师虽已经取得学前教育毕业证书，但没有取得教师资格证。为此，家长诉至人民法院，要求幼儿园支付残疾赔偿金等各项费用总计138 000元。

根据《最高人民法院关于审理人身损害赔偿案件适用法律若干问题的解释》第七条规定："对未成年人依法负有教育、管理、保护义务的学校、幼儿园或者其他教育机构，未尽职责范围内的相关义务致使未成年人遭受人身损害，或者未成年人致他人人身损害的，应当承担与其过错相应的赔偿责任。"由此可知，幼儿园对于园内幼儿应该尽到教育、管理、保护的义务。幼儿园尽到保护义务的前提是具备相关的教育设施，以及具备合格的教师、医务人员等工作人员。这就需要引用相关的教育行政法规，根据《幼儿园管理条例》第七条规定："幼儿园教师应当具备幼儿师范学校毕业程度的学历。"同时，依据《幼儿园工作规程》第三十七条规定："幼儿园教师还必须具备《教师资格条例》规定的幼儿园教师资格。"幼儿园教师资格是对教师是否具备幼儿智力教育、安全教育能力的资格认证，也是进入幼儿园教师职业的行政许可。本案中，被告安排的教师均没有幼儿园教师资格，根本不具备相关的安全教育能力。

最终，人民法院判决认定，被告作为幼儿园，自其接受原告到幼儿园生活、学习时起，即对原告负有教育、管理和保护的义务。原告在被告处受伤时，代课老师未取得教师资格，无法证明其具备对幼儿进行相关安全教育的专业知识，以及已经对园内幼儿进行了有效的安全教育，也无法证明原告受伤系第三人所致，因此，应当对原告受伤承担全部责任，判决幼儿园赔偿张某各项费用127 000元。

从这个案例中可以看出，《幼儿园管理条例》等行政法规是我们做好幼儿园管理的重要法律依据。

---

[1] 摘自 http://www.66law.cn/goodcase/14830.aspx

何为教育行政法规？顾名思义,教育行政法规是在遵循我国宪法和教育基本法律的精神的前提下,由国家最高行政机关——国务院制定的规范性文件,其效力仅次于宪法和教育法律,与幼儿园管理有关的行政法规主要体现在以下法律文件中。

第一,《幼儿园管理条例》是1989年8月20日经国务院批准,1989年9月11日中华人民共和国国家教育委员会令第4号发布,1990年2月1日起实施至今的目前就幼儿园保育教育工作的基本原则、幼儿园的管理体制、幼儿园的设立与审批规范、幼儿园如何实施保育教育工作等问题作出较为全面规定的一部专门针对幼儿教育领域的行政法规。各省、直辖市、自治区也针对这部国家层面的幼儿教育行政法规制定了一些执行性、补充性的地方教育法规、管理办法,指导和规范各地区幼儿教育的发展。严格按照《幼儿园管理条例》实施幼儿园管理和教育,是我们做好工作的前提。例如:《学前园管理条例》第三章"幼儿园的保育和教育工作"第十三条规定:"幼儿园应当贯彻保育与教育相结合的原则,创设与幼儿的教育和发展相适应的和谐环境,引导幼儿个性的健康发展,幼儿园应当保障幼儿的身体健康,培养幼儿良好的生活卫生习惯,促进幼儿的智力发展,培养幼儿热爱祖国的情感以及良好的品德行为。"由本条可见,《民法》中虽未明确规定幼儿园为幼儿的监护人,但幼儿园却承担着类似监护的职责。

第二,《关于当前发展学前教育的若干意见》(国发〔2010〕41号)是2010年11月21日由国务院发布的一部重要行政法规文件,提出"把发展学前教育摆在更加重要的位置"等重要论断,对加速学前教育发展起到了不可估量的作用。

第三,《残疾人教育条例》在第二章"学前教育"中也针对残疾幼儿的学前教育做出了规范。

4. 学前教育的行政规章

案　例

依据行政规章作出的处罚决定

某地中心小学附设幼儿园,因儿童厕所年久失修,改用中心小学室外厕所,该园儿童家长向上级教育行政机关反映,要求恢复儿童厕所。为此,上级教育行政机关将家长反映通知幼儿园,要求尽快恢复儿童厕所,但该幼儿园以种种理由拒不执行。为此,教育行政机关根据《幼儿园工作规程》第三十条"幼儿园应设活动室、儿童厕所、盥洗室、办公用房和厨房"等行政规章的规定,对该幼儿园作出了行政处罚。而在另一部幼儿教育行政规章《幼儿园教育指导纲要(试行)》中也指出:"幼儿园必须把保护幼儿的生命和促进幼儿的健康放在工作的首位。"

行政规章与行政法规同属于遵循我国宪法和基本法律的精神,由行政机关制定的规范性文件,但制定主体和效力不同,分为各部委教育规章和地方政府教育规章。目前,国家层面的学前教育行政规章主要有以下四个方面。

第一,《幼儿园工作规程》是国家教育委员会1996年3月9日第25号令发布,自1996年6月1日起正式施行的,其实施从幼儿入园与编班、卫生保健、教育教学、园舍与设备、工作人员、经费、管理等各方面加强了对各类幼儿园的宏观管理,科学规范、可操作性强,推动了幼儿园的全面改革,提高了幼儿园管理水平和保教质量,逐步走上依法办园的轨道。例如,在安全工作上《幼儿园工作规程》明确指出:"幼儿园必须把保护幼儿的生命和促进幼儿的健康放在工作的首位。""幼儿园园长的职责之一是领导安全保卫工作,负责建立并组织执行各种规章制度;幼儿园教师、保育员的职责之一是严格执行幼儿园安全制度。"

第二,《幼儿园教育指导纲要(试行)》于2001年7月2日由教育部颁发,是遵循我国宪法和教育基本法律的精神,根据党的教育方针和《幼儿园工作规程》而制定的对全国幼儿园教育进行宏观治理和指导的单行法规文件,其中明确提出了:"幼儿教育是基础教育的组成部分,是学校教育和终身教育的起始阶段。幼儿教育应为幼儿的近期和终身发展奠定良好的素质基础。"集中体现了幼教改革与发展的指导思想,其制定的幼儿园教育的具体范畴、领域、要求和目标、任务、组织实施已经成为幼教发展的总纲。

第三,《托儿所、幼儿园卫生保健管理办法》是2010年3月1日卫生部、教育部重新修订后发布的,自2010年11月1日起施行,该办法在幼儿园的生活制度、营养制度、定期健康检查制度、预防疾病制度、环境卫生制度、健康教育制度等方面做了详细的规定,对提高托儿所、幼儿园卫生保健工作水平,预防和减少疾病发生,保障儿童身心健康方面发挥了重要作用。

第四,《托儿所、幼儿园建筑设计规范》《城市幼儿园建筑面积定额》《全国幼儿园园长任职资格、职责和岗位要求（试行）》以及近期出台的诸多规范性文件,例如:《3—6岁儿童学习与发展指南》(教基二〔2012〕4号)、《关于建立中小学幼儿园家长委员会的指导意见》(教基一〔2012〕2号)、《幼儿园教师专业标准（试行）》(教师〔2012〕1号)、《关于加强幼儿园教师队伍建设的意见》(教师〔2012〕11号)等行政规章也为我们开展学前教育与管理提供了具有实际操作性的依据。

二、幼儿园管理中的法律责任

前面所讲的是我国教育法律体系中的幼儿教育法规概况,其中的很多法律法规条文与幼儿园工作紧密相关,一旦发生法律纠纷,幼儿园作为法人若能证明自己的工作在以上方面无瑕疵,并无违法行为,才会被认为是无过错的,不用承担相关的法律责任。这就引出法律责任的概念。

（一）幼儿教育中法律责任的概念

通常讲,法律责任是指法律关系主体实施了违法行为而必须承担的否定性的后果。这一法律后果的承担者,不仅指公民个人和社会团体,也包括国家行政机关和教育机构。我们在幼儿园管理实务中经常遇到幼儿发生伤害事故动辄就要幼儿园承担赔偿责任,对此我们感到困惑、不公乃至气愤,但实际在可承受的范围内常常抱着息事宁人的心态,尽量满足家长的索赔要求,往往以"私了"的方式解决纠纷。其结果不仅不利于双方法律责任的划分,而且往往损害了幼儿园的合法权益。这主要源于很多园长不了解相关的法律规定,缺乏法律意识,更不会自觉运用法律手段处理有关纠纷。幼儿教育法律规范之所以被很多人看作"软法",就是大家对法律责任条款在整部法律中的地位及其具有的国家强制性存在模糊的认识。强调幼儿教育中的法律责任,就是要明确违法行为所应承担的法律后果,从而引导各社会关系主体在幼儿教育活动与生活中自觉遵守法律,建立起良好的法律秩序。例如,现实中幼儿园发生的许多幼儿伤害事故如不能得到正确、及时、有效和公正的处理与解决。这不仅妨碍了家长与幼儿园之间的沟通和协调,也不利于当事人各方依法正确行使权利和履行义务。

🐎 案 例

游戏中摔成骨折,幼儿园赔了4万[1]

未满5周岁的辰辰就读于嘉定南翔某幼儿园小班,2009年5月某日下午3时许,辰辰和小朋友午

---

[1] 摘自《人民法院》报2010年11月01日星期一第3版.

睡后在老师和保育员的带领下起来到户外做游戏。考虑到幼儿们尚无充分的自理能力,老师选择了在铺设塑胶地毯的场地上进行活动,并在游戏开始前详细讲解了游戏的规则。随后,辰辰与小朋友们围坐成圆圈开始做"丢手绢"的游戏,当辰辰手持手绢起身向其他幼儿走去时不慎摔倒,辰辰左手受伤当即疼痛不止。幼儿园一边通知辰辰的家长一边随即将辰辰送往最近的上海市嘉定区南翔医院急诊,经诊断,辰辰左肘关节肱骨髁上骨骨折。之后,辰辰又被转送至上海市新华医院进行住院治疗。

辰辰出院后,其父母委托华东政法大学司法鉴定中心对辰辰的伤残等级及营养、陪护期限进行了鉴定。经鉴定,辰辰因外力作用致左肘关节肱骨髁上骨骨折累及骨骺,现左肘关节活动受限,评定十级伤残,酌情给予(含二期取内固定术)伤后营养3个月,陪护3个月。后因双方对赔偿事宜协商不成,辰辰由其父母代理向嘉定区法院提起诉讼。

法庭上,对于辰辰受伤一事幼儿园是否存在管理疏忽成法庭审理的焦点。辰辰的父母认为自己本来是冲着被告拥有较好的师资和较为完善的教学配套设施,才想方设法将辰辰送进来。由于辰辰尚未满5周岁,显然不具备独立照顾自己的能力,且相关法律法规也规定了未成年人在校上学期间,学校或者幼儿园具有保障未成年人身不受侵害的义务。现辰辰在学校组织的游戏过程中受伤,辰辰自身并无过错,作为负有安全保障义务的幼儿园显然存在管理上疏漏,应该承担全部的赔偿责任。幼儿园应赔偿除已经支付的医疗费之外的伤残赔偿金、营养费、律师费、精神损失费等各项费用共计7万余元。

被告幼儿园则大呼冤枉,其辩称幼儿园各项管理工作一向规范,学校组织辰辰做的"丢手绢"游戏是根据教育局备案的情况进行的,完全属于辰辰的认知和体力能力所能承受的范围。为提升孩子们的身体素质、锻炼他们的团队协作能力,幼儿园会有选择的组织一些安全性较高的户外游戏,并在场地的设置和老师人数上均作出安排,辰辰的跌倒属于瞬间发生的意外事件,幼儿园已经尽到充分的注意义务,不应再承担责任。

对于双方的争辩,嘉定法院经审理后认为《教育法》《未成年人保护法》以及《上海市中小学学生伤害事故处理条例》明确,学校与学生之间是法定的教育管理关系,学校对未成年学生负有教育、管理和保护职责。本案中,小班幼儿午休后在老师和保育员的组织下进行户外游戏并无不当,而且"丢手绢"游戏为我国传统类游戏,该游戏主要训练幼儿的走、跑及反应能力,并未超过幼儿正常的认知能力和体力能力。考虑幼儿做"丢手绢"游戏时一直处在运动的状态之下,故幼儿园提供铺设了塑胶地毯的场地做游戏,对可能存在的各种安全隐患作了充分的防备。在整个游戏过程中,老师和保育员未擅离职守,已尽到了相应的注意义务。原告受伤后,被告及时通知家长,并在第一时间将原告送至医院进行治疗,说明被告已积极采取措施救护受伤学生。可见,被告对原告受伤的损害后果并无过错。原告在做"丢手绢"游戏中不慎致损害事实的发生,属意外事件。

根据相关法律规定,当事人对造成损害都没有过错的,可以根据实际情况,由当事人分担民事责任。法院根据公平责任原则,结合案件的实际情况,酌定被告幼儿园分担原告50%的损失,即赔偿伤残赔偿金、护理费等各项费用共计4万余元,扣除已经支付的9 000余元再需赔偿3万余元。

(二) 教育法律责任的分类

根据违法主体的法律地位和违法行为的性质,教育法规定了承担法律责任的三种重要方式,即行政法律责任、民事法律责任、刑事法律责任。

行政法律责任是指行政法律关系主体由于违反行政法律规范构成行政违法而应当依法承担的法律后果。违反教育法的行政法律责任的承担方式主要有两类,即行政处罚和行政处分。

🐎 **案 例**

三亚取缔黑幼儿园

三亚在2012年陆续取缔了48家黑幼儿园，还有68家未取得办学许可证、被责令整改的幼儿园，这些未获教育主管部门许可、登记，擅自开办的幼儿园不只是资质问题，更可能因为条件限制不能确保幼教质量，甚至存在安全隐患。对这样的"黑园"由教育行政部门依规、依法"视情节轻重，给予限期整顿、停止招生、停止办园的行政处罚"，就是行政法律责任的体现。

民事法律责任体现在教育领域是教育法律关系主体违反教育法律、法规，破坏了平等主体之间正常的财产关系或人身关系，依照法律规定应承担的民事法律责任，是一种以财产为主要内容的责任。以往，幼儿园所面对儿童承担的多是传统和法律所赋予自己的教育责任，却忽略了儿童作为自然人在法律方面的权益，忽略了自己也同样受到法律的约束和保护。

🐎 **案 例**

侵权的照片

江某现年6岁，就读于一所私立幼儿园。去年在全市举办的"六一"儿童节会演中荣获一等奖，因此私立幼儿园以江某被授奖时的镜头在电视中为其园作宣传广告。江某的父亲找幼儿园要求其停止宣传广告的播放，并赔偿有关损失5 000元，幼儿园说这广告是经江某口头同意的，拒绝赔偿。于是，江某的父亲告到法庭。

本案中，该幼儿园虽经江某口头同意使用他被授奖的镜头作宣传广告，但其行为已构成侵权。根据《广告法》第二十五条之规定：广告主或者广告经营者在广告中使用他人名义、形象的，应当事先取得他人的书面同意；使用无民事行为能力人、限制民事行为能力人的名义、形象的，应首先取得其监护人的书面同意。江某只有6岁，属无民事行为能力人，他的口头同意，或即使是书面同意也是无效的，还必须另有江某监护人的书面同意，才能使用江某获奖的镜头作为宣传广告用于播放。该幼儿园未经江某监护人允许，擅自使用江某获奖的镜头作为宣传广告播放，已侵害了江某的人身权利。《广告法》第四十七条规定：广告中未经同意使用他人名义、形象的，应当依法承担民事责任。最后法院判决幼儿园停止侵权行为并支付赔偿金5 000元。

刑事法律责任是指行为人实施刑事法律所禁止的行为构成了犯罪所必需的法律后果。刑事责任是一种惩罚最为严厉的法律责任。

🐎 **案 例**

甘肃校车案

2011年11月16日，甘肃省庆阳市正宁县发生特大校车事故，正宁县榆林子镇"小博士"幼儿园一辆核载9人实载64人的改装金杯牌校车与一辆货车正面相撞，造成21人死亡，其中幼儿19人，另有43人受伤,重伤11人。事故发生后,正宁县人民检察院于2011年11月19日以涉嫌交通肇事罪,对"小博士"幼儿园董事长李军刚批准逮捕。正宁县人民检察院认为,李军刚作为榆林子"小博士"幼儿园董事长、幼儿园校车的所有人,违反交通运输管理法规,私自改装车辆,指使他人严重超载驾驶,造成正宁"11·16"重大交通事故,其行为已涉嫌交通肇事罪,被检察院批准逮捕。

2012年7月20日下午,这起备受关注的正宁"11·16"特大校车事故一审宣判,正宁县法院一审认为,"小博士"幼儿园董事长李军刚构成交通肇事罪,判处其有期徒刑7年。

案 例

河南省巩义市"蒲公英幼儿园围墙倒塌致7人死亡事故"

2001年夏天,被告人李小黑与其亲戚杨妮商量,用杨妮家的房子开办幼儿园。经同意后,李小黑在未办理任何手续的情况下私自开办了蒲公英幼儿园。该幼儿园没有办学资质,幼儿园的老师没有健康证,没有正规课程,也没有床,睡午觉的话就直接趴在桌子上。院子里没有任何游乐设施,也没有安全防范设施。教育部门曾责令其停办,李小黑置之不理。在明知幼儿园周围建筑设施陈旧,长期无人管理、居住的情况下,李小黑也没有采取必要的安全防护措施。2003年8月27日9时许,幼儿园南墙突然倒塌,将在幼儿园内玩耍的儿童及上前救护的李小黑等11人砸倒。7人死亡,4人受伤。

法院经审理认为,被告人李小黑未经批准,私自办校,且明知教育设施有安全隐患,而不采取防护措施,致使发生重大伤亡事故,其行为已构成教育设施重大安全事故罪。法院依照《中华人民共和国刑法》第一百三十八条之规定,依法判处被告人李小黑有期徒刑4年。

(三)教育法律责任的归责要件

教育法律关系主体只有具备教育法律责任的归责要件,才被认定为法律责任主体,承担相应的法律后果。

第一,有损害事实。行为人有侵害教育管理、教学秩序及从事教育教学活动的公民、法人和其他组织合法权益的客观事实存在。这种损害表现为物质性的后果和非物质性的后果。如挪用幼儿园的建设经费,其数量是可以计量的;而"虐童"事件中的施暴者给幼儿带来的心理和精神上长期的伤害则是无形的,无形的损害事实更加需要我们关注。

案 例

侵犯幼儿隐私权[1]

金华兰溪市区某幼儿园把班里每个孩子的体检结果公布在教室门口,上面除了身高、体重等项目外,还包括鸡胸、包茎等内容,遭到家长的投诉。公民的健康状况是绝对隐私,隐私权作为人身权之一,是与生俱来的,并不会因为年龄小而打折扣,而造成损害事实就要承担法律责任,即使这种损

---

[1] 摘自新浪网http://news.sina.com.cn/o/2005-06-07/093356103044s.shtml

害是无形的。未成年人有隐私权，我国《未成年人保护法》第三十条明确规定：任何组织和个人不得披露未成年人的个人隐私。同时规定：学校、幼儿园的教职员工应当尊重未成年人的人格尊严，不得对未成年学生和儿童实施体罚、变相体罚或者其他侮辱人格尊严的行为。健康状况是每个人的生理隐私，而且属于绝对隐私，不管是大人还是小孩，这种隐私权都应得到尊重和保护。

因此，幼儿园应当为侵犯幼儿隐私的行为承担法律责任。

第二，损害的行为必须违反相关法律法规。法律是通过控制人们的行为来调整社会关系的，内在的思想只有表现为外在的行为时，才可能构成违法。因而，行为违法是构成教育法律责任的前提条件。但是，这种违法行为可以是积极主动的，例如，违反《食品卫生法》给幼儿提供腐烂霉变的食物并导致中毒；也可以是消极不作为，例如，坐视危房而不顾导致安全事故。

🐎 案　例

幼儿的作品也有著作权[1]

某幼儿园幼儿李某很有绘画天赋，他的画多次在儿童画展上获奖。有家出版社计划出版《儿童优秀美术作品选》，经该幼儿园老师的推荐，李某署名。但出版印刷时，作品只有"××幼儿园供稿"字样。李某家长知道后，就找到出版社索要样书、稿酬及作者证明。出版社答复说，样书可以给，作者证明可以开，但选登李某的画得到了幼儿园的同意，稿酬已统一支付给了幼儿园。幼儿园则认为李某的画作得到了幼儿园老师的指导，又被推荐出版，对李某来说是一种荣耀，家长不应再索要稿酬。

依据我国著作权法的规定，创作作品的公民就是该作品的作者。年龄的大小虽能影响人的行为能力但不能影响人的权利能力。由于李某为无民事行为能力人，故该权利由其监护人代为行使。幼儿园在未经作者监护人许可的情况下，将作品提供给出版社，且没有给作品署名，他们共同侵犯了李某的著作权，理应将稿酬付给李某的家长。而且，如果家长追究，出版社和幼儿园还应承担赔偿责任。

在现实中，由于幼儿年龄小，其著作权往往会被忽视。现在经常有出版物刊登孩子创作的绘画作品及诗歌、童话等文学作品，因为这些作品多为幼儿园集中投稿，作者的姓名、地址常有遗漏。现在，家长的维权意识越来越强，所以，幼儿园老师在给孩子们投稿时，应及时征求家长的书面意见，写清楚孩子的姓名、地址，对稿酬更应该妥善处理，以避免不必要的纠纷。

第三，行为人有过错。所谓过错，是指行为人在实施行为时，有主观上的故意或类似的心理状态。这里特别应注意的是，违法行为分为作为的违法行为和不作为的违法行为。实施法律所禁止的行为，侵害他人合法权益的，就是作为的违法行为；未履行法律规定的行为义务，致他人受损害，便是不作为的违法行为。不作为的违法行为和过失的主观意志状态往往成为幼儿园民事纠纷的争论焦点，易使幼儿园在法律讼争中处于不利地位。

---

[1] 摘自《早期教育》（教师版）2002年第11期《幼儿的作品也有著作权》.

案 例

幼儿园是否要为幼儿离园后的事故负责?

　　某幼儿园大班的女孩子因离家近经常自行回家,有一天在无人接送下于回家路上遭遇车祸受重伤,家长要求幼儿园承担赔偿责任并诉至当地人民法院。在经过严格的审理后,当地人民法院认为:幼儿园与幼儿家长没有关于小孩接送方面的协议,小孩放学后一贯由其自行回家;幼儿园的工作、服务项目里也没有接送小孩回家的义务,也无专项收费,且事故发生在幼儿园放学后,所以对事故的监护上的次要责任应由家长负责;肇事车主明显违规操作,则应负事故的主要责任。

　　这一案例是一起典型的学生伤害事故,如何合理划分幼儿园与家长的责任,使伤害事故得到妥善处理,是在幼儿园管理中很可能遇到的事情。要强调的是,法律规定了幼儿园对幼儿教育、管理、保护的责任,但这不能等同于监护责任,民事责任与监护责任是有明显区别的,幼儿园只能对自己的教育管理过错行为承担民事责任。

　　以上是一个园方在法律诉讼中因不存在过错而不承担事故责任的案例。但是,同样还有因存在过错而承担部分事故责任的案例。

案 例

护送幼儿不到位引发事故,幼儿园需担责[1]

　　2011年11月29日下午5时10分,金寨县某幼儿园按常规用校车护送幼儿张囡(5岁)回家。途中,遇张囡的爷爷在公路左边招手停车,并叫张囡下车由其接回家。校车靠公路右边停下后,跟车护送幼儿的老师陈某即打开车门扶着张囡下车,护送张囡至校车右车头处,陈某即回到车上,让张囡自行过马路到其爷爷跟前去。正当张囡过马路时,恰逢一辆八轮运输车从校车左边驶过,司机虽然急刹车避让,但张囡的头部还是碰到运输车的右后轮,右脚也被车轮碾压致挫裂伤。经救治,张囡花去医疗费用4万余元,右脚损伤构成十级伤残。经交警认定,运输车驾驶员负此次事故的主要责任。

　　2012年5月12日,张囡及其法定代理人将运输车主、驾驶员和保险公司告上法庭。法院判决张囡获赔各种损失的70%和精神抚慰金;余下的30%损失,即13 458元,由张囡的监护人自负。2012年10月18日,张囡及其法定代理人再将金寨县某幼儿园告上法庭,认为被告某幼儿园跟车老师在公路上将无辨识能力的孩子放下车,并让孩子独自过马路去找爷爷,这一疏忽直接导致事故的发生,故被告幼儿园应负赔偿余下30%损失的责任。被告某幼儿园辩称:校车一向将幼儿护送到家,从未出过事。事发原因是张囡的爷爷为接张囡回家而拦车、叫张囡下车,当其正从公路左边来右边接张囡,张囡由公路右边奔向其爷爷时,不幸被运输车碰了。故张囡的爷爷有过错,应负事故责任。

　　法院审理认为:原告张囡作为5岁幼儿,在法律上属于无民事行为能力人,其一切活动均需成年人监护。按常规,幼儿上学由家长护送到幼儿园;放学时,没有家长到幼儿园接人的,则由幼儿园用校车护送回家,幼儿整个活动均未脱离成年人监护。本案事发原因是原告张囡在遭遇车碰时已

---

[1] 摘自中国法院网http://www.chinacourt.org/article/detail/2012/12/id/797001.shtml

脱离了成人监护，而导致张囡脱离成人监护的原因是张囡的爷爷在路左叫停校车并叫张囡下车表示由自己接张囡回家；而校车在路右停下后，老师陈某护送张囡下车并走到校车右车头时即回到车上，任由张囡与其爷爷在公路上对向行走而致车碰。可见，张囡的爷爷接张囡的地点选择不当与幼儿园护送张囡不到位的直接结合，是导致幼儿张囡脱离成人监护进而遭遇车碰的直接原因，倘若张囡的爷爷在公路右边叫停校车接人，或者校车在公路右边停下后待张囡的爷爷赶到车跟前才开门护送张囡下车并交给其爷爷，或者老师陈某护送张囡下车后一直护送张囡过公路交到其爷爷手中，那么该起事故就不会发生，最起码不会因为幼儿脱离监护而酿成事故。故对此次事故的发生，张囡的爷爷和被告幼儿园均有过错，均应承担相应责任。

经法官主持调解，双方自愿达成协议：被告某幼儿园一次性赔偿原告张囡因遭遇车碰余下 30% 损失中的 6 500 元，原告张囡的法定代理人自愿放弃其他诉讼请求。案件处理结果令双方满意，某幼儿园当即表示：将以此为鉴！今后要为幼儿提供更加全面到位的监护，争做让家长放心的幼儿园。

第四，违法行为与损害事实之间有因果关系。例如，教师体罚幼儿造成其心理创伤，体罚行为与损害事实存在直接的因果关系，因果关系是承担法律责任的重要条件之一。

案 例

幼儿园血案[1]

某幼儿园的孩子们正在园内活动，一名陌生男子突然闯入，挥拳向园内员工打去，大人们还没明白怎么回事，男子又抓起一名幼儿，举过头顶朝地面摔去……可怜的 3 岁幼儿李某被拦腰举起，头朝下重重摔到水磨石地面上。约 10 分钟后，她被送到医院抢救，当时后脑颅凹入、破碎，生命垂危。惨剧发生在短短 10 分钟之内。李某的父母哀痛不已，他们怎么也没想到，早上出门时还闹着吃豆的小女儿，转眼间竟遭此横祸。肇事者后经医院诊断证实患有双向性情感精神障碍。惨剧发生后，社会上反响很大，幼儿家长则要求追究幼儿园责任。

根据《最高人民法院关于贯彻执行〈中华人民共和国民法通则〉若干问题的意见（试行）》第一百六十条的规定，在幼儿园、学校生活、学习的无民事行为能力人或者在精神病院治疗的精神病人，受到伤害或者给他人造成损害，单位有过错的，可以责令这些单位适当给予赔偿。并且，根据《最高人民法院关于审理人身损害赔偿案件适用法律若干问题的解释》第七条的规定，对未成年人依法负有教育、管理、保护义务的学校、幼儿园或者其他教育机构，未尽职责范围内的相关义务致使未成年人遭受人身损害，或者未成年人致他人人身损害的，应当承担与其过错相适应的赔偿责任。

本案要根据具体情况来分析，如果是由于幼儿园管理不善，门卫、老师没有尽到注意义务，使得陌生男子轻松闯入，那么由于幼儿园具有重大过错，应该承担民事责任。但是，如果幼儿园按照有关规定，做好了安全防范措施，犯罪嫌疑人的闯入是门卫和老师不能避免的，在这种情况下，幼儿园是没有过错的，就可以免除赔偿责任。在这种情况下，幼儿的家长应当向肇事者的监护人主张赔偿责任。

---

[1] 摘自 http://www.chinajiaoan.cn/guanli/2011/guanli_1245.htm

三、幼儿园的法律地位

从法律意义上讲,幼儿园是具有法人资格的从事学制系统内保育、教育活动的社会组织。法律依据幼儿园的性质和条件而赋予幼儿园一种与自然人相似的人格,作为一个独立的法人主体,幼儿园可以广泛参与与其宗旨相关的民事活动,享有诸如法人财产权、债务、知识产权以及名称权、名誉权、荣誉权等民事权利。当然,也要以独立法人的身份依法承担一切因自己的行为而引起的民事责任,如违反合同的民事责任、侵害其他社会组织和公民个人合法权益的民事责任等。

要强调的是,幼儿园的法人地位与法律地位是两个不同的概念,幼儿园的法律地位既包括幼儿园在民事关系中的法人地位问题,也包括它在行政关系中的法律地位问题。由于幼儿园具有多种主体资格,因此仅仅确立民事法律关系上的法人地位,并不足以解决当前办园体制中的一切问题。事实上,政府与幼儿园关系中的幼儿园法律地位问题,是当前体制改革中亟待解决的紧迫问题。要摆脱政府对幼儿园过多的行政干预,要使幼儿园成为独立的办学主体,享有真正的办学自主权,首先应当理顺政府与幼儿园之间的关系,用法律明确幼儿园在行政关系中的地位,否则,幼儿园不可能获得自主的办学权,更不可能确立法人地位。

(一)幼儿园的合法权利

幼儿园作为其他教育机构的一种,依法享有自己的相应权利和利益,即幼儿园的合法权益,根据《教育法》和《幼儿园管理条例》等有关规定表现在以下八个方面。

1. 自主管理

幼儿园作为教育机构,与学校同样享有自主权,幼儿园可以按照自己的章程确定办园宗旨、管理体制及重大原则,有权制定具体的规章制度和发展计划,自主作出管理决策,并建立、完善自己的管理系统,组织实施管理活动,不必事无巨细地向主管部门或举办者请示。主管部门或举办者对幼儿园的符合其章程规定的管理行为无权干涉。作为教育法人,幼儿园本身就是一个组织机构,有权按其依法设立时所确定的章程管理自身内部的活动。

2. 组织实施保育教育

《幼儿园工作规程》中规定:幼儿园实行保育与教育相结合的原则,对幼儿实施体、智、德、美全面发展的教育,促进其身心和谐发展。幼儿园有权根据自己的办园宗旨和任务,依据国家教育主管部门的有关规定,自行决定和实施自己的保育教育计划,决定具体的课程模式和教学方法,决定采用何种教材,决定一日活动安排,组织保教活动评比检查等。这项权利也是被《教育法》所确定的从事教育活动的权利能力。确定这项权利,既可以保证幼儿园在全面贯彻教育方针、全面实施幼儿教育法规中,享有设计、安排、开展保育教育活动的自主权利,又可防止外来力量对幼儿园保教活动的冲击、对幼儿园正常保教秩序的冲击。

3. 招生

幼儿园可以根据自己的办园宗旨、培养目标、任务以及办学条件和能力,根据国家有关"幼儿园每年秋季招生。平时如有缺额,可随时补招"的规定,有权制定本机构具体的招生办法,发布招生广告,决定招生的具体数量和人员,确定招生范围和来源。招生是一种属于教育活动的特殊活动。招生权是教育机构的基本权利。当然,幼儿园在行使这一权利时,必须遵守国家规定,不要擅自突破国家有关招生、编班的规定,造成学额过多、影响幼儿身心健康,影响管理工作。主管部门非法限制或取消幼儿园的自主招生权,实际上是侵权行为,也必须制止和纠正。

4. 学籍管理

幼儿园根据有关规定,有权确定幼儿报名注册的管理办法,并建立幼儿名册。幼儿学籍档案包括幼儿花名册、幼儿登记表、幼儿身心健康发展状况记录等。此项权利是幼儿园实施教育互动的权利的一部分,是加强对受教育者的教育、管理职能,维护教学秩序、保证教育教学质量的需要。幼儿学籍档案的建立,便于幼儿园和各年龄班加强管理,也便于教师掌握幼儿全面发展的规律,实施因材施教。

5. 聘任并管理教师及其他职工

幼儿园根据法规、规章和主管部门的规定,从本园的办园条件、办学能力和实际编制情况出发,有权决定聘任、解聘有关教师和其他职工,可以制定本园的教师和其他职工聘任办法,签订和解除劳动合同,可以对教师及其他职工实施包括奖励、处分在内的具体管理活动。此项权利的运用,有利于调动教职工的积极性,提高办园质量和效益。

6. 对本单位设施和经费的管理和使用

幼儿园对其占有的场地、教室、园舍、保教设备等设施、办园经费以及其他有关财产,享有财产管理权和使用权。幼儿园行使此项权利,应遵守国家有关国有资产管理、教育经费投入及幼儿园财务活动的管理规定,符合国家和社会公共利益,有利于幼儿园发展和办园宗旨,有利于合理利用教育资源,不得妨碍保教和管理活动的正常进行。随着"民办公助""公有民办"等新办园模式的兴起,幼儿园产权关系日益复杂。但是,必须坚持的是在幼儿园的资产中,属于国家财政投入的资产全部属国家所有;如属于国家与集团和个人联合举办的幼儿园,国家投入的资产部分归国家所有,集体和个人投入的资产不属于国家所有。

7. 拒绝对保教活动的非法干涉

依据《教育法》,幼儿园有权"拒绝任何组织和个人对教育教学活动的非法干扰",即幼儿园对来自行政机关(包括教育行政机关)、企业事业组织、社会团体、个人等任何方面的非法干涉行为,有权拒绝和抵制。所谓"非法干涉",是指行为人违背法律、法规和有关规定,作出的不利于教育活动的行为。例如,强行占用幼儿活动用房和场地,随意抽调幼儿园职工另作他用、延误或停止幼儿园保教活动开展,借口因材施教,到幼儿园乱办所谓"兴趣班"等以牟取经济利益等。当前,社会对幼儿园的乱摊派以及某些教育行政部门业务机构的随意检查、干预过多,干扰了幼儿园正常的保教秩序。对此,幼儿园有权抵制并要求教育部门会同当地公安、司法、纪检、监察等部门,及时予以查处,幼儿园可借助本条权利予以拒绝和抵制,也有权会同纪检、监察部门进行综合治理,并按《教育法》坚决及时予以查处。

8. 法律法规规定的其他合法权利

除前述权利外,现行法律、法规以及地方性法规赋予教育机构的《民法》中规定的一般法人的权利和其他法律法规规定的权利。同时,还包括将来制定的法律、法规确定的有关权利。作出此项规定,有利于将来制定有关教育法律、法规,进一步完善教育机构的办学自主权利。

（二）幼儿园的法律义务

幼儿园的义务是幼儿园在保育教育活动中所必须履行的法定义务,即幼儿园在保育教育活动中必须作出一定行为,或不得作出一定行为的约束。规定幼儿园义务的意义在于:第一,这是保证幼儿园实现其办学宗旨,实施保育教育活动的需要;第二,这也是保护受教育者——幼儿的需要。可以说,规定幼儿园的义务,其根本目的是保障受教育者受教育权利的实现。

第一,遵守法律、法规。《教育法》第二十九条第一项规定了幼儿园有遵守法律、法规的义务。幼儿园是育人的社会组织,遵守法律法规是幼儿园必须履行的最基本的义务。它有两层含义:一是指幼儿园在一般意义上的守法,如幼儿园也必须遵守宪法、民法、刑法、经济法等;二是指幼儿园要遵守教育法律法规中对幼儿园所设定的义务,就是指幼儿园要遵守教育方面的法律法规。此外,幼儿园自己制定的合法的规章制度也有一定的法律约束力。

制定幼儿园的内部规章制度应遵循两个原则:一是必须符合法律、法规、规章等,不得与之抵触;二是不能越权,不能超越本园的职权或授权的范围把本该由法律、法规规定的内容规定在园内的管理制度中。对内部管理不当给当事人的合法权益造成损失的,幼儿园应承担相应责任。

第二,贯彻国家教育方针,执行国家保育教育标准,保证保育教育质量。诸如"小学化""贵族化"等不良教育倾向不仅是单纯的教育思想和教育方法问题,更是一种违法行为。

第三,维护幼儿园、教师和其他职工的合法权利。此项义务有两项含义:一是幼儿园自身不得侵犯幼儿、教师及其他职工的合法权益,如不得克扣、拖欠教师工资,不得在与教职工签订合同时收取保证金、押金等;二是当幼儿园以外的其他社会组织和个人侵犯了本园师生的合法权益时,幼儿园应当以合法方式,积极协助有关部门维护本园师生的合法权益。

第四,以适当方式为幼儿监护人了解幼儿的发展状况及其他有关情况提供便利,即以设立家长接待日、家长会、家园联系本、家长园地、家访等形式保障幼儿及其监护人的知情权。

第五,遵守国家有关规定收取费用并公开收费项目。这项义务的实质是:幼儿园应当按照省、直辖市、自治区或市级教育行政部门会同有关物价等相关部门制定收费项目和标准,从公益性出发,按照成本分担的原则,公平、合理确定本园的收费标准和项目。

第六,依法接受监督。教育法第二十九条第六项规定了幼儿园有依法接受监督的义务。此项义务的含义是指幼儿园对来自权力机关、行政机关等方方面面依法进行的检查、监督,应当积极予以配合,不得拒绝,更不得妨碍检查、监督工作的正常进行。

值得注意的是,《民办教育促进法》第五条规定:"民办学校与公办学校具有同等的法律地位。"《关于幼儿教育改革与发展的指导意见》第七条也规定:"社会力量举办的幼儿园,在审批注册、分类定级、教师培训、职称评定、表彰奖励等方面与公办幼儿园具有同等地位。"可见,民办幼儿园与公办幼儿园享有相同的权利,履行相同的义务。

小　结

依法办园是时代的要求,是幼儿园发展的需要。法律素养是幼儿园管理者所应具备的诸多素养中不可缺少的一环。幼儿园在常规的教育和管理中首先要依据相关规范坚持依法办园,确保硬件设施安全,排除隐患;同时完善各项制度,建立各类应急预案,明确园内各岗位工作人员职责,确保能够有效处置突发事件,防止损害后果加重;要完善教育管理细节,履行告知未成年人监护人相关信息等相关法律义务,真正把依法治园体现在幼儿园管理的全过程。

幼儿园团队建设与管理

导读 >>>

习近平总书记在全国教育大会上指出,"教师是人类灵魂的工程师,是人类文明的传承者,承载着传播知识、传播思想、传播真理,塑造灵魂、塑造生命、塑造新人的时代重任。""坚持把教师队伍建设作为基础工作。"这些重要论述,为新时代加强教师队伍建设指明了努力方向,为做好新时代立德树人工作提供了重要遵循。随着国家对学前教育重视程度的不断提高,幼儿园教师队伍数量迅速增长,如何在数量激增的同时注重质量的提升是学前教育发展过程中亟待解决的问题。本专题从幼儿园团队的内涵、幼儿园团队建设与管理的原则、幼儿园团队建设与管理的内容、幼儿园团队建设与管理的误区与问题、幼儿园团队建设与管理的策略五方面来阐述如何进行幼儿园团队的建设与管理。

教学课件

一、幼儿园团队的内涵

（一）幼儿园团队的概念

美国管理学家劳伦斯·霍普认为，团队是一个组织在特定的可操作范围内，为实现特定的目标而建立的相互合作、一致努力的由若干成员组成的共同体；另一种意见认为团队是指由组织中的正式关系而使成员联合起来形成的，在行为上有彼此影响的交互作用；也有研究者提出，团队是由这样一些个体组成，他们因任务而相互依存相互作用，团队成员认可自己归属于该团队，这些人具有相互补充的技能，为达到共同的目的和组织绩效目标而努力。

目前，团队概念主要针对企业和工商管理团队，而幼儿园管理所面对的人群、需要实现的目标等有别于其他的管理领域，所以这里所说的幼儿园团队主要是指幼儿园所有教职工为实现幼儿德、智、体、美、劳全面发展，促进其身心和谐发展的目标而组成的共同体。

（二）幼儿园团队的构成要素

幼儿园团队的构成要素主要有幼儿园团队目标、幼儿园团队成员、幼儿园团队定位、幼儿园团队成员的权限、幼儿园团队计划等组成。

1. 幼儿园团队目标

幼儿园团队目标即实现幼儿园教育目标。团队在实施过程中将此目标进一步分解为各级子目标，由各个部门、团队成员合力实现。

幼儿园团队在建设过程中必须有一个明确的共同目标为幼儿园教职工提供并指引方向，同时围绕该目标细化为幼儿园可操作的年度计划、月计划等，促进教职工以目标为导向开展工作，提高绩效水平，同时分清事务的轻重缓急，明确核心任务。

2. 幼儿园团队成员

幼儿园团队成员是指幼儿园的全体教职工。幼儿园团队建设与管理需要优秀的管理者与团队成员。幼儿园团队中组织领导者与成员的设置应与幼儿园规模、发展相匹配，做到人尽其用。

常见的基本设置主要包括以下三类。

（1）园级干部，主要有园长、党支部书记、副园长、工会主席。

（2）中层干部，主要有园长助理、办公室主任、保教（教养）主任、后勤主任、年级组长。

（3）基层教职工，主要有专任教师、保育员（生活教师）、财会人员、医务人员、炊事人员、保卫人员、驾驶员、勤杂人员等。

3. 幼儿园团队定位

幼儿园团队定位包含两层意思。

（1）团队在组织中处于什么位置，由谁选择和确定团队领导成员，团队最终对谁负责。一般情况下，在公办幼儿园体制中，由幼儿园全体员工民主推荐，经由上级教育行政部门审核、批准、任命幼儿园团队领导班子。在民营幼儿园体制中，由企业（公司）董事会推荐、审核、任命幼儿园团队领导班子。

（2）幼儿园团队领导班子负责组建团队并明确各成员的职责，主要指团队各成员在团队中扮演什么角色，实施相关具体任务。

下面以幼儿园年级组长为例，来说明其作为幼儿园团队成员之一在团队中的角色与职责。

案 例

××幼儿园年级组长职责

1. 及时传达和贯彻幼儿园教育教学理念,确保教学质量,执行幼儿园的各项任务,安排好本年级组的教育教学和教科研等方面工作,并定期主动向园长汇报本年级的工作。

2. 准确理解和把握幼儿园教育教学计划,及时与教师沟通交流,达成共识,将计划落实为具体措施。根据幼儿园教学工作计划和教师的专业发展需求,认真制订切合本组实际的教研组工作计划,及时进行小结。

3. 根据计划带领组员定期开展教研活动,针对年龄层次开展教育教学研究。

4. 组织好每次教研活动,每次活动要有目的、有计划、有实施、有总结、有记录,保证每次活动的实施有效。

5. 每周定期检查教师活动准备(包括撰写教学方案)情况,做好记录,并提出改进意见。

6. 搞好年级组建设、关心组内教师的思想动态、工作、生活状况,定期开展谈话活动。

7. 加强对本年级青年教师的指导和帮助,提高其教育教学水平。

8. 督促、检查本组教师落实常规教育教学的情况。

9. 做好年级组教研活动的资料积累和收集工作。

10. 完成幼儿园交给的其他保教工作。

4. 幼儿园团队成员的权限

幼儿园团队成员的权限主要是指为保证团队职责的有效履行,不同团队成员对某事项进行决策的范围和程度,如副园长、年级组长、后勤主任等团队成员的权限设置。幼儿园团队建设中,应根据团队结构及人员设置明确团队领导与成员相应的权责,个人承担的工作职责应以制度的形式体现,在团队目标的指引下凝聚团队成员,逐步形成能进行自我管理的良好优秀团队。图5-1展示某幼儿园在教学信息化资源管理与分享方面有关权限分配与使用情况。

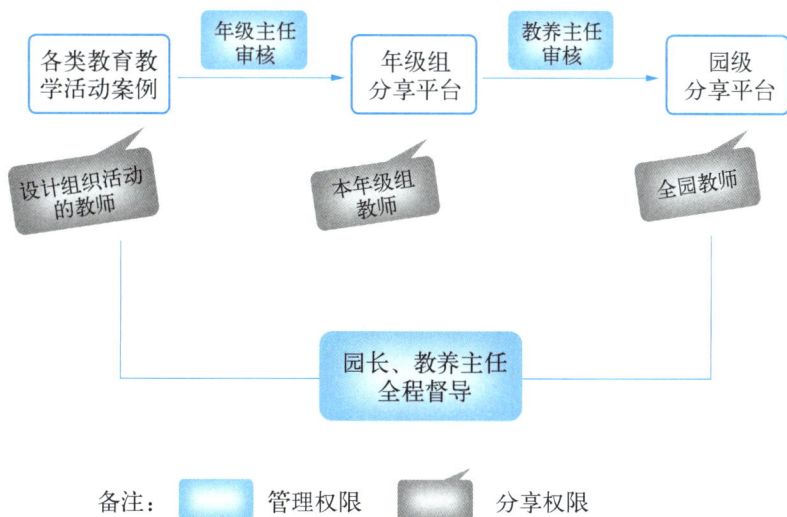

备注：　管理权限　　　分享权限

图5-1　某幼儿园教学信息化资源管理权限与分享权限示意图

5. 幼儿园团队计划

幼儿园团队计划指为实现幼儿园保教目标制定的一系列具体、可操作的行动方案。教职工按计划实施能保证顺利进行，不断接近目标，从而实现最终目标。

幼儿园团队计划可根据不同标准进行划分，一般有以下两种划分方式。

（1）按时间阶段进行划分。如幼儿园"十二五"规划、幼儿园各年度计划、月计划、周计划等。

（2）按团队结构层次划分。如园级计划、年级组计划、班级计划、个人计划等。

二、幼儿园团队建设与管理的原则

幼儿园团队建设与管理是指在幼儿园中有目的、有计划地培养和组织教职工进行各项工作，在建设与管理过程中增强团队凝聚力和融合度，提高信任感和协作能力，以达到共同目标。在幼儿园的团队建设与管理过程中必须遵循以下基本原则。

（一）法理原则

幼儿园团队的建设与管理必须依法依规，不能逾越底线。在管理过程中严格执行法律法规，避免因管理中的"人情世故"而触及法律的红线。

某幼儿园在人事改革中，根据幼儿园现有条件，保育员不能设两个特级技师岗位。已是特级岗的两位保育员将面临竞争，条件相当，特别棘手。其中一位了解难处后自愿降一级，幼儿园为表示感激，通过其他途径（提供不影响工资的特别假期）补偿该保育员。此案例中，虽然园长平息了事态，赢得了"人心"，但也违反了相关政策法规。

（二）"三公"原则

幼儿园团队的建设与管理必须公开、公平、公正，制度应严格执行，人人平等。如果园级管理成员以高人一等、偏护偏袒、半遮半掩的姿态处理问题，将直接影响管理者的权威性，导致教职工产生对管理者的不满情绪和反感心理，从而影响团队效率，增加管理难度。

（三）人本原则

幼儿园的团队建设与管理必须以人为本，尊重每个教职工的人格尊严，尊重他们的情感、尊重他们的智慧、尊重他们的点滴付出、尊重他们的个性张扬；为教职工提供平台，合理发挥每位教职工的已有能力，充分挖掘每位教职工的内在潜力，让每位教职工都能为幼儿园团队尽心尽力；多一些鼓励和引导，少一些批评和指责；要让教职工形成"更好的生活才是工作的目的和意义所在"的理念。

（四）发展原则

幼儿园的团队建设与管理能对幼儿园教职工的价值取向及行为取向起引导作用。它强调通过团队的塑造来引导教职工的行为，促使其在良好的团队氛围中得到发展。因此，管理者应创设条件为教职工的发展提供支持与服务，树立发展的、动态管理的理念，实行合理的人员编制与岗位设置，科学的分配制度、完善的考评制度与培训制度，促进幼儿园的科学发展。

（五）激励原则

幼儿园团队建设与管理能够起到激励教职工对幼儿园工作高度参与和决策的功效，可以提升教职工的工作动力。如果幼儿园所有教职工能够在宽松、自主、充满激励的环境中工作,既可以提高大家的工作积极性和创造性,又能给"慵懒者"以压力,避免团队中出现"累"与"闲"两个极端。通过制定相应的激励性制度或其他激励形式来满足教职工的合理需求,充分发挥教职工的主人翁精神,调动大家的工作热情和积极性。

三、幼儿园团队建设与管理的内容

(一)幼儿园团队目标的确定

一个清晰、合理的团队目标能激发团队成员的所有潜力。幼儿园团队的目标即实现幼儿园保教目标,在具体实施过程中可将这一总目标分层级分解成子目标逐一实现,子目标应包含幼儿园发展规划(办园规模、园区建设)、幼儿园团队建设目标(团队文化建设、团队精神)、幼儿园年度目标(教科研目标、家园共建目标、环境创设目标)、幼儿园课程目标(课程改革目标)等。

(二)幼儿园团队发展规划的制定与实施

幼儿园团队发展规划的内容:需要什么样的团队文化、什么样的岗位、每个岗位需要什么样的人;结构设置是否会因为幼儿园处在不同的发展阶段而变化。

🐴 案　例

××幼儿园团队建设发展规划

(2016—2020年)

一、团队现状分析

幼儿园创建于1950年。目前,设一园七校区集团化办学模式,共33个教学班,幼儿1 458名,教职工302名。其中,教师硕士研究生40人,达13%,本科生143人,达48%,共有塞上名师1人,自治区教书育人楷模1人,凤城名师4人,区级骨干教师10人,市级骨干教师5人,正高级职称教师1人,高级职称教师20人,大专以上学历达100%,教师资格准入率达100%,普通话达标率100%。

二、"十三五"期间团队发展的指导思想

遵循社会职业的规律:只有专业化才有社会地位。引导团队成员将职业"做出专业、做出尊严、做出滋味",在专业成长中享受职业幸福。

三、团队建设行动计划

培养和造就出一批教育观念新知识视野宽智能结构合理,具有高尚师德修养,具备现代教育观,掌握现代教育手段,具有较高的教学和科研能力,保教活动个性鲜明的专业型、研究型的教职工队伍。具体发展指标如下。

(1)提高教师的学历水平,大专以上学历达100%,鼓励教师参加本科以上学历的提高学习达90%。

(2)力争有18%的教师成为市级以上的学科带头人、骨干教师。

(3)60%的教师能够在本园教师队伍中起示范作用,20%的教师在全市幼儿教育中能起带教指导作用。

（4）30%的教职工能够找到自己的特色，向成为特色教职工努力。

（5）保育员队伍达标：合格率100%。

（6）进一步进行人才引进和流动工作，形成优胜劣汰的局面。引进个别专业的技术岗位人员。

四、主要措施

加大人才培养的力度，为教职工搭建成长的平台，培养具有专业引领、有教育特色的骨干队伍：

（1）建立园本培训机制。

（2）提升青年教职工实践能力。

（3）加大对骨干教职工的培养力度。

（4）建立教职工成长档案。

（5）形成教职工评价机制。

（6）建立党员先锋示范岗机制。

（7）建立项目组任务推进机制。

（8）建立师带徒分层培育机制。

在长远规划的指导下，根据幼儿园团队建设与管理不同阶段还需要制定短期目标与规划，如各类年度计划、学期计划、周计划。短期规划对于目标完成具有更实际的意义。

（三）幼儿园岗位设置与人员聘用

1. 幼儿园岗位设置

幼儿园岗位设置的目的是明确岗位职责、任务，满足幼儿园及教职工的需求，将工作要求和薪资报酬相结合。岗位设置的具体内容包括职位内容、岗位职责和工作关系等。为保证突出每个教职工的特色，同时又保证教职工之间的相互合作，幼儿园团队需要有精细的岗位设置。在岗位设置过程中要从幼儿园的规模大小、服务项目、人员素质与数量等实际情况出发，酌情合理安排。

岗位设置必须遵循四项基本原则：一是因事设岗，二是因岗设人，三是依法定岗，四是任人唯贤。其中，因事设岗即根据工作、业务、事务的需要而设置岗位。应当注意的是，因事设置的岗位应当基于管理流程的需要、基于部门职能的分解、岗位工作负荷比较饱满、岗位关键职责比较突出。

2. 幼儿园岗位职责

幼儿园团队管理中应做到人人有岗位，人人明确自己的职责，人人认真履职。根据岗位职责，幼儿园实行园长负责制、教师聘任制，教职工应具有明确的岗位职责，以利于管理。以下是某私立幼儿园园长岗位的相关描述。

🐴 案 例

某私立幼儿园园长岗位描述

一、职位描述（主要工作任务指标）

组织和领导幼儿园的保育、教研、科研工作，认真总结经验，不断提高保教质量。具体工作包括：

1. 负责主持制定全园工作计划，协调园内管理，组织实施各项计划。

2. 制定并不断完善管理制度。

3. 组织制定和审查各班学期教育工作计划,并检查执行情况。

4. 检查各班教育教学情况,进行分析指导。

5. 对设备、安全、质量等事故原因进行分析、调查和处理。

6. 组织和领导专门问题的研究以解决教育工作中重要和困难的问题。

7. 组织专题科研,总结成果,丰富幼教理论。

8. 根据教育工作需要,组织保教人员业务学习。

9. 根据教育系统教学工作需要,组织领导实习见习,领导后勤、家长会召开,负责制定和审批招生方案,协调各部门做好招生工作。

二、职位分析——工作分析

1. 临时处理影响教学而出现的各种问题的权利。

2. 对本幼儿园员工进行管理、教育、考核、评价的权利。

3. 根据目标计划下达任务和工作指令的权利。

4. 对中层和基层管理人员的使用、调动、晋升、调资、奖惩的建议权利。

5. 协调并处理各相关部门进行低成本、高质量、高效率作业的权利。

6. 对幼儿园的课程及近期市场的变化带来的影响分析建议的权利。

三、职位责任——职责

1. 对因管理不力而影响幼儿园年度目标和进度负责。

2. 对因组织管理不力造成非连续性、平衡性教育而影响幼儿园计划负责。

3. 对教学进度、质量、成本控制不力而影响幼儿园经济效益负责。

4. 对因管理不力而造成其他不良影响的行为负责。

5. 对因管理、组织、计划、协调不力而对幼儿园发展产生不良影响负责。

3. 人员聘用

幼儿园团队的人员聘用是团队建设的核心,制定合理的聘任细则和规范的招聘流程决定了团队的整体素质。

（1）聘任实施细则。根据幼儿园岗位设置方案制定相应的聘任实施细则,主要包括以下内容:岗位聘任的指导思想,岗位聘用的原则与依据,聘用的人员岗位、岗位设置的数额,各级各类岗位的任职条件及岗位职责,岗位聘用程序,聘用合同及考核,岗位待遇,其他事宜,岗位聘任工作领导小组,附则等。

（2）聘用流程见图5-2。

图5-2　聘用流程

（四）幼儿园中层领导班子的培养

幼儿园中层的培养是指幼儿园确定和持续关注高潜能教职工，并对这些教职工进行开发的过程。中层干部培养的目标主要有三个方面：

一是保证幼儿园发展后继有人。

二是确保幼儿园团队管理层顺利过渡，避免因人事问题影响团队运营。

三是保证幼儿园团队中层岗位随时有胜任的人员补充。

1. 实施步骤

借鉴威廉·J. 罗思韦尔创立的分步接班人计划模型，幼儿园中层干部培养与管理可分以下三个步骤进行。

（1）获取幼儿园主管部门的支持。幼儿园中层培养必须要有幼儿园主管部门的支持和同意。如果是公办幼儿园，必须得到上级教育行政部门的支持和同意；如果是民办幼儿园，必须得到董事会的支持和同意。

（2）建立能力模型。幼儿园能力模型是对目前和将来需要的人才的描述，它可以清楚地显示每个级别人才的发展需求。幼儿园能力模型一般包括以下内容：

一是成就以及行动类，包括成就动机、主动性、信息搜集意识和能力以及对品质的重视。

二是帮助以及服务类，包括人际理解能力和教育服务导向。

三是冲击以及影响类，包括影响力、管理建立能力以及组织认知能力。

四是管理能力类，包括培养他人的意识与能力、团队合作精神、团队领导能力以及果断性。

五是认知能力类，包括分析思考能力、概念式思考能力以及各种专业知识（如技术、职业、管理）。

六是个人效能类，包括自我控制能力、自信、弹性以及组织承诺。

（3）进行全面评估。幼儿园中层素质能力模型建立后，幼儿园管理人员要对其关注对象的实际表现能力从不同的角度进行全面的评估。

● 潜能评估

潜能评估即要发现和发掘关注对象的职业发展渴求及方向，也就是判断其是否愿意成为幼儿园中层干部。

● 建立持续性个人发展计划

培养幼儿园中层干部需要有一个持续的、长期的发展规划，以保证中层干部能够有足够的胜任力。首先要从缩小目前绩效和期望绩效的差距做起，然后再缩小未来潜质和目前绩效之间的差距。这需要幼儿园和培养对象共同努力。

● 执行个人发展计划

将培养对象放入实践中，并有人跟踪和指导。

● 建立能力储备

幼儿园必须建立人才储备库，等到需要用的时候，能够做到挑选出来即可胜任岗位工作，人才储备必须围绕教职工已经在幼儿园团队里实际展示的能力建立，必要时可以从外部选拔。

2. 实施要点

（1）早做谋划。作为幼儿园团队管理者，要尽可能早地实施中层干部培养计划，以防幼儿园中层干部断层。因为幼儿园中层一般情况都是从内部产生。

（2）内外兼顾。内外兼顾就是在选择中层干部时，不仅要考虑从幼儿园内部选拔，还要考虑从幼儿园外部选拔接班中层。两者各有优势，幼儿园管理者应斟酌运用。

（五）幼儿园团队绩效考核

幼儿园绩效管理是管理者和员工就制定目标及如何达到目标而达成共识,并辅导和发展员工绩效的过程,幼儿园团队绩效管理的核心是绩效考核。

绩效考核是对幼儿园教职工及其工作情况进行评价;对教职工的工作结果和在幼儿园中的相对价值和贡献评价;对教职工在工作中所显示出来的工作能力、态度和业绩进行以事实为依据的评价。绩效考核的内容主要包括师德、保教、管理、家园联系等方面,是幼儿园教职工升降迁、提减薪、录用辞退、增减奖金、正确配置员工的质量和数量的参考依据,最终目的是实现幼儿园总体目标。

幼儿园绩效考核体系是由一组既独立又相互关联并能较完整地表达评价要求的考核指标组成的评价系统。幼儿园绩效考评系统中应包括绩效考核的程序、绩效考核细则、绩效考核的形式、实施奖惩。

1. 绩效考核的程序

绩效考核的程序是:成立考核领导小组——确定绩效考核形式——明确不同岗位员工绩效考核内容——实施考核——被考核成员确认——公示(布)结果——实施奖惩。

2. 绩效考核的形式

幼儿园团队绩效考核主要采取自我评价、同行评价、家长评价、部门评价、考核领导小组评价等形式组成,考核形式及所占比重应根据团队成员特点选择实施。

3. 绩效考核的内容

幼儿园团队绩效考核的内容由幼儿教师职业道德、幼儿教师工作考勤、幼儿教师工作量考核、教育教学过程考核、教育教学教研成果等部分组成。

🦄 案　例

××幼儿园绩效考核细则（部分）

教师的师德、考勤、日常考核、班组考核、教研考核是教师考核的五个组成部分。各组成部分所占比重为:师德20%、考勤10%、日常考核30%、班组考核20%、教研考核20%(师德考核作为其他绩效考核的前提,后四部分均以各岗位职责为依据考核)。未尽事项和突发情况由学校党支部和行政会研究决定。

1. 教师职业道德考核
（1）由年级组长、保教处提供材料依据。
（2）由考评小组依据制度综合考核。

2. 教师工作考勤
（1）由行政办公室提供材料依据。
（2）由考评小组依据制度综合考核。

3. 教师日常工作考核
（1）由年级组长、保教处提供材料依据。
（2）由考评小组依据制度综合考核。

4. 班组考核
由保教处、办公室提供材料依据,考评小组依据职责制度进行考核。

5. 教研考核
（1）由各岗位人员、年级组长提供材料依据。
（2）由保教处提供材料依据。
（3）由考评小组依据职责制度进行考核。

4. 实施奖惩

奖惩是调动幼儿园教职工工作积极性、维护团队发展的重要方式。幼儿园教职工绩效考核的关键之一在于执行合理的奖惩措施，奖惩实施中要把握尺度，注重其民主性、公平性、激励性、鞭策性、有效性、一贯性。同时，在实施奖惩的过程中既要兼顾所有教职工，又要突出重点，对表现优异的或平时工作成绩突出的教职工应适当倾斜。

（六）幼儿园团队精神的培育

1. 提高团队凝聚力

在幼儿园团队建设与管理过程中，要注重随着幼儿园团队规模扩大而导致团体内部出现小团体的可能性，尽量避免因小团体而导致凝聚力的减弱；对教职工进行奖励应采取个体与团队奖励相结合的方式，使教职工意识到个人利益与团体利益的关系，进一步提升团体凝聚力；注重运用团体所取得的集体荣誉增强教职工的向心力，营造和谐的内部环境。幼儿园人际关系和谐、互相赞许、认同、信任、体谅，凝聚力将进一步提升。团队凝聚力的阶段表现与培育途径参见表5-1。

表5-1　幼儿园团队凝聚力不同阶段的具体体现与凝聚力培育途径

阶段类型	教师体现	途径与渠道
适应阶段	1. 在团队制度要求下能参加相关教科研活动 2. 被动参加相关培训工作 3. 被动承担管理层交予的其他任务	新教师培训 制度培训 老教师讲座
发展阶段	1. 能主动要求加入园级相关活动的组织 2. 学习主动性加强 3. 与周围教师团队互动增强	组织开展党、工、团各类活动 教师联谊互动
成熟阶段	1. 积极主动承担分外工作 2. 主动帮助新进教师成长 3. 教师之间互相积极分享教学资源	园长、教师的深入交流 全员参与管理 项目组引领社团活动

2. 增强合作意识

幼儿园团队的合作意识表现为幼儿园和每位教职工协作、共为一体的特点。在团队管理中可以运用以下方法来加强幼儿园团队合作意识：

一是在幼儿园内部积极营造融洽的合作气氛。教职工的合作受到幼儿园目标和幼儿园所属环境的影响，只有幼儿园所有教职工都具有实现目标相关的知识技能及与他人合作的意愿，幼儿园团队合作才有可能取得成功。

二是制定合理的规章制度及合作规范。在幼儿园，如果能者多劳而不多得，就会在教职工之间产生不公平感，在这种情况下也很难开展合作。要想有效推动合作，管理者必须制定一个被大家普遍认同的合作规范，采取公平的管理原则。

三是要进行良好的沟通，建立良性的互动关系。作为幼儿园的管理者，要积极创造机会让所有教职工不断增进了解,融为一体。幼儿园领导和下属之间、同事之间的沟通顺畅,教职工合作意识将进一步增强。

3. 提升团队士气

幼儿园团队士气是幼儿园团队精神的一个重要方面。拿破仑曾说过:"一支军队的实力四分之三靠的是士气。"在幼儿园管理中,可以采取以下两种方法来提升教职工士气。

一是幼儿园管理者要根据自己教职工的智力、能力、才能、兴趣以及技术特长来安排工作。让所有教职工对工作产生兴趣,把兴趣转化为动力。

二是实行民主管理。幼儿园内部的管理方式,特别是领导方式对教职工的积极性影响很大。管理层作风民主、广开言路、乐于接纳意见、办事公道、遇事能与大家商量、善于体谅和关怀下属,这时士气就会非常高昂;而独断专行、压抑成员想法和意见的管理者就会降低教职工的士气。

四、幼儿园团队建设与管理的误区及问题

幼儿园团队建设与管理如果走入误区,就会产生团队凝聚力不够、教师归属感不强、合作意识减弱、职业倦怠感高、教师专业化程度低等问题。

(一)幼儿园团队建设与管理的误区

各级、各类幼儿园对幼儿园团队建设与管理逐渐开始重视起来,但在团队建设与管理过程中还主要存在三种误区。

1. 过分推崇"幼儿园利益高于一切"

在幼儿园团队里如果过分推崇和强调"幼儿园利益高于一切",可能会导致教师个体的应得利益被忽视和践踏,如果个体的应得利益长期被漠视甚至侵害,那么他们的积极性和创造性无疑会遭受重创,从而影响到整个幼儿园的发展与教育质量的提升。

2. 过度强调"幼儿园团队一团和气"

如果团队内部没有竞争,在开始的时候,教职工也许会凭着一股激情努力工作,但时间一长,他会发现无论是干多干少,干好干坏,结果都一样,那么他的热情就会减退,在失望、消沉后最终也会选择"做一天和尚撞一天钟"的方式来混日子。通过引入竞争机制,实行绩效考核,赏优罚劣,打破这种看似平等实为压制的利益格局,教职工的主动性、创造性才会得到充分的发挥。

3. 过于追求人情味

不少幼儿园在团队建设与管理过程中,过于追求团队的亲和力和人情味,认为"幼儿园团队中的教师都是姐妹",从而导致了管理制度的不完善,或虽有制度但执行不力,形同虚设。三国时期诸葛亮挥泪斩马谡的故事就是一个典型的不徇私情的例子。马谡与诸葛亮于公于私关系都很好,但马谡丢失了战略要地街亭,诸葛亮最后还是按律将其斩首,维护了军心的稳定。

(二)幼儿园团队建设与管理存在的问题

1. 目标不清、计划不明

部分幼儿园团队没有明确的共同目标,或在相关的规划制定前没有进行详细的调研,使得规划制定的目标朝令夕改,教职工没有明确的目标方向。在目标执行过程中又没有相关具体措施,常出现"左看看、右走走"的状态,在不同目标间来回折腾,白白耗费大量的人力物力。

以幼儿园教师专业发展为例,部分幼儿园在规划中会涉及未来教师发展的内容,往往提出教师专

业发展应从教师的引进、教师的培训（内、外）等方面着手，但具体教师的引进数量、引进什么专业方向的教师、如何培训教师、教师培训的主要内容等方面均未涉及，使得计划的执行变为空谈，目标不能落实、停留在理论层面。

2. 缺乏沟通与信任

沟通是幼儿园计划、组织、领导和控制等各项管理职能得以实施和完成的基础。当前，部分幼儿园在团队管理中出现园长与一线教职工脱节，园长很少或者没有与一线教职工交谈的机会，对教职工的了解停留在"看"，浮于表面；教职工参与团队决策程度也不高，一线教职工基本没有机会为幼儿园的发展提出自己的看法，很难也不敢为自己争取相关的权益；教职工间不信任、信息共享率低，不愿意分享自己的教育资源，这直接影响了团队工作效率。

3. 消极个人主义

幼儿园团队建设与管理中，部分管理者和教师的消极个人主义较为严重，过于追求短期效益和自身利益的满足，常常以损害团队利益来换取个人的"成功"，突出地表现为过分计较个人得失，将个人利益凌驾于其他教职工和集体利益之上，对有利于自己的就执行，对不利于自己的就上有政策下有对策，导致幼儿园团队中逐渐形成急功近利的势利文化。

4. 制度执行力不强

在幼儿园团队管理中，尽管幼儿园团队制度已经较为健全，但在制度执行上，一些部门和员工价值观错位、自律意识淡薄，缺乏对制度的落实和检查，有令不行、有禁不止，影响幼儿园团队建设与管理。

五、幼儿园团队建设与管理的策略

如何利用有效的策略解决幼儿园团队建设与管理中可能存在的问题，对进一步提升管理效率，提高管理质量，实现团队目标具有重要的现实意义。

（一）加强沟通

有效的沟通在幼儿园起着非常重要的作用。成功的幼儿园领导把沟通作为一种管理的手段，为幼儿园的发展创造良好的心理环境。因此，幼儿园应统一思想，提高认识，克服沟通障碍，实现有效沟通，为实现个人和幼儿园的共同发展而努力。在沟通中应注重以下方法和技巧：

（1）营造良好的心理气氛，创造一个相互信任、有利于沟通的小环境，有助于大家真实地传递信息和正确地判断信息，避免因偏激而歪曲信息。

（2）寻找沟通的情感共鸣，沟通双方应注重在情绪、情感上的共鸣，以缩短双方的距离感。

（3）学会有效的倾听，有效倾听能增加信息交流双方的信任感，是克服沟通障碍的重要条件。

（4）关注沟通的平等，沟通中团队领导者应与团队成员保持平等，这样容易引发双方的情感共鸣。

（5）注重沟通的反馈，即园长就任何一件事情与教师或管理层的沟通应得到对方的反馈，有反馈的沟通效果远远好于无反馈的效果。

（6）重视沟通的频率，团队领导班子之间的沟通应做到重大问题及时沟通、决策之前预先沟通、紧急情况事后沟通、经济问题必须沟通、认识不一再三沟通、决定改变重新沟通、正常工作定期沟通。

（二）正面激励

让幼儿园教职工满意，不仅需要给他们一个期望的工资，更重要的是认可和鼓励每个教职工在工作中的种种努力。通过认可一线教职工的工作成果，表达对他们的认同，不断强化这些行为才能使这些好的行为得以保持,同时使教职工更加满意,不断进步。

1. 了解每位教职工的需求

幼儿园团队应该了解哪种激励方式能够激励哪一类教职工。部分团队常采用给每一个教职工同样的奖励导致奖励效果不佳。应明确,幼儿园激励教职工应具有针对性,给予其认为珍贵的而非大众化的、普遍性的奖励。

部分园长只奖励那些在工作中有卓越表现的员工,这样的激励系统容易形成一个不良的竞争环境,因此设计包括各种形式的奖励和认可形式,以激励每个员工发挥最大潜力。

2. 选择有效的激励方式

幼儿园团队激励的方式多种多样,不同激励方式具有不同的导向性,其激励效果也不尽相同,因此需要因时制宜、因地制宜和因人制宜地选择恰当的激励方式。具体包括团队目标激励、团队信任激励、团队情感激励、团队竞争激励、团队奖惩激励。其中团队信任激励的作用极其深远,信任是人生的动力源、自信的催化剂、忠诚的塑造点。另外,我们在使用情感激励时,领导者行为的垂范激励、日常交往中的融通激励、布置工作时的沟通激励、交代任务时的授权激励、决策过程中的参与激励、发生矛盾时的宽容激励、取得成绩时的赞美激励,都非常见效。

(三)冲突管理

幼儿园的冲突能充分暴露幼儿园存在的问题,可能为解决问题提供新的契机,有助于幼儿园的团队建设与管理。

发生冲突时,幼儿园管理者应以事实为依据,从不同角度看问题,冷静分析产生冲突的原因;引导冲突双方相互尊重和信任,充分协商和沟通;采取积极措施解决冲突。常采用的解决冲突的办法主要有:一是"对着干",对无法妥协的冲突,采取坚持己见、果断热处理的办法,以坚定的态度取得"支配"的地位;二是合作方式,把冲突看做重新思考问题的契机,重新修正自己的想法,采纳别人的意见,取得共识,促进合作;三是回避冷处理方式,对有的冲突不采取直接对抗的方式,通过第三者或其他场合冷却、缓和矛盾,以便使对方能接受。

小 结

习近平总书记在多次讲话中强调:教育要牢牢抓住培养社会主义建设者和接班人这个根本任务,坚持办学的正确政治方向,建设高素质教师队伍,形成高水平人才培养体系,努力建设中国特色的优质幼儿园。一所幼儿园要办出人民满意的教育,离不开团队精神的打造,离不开团队精神的向心力和凝聚力。一个优秀的团队,一定是团结进取、求真务实、探索创新的团队。幼儿园团队建设与管理是一个持续的工程,它的最高境界是实现共同建设与自我管理,最终达到幼儿园团队和个体共同发展的目标。

幼儿园课程管理

导读 >>>

党的二十大报告指出,教育是国之大计、党之大计。培养什么人、怎样培养人、为谁培养人是教育的根本问题。全面贯彻党的教育方针,落实立德树人根本任务,需要通过课程来实现。

我国的基础教育课程改革确立了"国家、地方、学校"三级课程以及三级课程管理模式。作为基础教育的重要组成部分——幼儿教育,也同样存在着这三级课程管理模式。教育部2001年颁布的《幼儿园教育指导纲要(试行)》中明确指出:贯彻实施《纲要》,要坚持因地制宜、实事求是的原则,认真制订本地贯彻《纲要》的实施方案。应从具体情况出发,切忌搞"一刀切"。对不同地区、不同类型、不同条件的幼儿园,分别提出不同的要求。由此看出,幼儿园作为微观的课程管理机构必须承担起课程运行过程中的管理工作,用科学的课程管理来提升幼儿园课程的开发、建设、组织与实施的质量以及幼儿园的保教质量。当然在课程管理中,离不开政府的积极介入与指导,而作为课程实施的具体部门——幼儿园,必须提高自身课程管理的水平。本专题所指的幼儿园课程管理主要是从幼儿园这一微观层面对什么是课程、什么是幼儿园课程、什么是幼儿园课程管理、幼儿园课程管理的目的与意义、幼儿园课程如何管理、幼儿园课程管理的层级和功能五个方面进行阐述。

教学课件

一、什么是课程

当问到"什么是课程"时,中外课程专家和一线实践者都会从不同的角度给出不同的解释。诸如:课程是计划;课程是学科;课程是教材;课程是学习者的经验;课程是目标;课程是教育方案;课程是为达到预定的目标而进行的一系列具体活动;课程是选择材料和活动的依据;课程是一种促进学习者全面发展的教育手段和方法;课程是一个有意图而可修订的计划,它也是学习活动的计划或蓝图,包含正规及非正规的内容和过程;课程还是有组织的意图,课程要素诸如目标、内容、评鉴等彼此是关联的,且为一致连贯的整体等。诸多定义的形成缘由是专家和学者们的教育哲学观、社会学观点等各不相同,导致对课程内涵的理解各持己见。但是,应该明确课程是"教育事业的核心,是教育运行的手段,没有课程,教育就没有了用以传达信息、表达意义、说明价值的媒介"。因此,课程在教育活动中始终处于基础和核心的地位。

二、什么是幼儿园课程

（一）幼儿园课程产生的背景

在幼儿园课程的产生与发展过程中有这样一位非常值得我们崇敬的人物,那就是世界学前教育的先驱,德国著名教育家福禄贝尔。1837年,他在德国创办了世界上第一所幼儿园,这位幼儿园的创始人用他的教育思想为这所幼儿园创制了一套完整的课程,这也是最早的幼儿园课程。其课程的主要内容包括宗教教育、体育卫生、游戏活动、恩物、语言、手工、绘画和颜色识别、唱歌和诵诗、自然科学常识等。由此可见,福禄贝尔的课程方案可以说是幼儿园课程真正意义上产生的标志。在此之后,随着学前教育的发展,中外一批教育家、心理学家和学者,诸如意大利的蒙台梭利,美国的杜威、华生、斯金纳和加德纳,瑞士的皮亚杰,德国的埃里克森,苏联的维果斯基以及我国的陶行知、陈鹤琴、张雪门和张宗麟等,他们都对幼儿园课程的理论依据、课程框架、课程模式等方面进行了全面深入的理论研究与实践探索,对当今世界各地幼儿园课程的建设、实施与发展仍具有深远的影响,发挥着重要的专业指导作用。

教育部2001年颁发的《基础教育课程改革纲要（试行）》中明确指出:新的课程体系涵盖幼儿教育、义务教育和普通高中教育。学校在执行国家课程和地方课程的同时,应视当地社会、经济发展的具体情况,结合本校的传统和优势、学生的兴趣和需要,开发或选用适合本校的课程。

《幼儿园教育指导纲要（试行）》总则指出:"幼儿园教育是基础教育的重要组成部分,是我国学校教育和终身教育的奠基阶段。城乡各类幼儿园都应从实际出发,因地制宜地实施素质教育,为幼儿一生的发展打好基础。"从以上两个国家指导性的、纲领性的文件中可以看出这样两层涵义:

一是省（自治区、直辖市）级教育行政部门应依据国家课程管理政策和本地实际情况,制订本省（自治区、直辖市）实施国家课程的计划,规划地方课程。省（自治区、直辖市）级教育行政部门可单独制订本省（自治区、直辖市）范围内使用的课程计划和课程标准;

二是作为第三级的课程模式,幼儿园在执行国家课程和地方课程的同时,应视当地社会、经济发展的具体情况,结合本园的传统和优势、幼儿的兴趣和需要,开发或选用适合本园的课程。

由此,充分说明了幼儿园教育作为幼儿教育的一部分,必须要有课程存在。

总之,幼儿园不仅有课程,而且与中小学课程相比存在着很大的区别,因为幼儿园是对三周岁以上学龄前幼儿实施保育和教育的专门机构,这一特定年龄阶段的幼儿有其自身的发展需要和学习特点,所以根据幼儿园教育对象、目标、内容的特殊性,对他们进行的教育必须要有特定的课程,课程是教育的基础,而且必须是科学、合理、有效的幼儿园课程,有了这样的课程才可以帮助教师组织教育教学活动和对幼儿的行为做出反应和进行指导。

（二）幼儿园课程的内涵

在学前教育领域,对幼儿园课程内涵的理解与实质的把握上存在着多种认识。有人认为幼儿园课程就是"幼教机构中安排的一切活动,涉及幼儿的全部生活";有人认为幼儿园课程是幼儿在幼儿园情境中与人、事、物交互作用所获得的旨在促进其身心全面发展的教育性经验,它包括了教师预先计划的课程和教师与幼儿互动生成的课程;也有人把它看作是"儿童的经验";还有人认为"幼儿园课程是实现幼儿园育人目标的载体"。张雪门在《幼稚园行为课程》一书中指出:"幼稚园的课程是什么? 就是给三足岁至六足岁的孩子所能够做而且喜欢做的经验的预备。"陈鹤琴先生曾强调,幼儿园应该给儿童一种充分的经验,以儿童的自然环境和社会环境为中心组织幼儿园课程。在美国幼儿教育协会（NAEYC）和教育部幼教专家协会的一个联合声明（1991）中,幼儿园课程被定义为"一个结构好的框架。它说明了以下的内容:幼儿学习的内容、为达到预定的课程目标幼儿所要经历的学习过程、为帮助幼儿达到这些目标教师应当做的事情、以及教学和学习所发生的情景等"。

那么,21世纪的幼儿园教育,它的课程应该是怎样的呢? 我们认为,首先,应具有现代的幼儿园课程观,并与新的教育观、儿童观相辅相成,这些观念和思想的正确与否或先进与否,会直接影响到教师的教育心理、教育行为和教育方法。其次,每一个学前教育工作者要学会用系统思考的方法来看待保育和教育活动,增强对课程系统中每一个环节的教育意识,并且更要关注潜移默化地影响幼儿心理和行为形成的幼儿园园风,即那些支配教师和幼儿的价值观、态度、行为方式等幼儿园文化中的隐性课程。最后,应该明确的是,21世纪的幼儿园课程应呈现多样化、多元化、个别化、综合化,所以对幼儿园课程的概念要有新的、科学的、专业的、宽广的认识,形成以幼儿发展为本,以幼儿全面发展为基础,面向全体幼儿的幼儿园课程。

因此,根据国家基础教育课程改革对于课程观的要求和幼儿园教育的特点与规律,以及幼儿园课程组织的原则——"幼儿园的教育活动应是有目的、有计划引导幼儿生动、活泼、主动活动的,多种形式的教育过程","合理地综合组织各方面的教育内容,并渗透于幼儿一日生活的各项活动中","创设与教育相适应的良好环境,为幼儿提供活动和表现能力的机会与条件"等,我们可以界定幼儿园课程是以学龄前儿童为对象,对其在幼儿园情境中实施的教育过程,是实现幼儿整体发展目标和幼儿在不同发展领域学习目标的中介,是实现幼儿园教育目标的手段和有效载体,是帮助幼儿获得有益的学习经验,促进其身心全面和谐发展的、动态的、开放的、可开发、可生成、可重组的各种活动的总和。

（三）幼儿园课程的特点

幼儿园课程的概念体现了以下五个方面的特点。

第一,体现了幼儿园课程的本质特点,即幼儿园课程是针对3—6岁这一特定年龄阶段的幼儿进行的特定课程。

第二,体现了幼儿园课程对象、目标、内容等的特殊性。幼儿园课程对象的特殊性主要体现在3—6岁幼儿的身心发展特点和学习方式上,幼儿的身心发展规律决定了幼儿的学习是以直接经验为基础,在游戏和日常生活中进行的,这一阶段幼儿的学习方式主要是直接感知、实际操作和亲身体验,并始终贯穿在做中学、玩中学和生活中学。所以,幼儿园课程的"幼儿化"特征决定了课程目标与内容的特殊性。

幼儿园课程目标的特殊性体现在幼儿园课程强调幼儿整体、全面、和谐发展的目标,在遵循保教并重、保教合一的原则下,努力做到保教目标的适度性。同时,还要注重幼儿园课程目标的启蒙性,不追求过高的认知目标。幼儿园课程内容的特殊性体现在幼儿园课程内容应是生活化的、浅显的、有选择的、有益的经验,是幼儿可以感知的、具体形象的、能激发兴趣的内容,主要包括身体动作、认知、情绪情感、个性、社会性发展等方面的内容。

第三,要广义理解与把握幼儿园课程,意为幼儿园课程是一个系统,是由多个要素、多层关系相互作用的整体。就课程要素而言包括课程目标、课程内容、课程组织、课程实施、课程评价等。就课程内容而言包括幼儿园的全部教育活动和幼儿生活;同时包括幼儿园为使幼儿达到预定的教育目标和良好的发展水平所采取的一切教育内容和手段;不仅要有显性课程,也要有隐性课程;不仅包括认知的发展,也包括身体动作、情绪情感、社会性、个性品质等多方面的发展;还包括幼儿兴趣和需要的观察和理解,幼儿成长环境的创设,幼儿一日生活的安排,幼儿生活、游戏、学习等活动的比例及组织实施,幼儿园与家庭、社区、社会的联系,教师的观念和良好的专业素质等。

第四,尤其值得我们注意的是,要把幼儿园课程的运行看成是一个动态的、开放的和发展变化的过程,而不能把幼儿园课程看成是一个已经加工好的产品,它是通过幼儿、教师、家长等成员每天一起参与到各种活动中而形成的,因此需要不断地调整、改进和完善。而且我们期望和鼓励教师和幼儿去适应、修改、变化和生成课程,以满足幼儿、家长和教师的需要。

第五,要特别强调幼儿园课程的开放性。因为未来全球的发展需要开放的国家和开放的世界公民,人们的思想意识随着科技的进步也越来越开放,只有在开放的环境中人的潜能和智慧才能更好地发挥作用,才更富有创造性具有全纳的心态。所以,幼儿园课程的开放性是非常有必要的,主要体现在以下四点。

● 教育环境的创设是丰富、多样、支持性的,并且能够鼓励幼儿去看、去听、去说、去做、去想。

● 不拘泥于固定的教材或教学计划,主要根据幼儿的学习特点、需要与教育场景的变化来设计开放的活动室、开放的教育环境。

● 能充分认识到幼儿的发展,不脱离开放的社会、开放的时空,能回到丰富而充满魅力的生活世界中。

● 能提供灵活的教育内容,教育活动是不断开放生成的,能适宜幼儿的发展水平,适宜幼儿的兴趣、爱好,能根据实际情况而变化和调整。

开放的幼儿园课程必定要有开放的幼儿教师,这样幼儿才能从开放的课程和开放的教师那里感受到理解与尊重,而幼儿也能因此更主动、积极地发展。因此幼儿园课程要广泛吸纳其他课程理论,使不同的理论与模式融合,在课程实践过程中逐渐形成本园的课程理念与运行、管理方式以及独特的办园个性。

🐎 案 例

上海市徐汇区科技幼儿园特色课程

上海市徐汇区科技幼儿园是上海市市级示范性幼儿园,自1994年创办以来一直致力于培养"好奇、好问、好学、好动"、健康乐群、善于发现、勇于表达、身心和谐、全面发展的学龄前儿童。经过长期的实践研究,构建了具有本园特色的幼儿园课程——基础型课程(游戏、生活、运动、学习)和拓展型课程(科学探索活动)。在拓展型课程中主要形成了特色科学课程,提出了幼儿科学教育的目标体系、内容体系以及课程实施的方法与策略。该幼儿园在科学探索活动实施中遵循开放性原则和整合性原则;在幼儿科学课程实施中运用感知操作探索法、设疑表述法和兴趣诱导法三个方法;以探索型、观察型、表现型、交流型四个策略为指导;引导幼儿运用感官、使用工具、收集信息、爱护环境、了解自然这五大经验去体验科学活动的丰富多彩。近年来,该园努力将课程实践及研究的视角从研究教师转变为对幼儿行为的观察,提出了"只因幼儿而改变"的课程理念,围绕幼儿在"探索、专注、互动、创造"四个方面的特质,从自主性、数学、自然科学、社会交往、语言发展、读写能力、创造性和表达表现等方面入手开展深入的实践研究,以此提升教师的专业能力,促进幼儿全面和谐的发展。

案例分析:

上海市徐汇区科技幼儿园能顺应学龄前儿童好奇、好问、好学、好动的身心特点,准确地把握了课程对象的特殊性,正确理解幼儿做中学、玩中学的学习方式,形成了在全面、整体、和谐发展基础上的拓展型课程——幼儿科学课程,使其在比较完备的科学课程体系下有效地运行。另外,将国家对幼儿园教育的要求与本园培养目标,以及本园的自主特色课程目标较好地融合,并达成一致——培养健康乐群、善于发现、勇于表达、身心和谐、全面发展的儿童,很好地体现了幼儿园课程的主要特点。

三、什么是幼儿园课程管理

课程管理是指对幼儿园课程编制、课程实施和课程评价等课程运行工作进行管理的过程。幼儿园课程管理内容众多,包括课程编排、保教日常管理与指导、课程评价、教师课程实施评价与质量监控、各类课程资源管理及教师培训的管理措施、流程等。可见,幼儿园课程管理是一项涉及内容比较庞杂但又直接决定幼儿园课程质量的工作。

一所幼儿园的课程能否得到有效实施,一定会受制于课程实施者即教师的专业发展状况,但同时还在很大程度上受到课程管理的影响。课程管理的良好规划、设计与执行,可保证课程在幼儿园的正常运行,可为幼儿园课程高效的、高质量的实施提供必要的保障机制。相反,如果淡化课程管理,忽视课程实施质量的保障机制,那么幼儿园课程在实施的过程中就会出现诸多问题。例如,课程内容过于随意杂乱,教师不能及时获得需要的课程资源,教师实施课程的问题不能被及时发现等等。因此,从一定意义上说,课程管理的成效决定了课程实施的实际质量。[1]

四、幼儿园课程管理的目的与意义

众所周知,学前教育的根本目的是促进幼儿全面和谐的发展,幼儿的发展有赖于幼儿园课程的实施。幼儿园课程实施的关键取决于学前教育工作者的素质。学前教育工作者的素质又是通过两个相互联系的过程表现出来的:一是能够体现专业水平的教育教学过程,二是能够体现保教质量的幼儿园管理过程。因此,我们不但要向保育和教育过程要质量,还要向管理过程要质量。幼儿园课程管理是幼儿园管理的重要内容,也是与幼儿园教育成效尤其是与幼儿的发展直接相关的一项管理工作,提升课程管理的水平和质量,是幼儿园教育管理中一项刻不容缓的任务。

长期以来,我们把关注点都放在教学的管理上,却忽视甚至是无视课程的管理;经常做的是保教工作计划,而从未做过幼儿园课程规划;幼儿园注重丰富多彩的活动,忽略诸多活动背后的、利于幼儿学习与发展的课程;没有把幼儿的兴趣、生活实际与发展需求,幼儿的学习环境和幼儿园整体环境的创设,教师的教育价值观和专业能力,幼儿园的文化和办园特色等方面作为幼儿园课程建设、实施与管理的系统内容进行考虑,导致幼儿园在课程管理方面的缺失。

---

[1] 上海市教育委员会教学研究室.幼儿园课程图景:课程实施方案编制指南[M].上海:华东师范大学出版社,2013.

21世纪的幼儿园教育更应该强调幼儿园课程管理。就幼儿园课程来说，课程管理是指在国家有关教育法规和政策的背景下，各级政府及学前教育机构对幼儿园课程的建设和实践过程进行的规范、引导和帮助，其根本目的是提升课程的成效，更好地促进幼儿的发展，同时促进教育者自身的发展。从这个意义上说，课程的实施一定具有规范和约束的成分，这是课程中国家意志的表现。所以，对幼儿园课程的管理有两个层面：一是政府职能部门对课程的宏观管理；二是幼儿园对课程的微观具体管理。这两个层面的课程管理紧密相关，在政府宏观指引下，幼儿园内部对课程的建设和管理全面负责，并直接与课程的实施水平和成效联系在一起。因此，就幼儿园课程管理的目的而言，它就在于可引导、支持、鼓励和帮助幼儿、教师、家长的共同发展。

幼儿园课程管理对幼儿园教育目标的落实、幼儿园课程的完善、幼儿园教师教育行为的规范和专业水平的提升以及幼儿园自身的发展都有着重要的意义。因此，幼儿园课程管理决定了课程质量，即保教质量的优劣，课程质量又决定了幼儿园办园水平的高低。幼儿园课程管理的专业性、科学性、有效性与前瞻性决定了幼儿园是否是现代化的、优质的、高效的和富有特色的。可以说，幼儿园课程管理是衡量一所幼儿园发展水平的重要指标。每个地区的社会文化、政治、经济发展各不相同，每所幼儿园的实际情况各异，导致幼儿园教育的价值取向不同，课程也随之不同，管理方式也就各不相同。

五、幼儿园课程如何管理

《基础教育课程改革纲要（试行）》中指出幼儿园的课程标准是：幼儿园教育要依据幼儿身心发展的特点和教育规律，坚持保教结合和以游戏为基本活动的原则，与家庭和社区密切配合，培养幼儿良好的行为习惯，保护和启发幼儿的好奇心和求知欲，促进幼儿身心全面和谐发展。根据以上标准幼儿园应从以下四个方面进行幼儿园课程的管理。

（一）强化园内各类人员的管理意识

幼儿园课程管理涉及的主要人员包括园长、幼儿教师、其他职工、家长等，应切实提升和强化他们的课程管理意识，这是其共同责任。对幼儿园园长和教师来说，拥有课程管理的意识尤为重要。要切实体现管理对教育教学和其他一日生活活动的保障、服务和促进的功能，真正建立并不断完善幼儿园课程管理的全方位体系，强化管理意识，创新管理方法，真正提升幼儿园课程管理的水平。首先，应该了解有关幼儿园课程管理的法规和政策，了解世界幼儿园课程及管理发展的趋势；其次，要掌握幼儿园课程管理的基本原理和规律，以及幼儿园课程管理的基本策略和方法；最后，要深入思考和实践课程管理，能在国家有关法规政策的指导下，创造性地开展课程管理的工作，努力争取课程管理的最佳成效，为课程实施服务，为幼儿发展服务。

（二）建立幼儿园课程管理制度

课程管理必须以一定的制度或条例的制约作为保证，所以，为了有力保障幼儿园课程的稳定运行，应建立一套课程管理制度来维系和规范课程的运行。从制度建设上推进幼儿园课程的有效组织与实施，并帮助教师在课程实施过程中不断获得专业发展，提升专业水平。

幼儿园应根据自身的发展实际、现实需要、已有特点、未来趋势，以及园长、教师和家长的现状水平，不断健全和完善幼儿园课程管理组织与机制，制定课程管理制度及评价体系，只有这样幼儿园课程的灵活性、动态性、发展性等特点才能得以显现。

幼儿园课程管理制度主要包括以下内容，如图6-1所示。

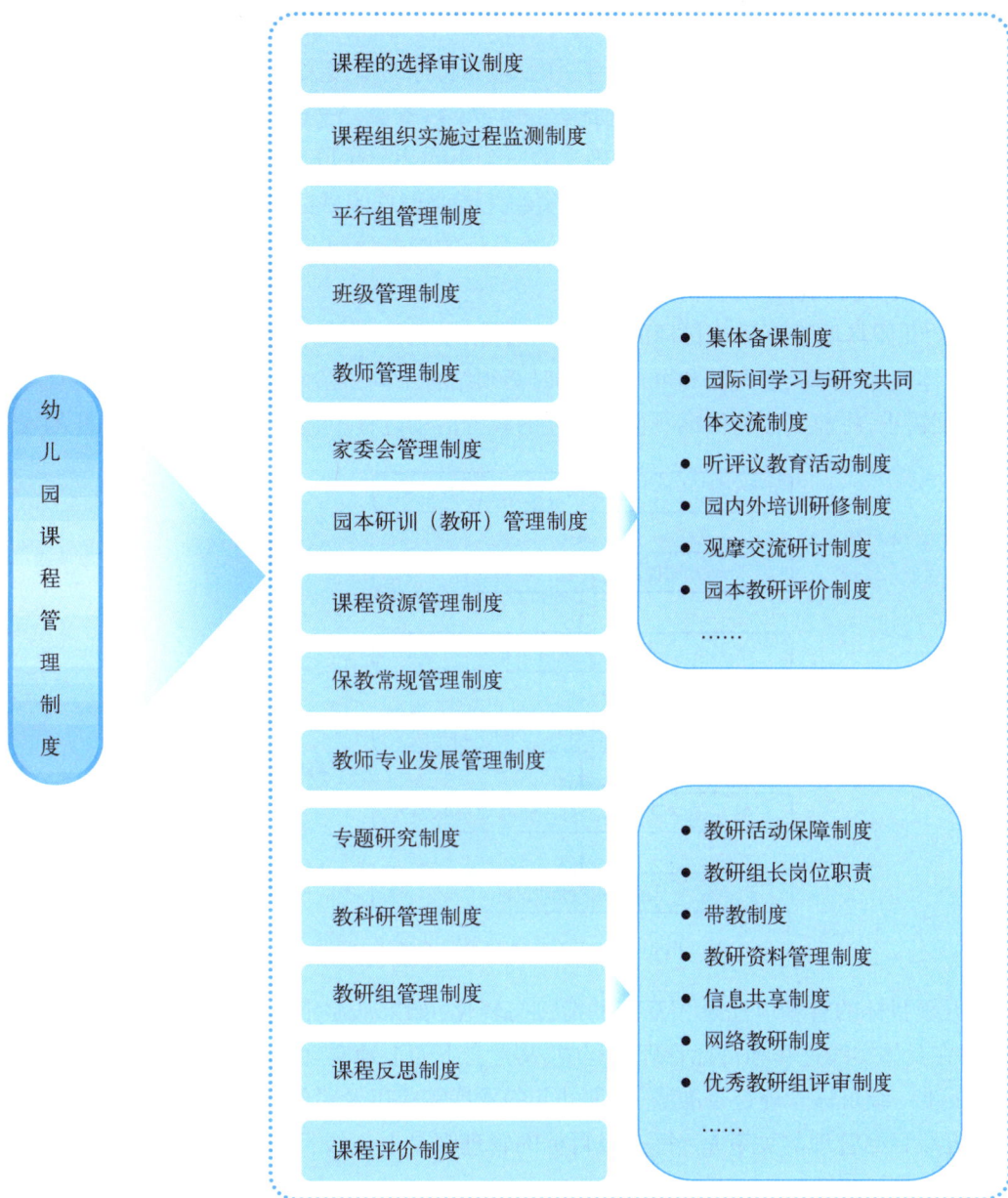

图6-1 幼儿园课程管理制度的主要内容

（三）幼儿园课程管理的内容

幼儿园课程管理的内容是丰富而多元的，从不同角度看，管理的内容也不同，下面从幼儿园课程要素和幼儿园课程运行过程中涉及的人与环境等方面来分别阐述。

1. 从幼儿园课程要素来对幼儿园课程进行管理

（1）课程目标的管理。课程目标决定着课程设计的方向与性质，是课程内容选择、编排和具体教育活动组织与实施的依据，也是进行课程评价的准则。幼儿园课程目标的管理主要涉及以下五个方面。

第一，根据国家及地方课程总目标的核心思想，结合幼儿园课程理念和课程愿景，制定符合园所实际的课程总目标。这是幼儿园课程目标体系中最上位的目标，其特点是比较宏观、抽象、概括性强。对于总目标的管理要掌握如下原则，必须与幼儿园的教育目的相一致，必须反映我国的社会政治倾向，必须在国家和地方的教育法规以及基础教育课程改革之中予以规定，符合国家对未来公民的基本要求，并结合所处区域以及幼儿园的发展实际来确定和管理。

第二，对各领域目标的管理要依据《纲要》中健康、语言、社会、科学、艺术这五个领域的教育内容、目标要求与指导要点，明确领域的目标与教育目的、培养目标的衔接关系。

第三，对幼儿园三个不同年龄阶段（分别是3—4岁，4—5岁，5—6岁）的目标管理或学期目标的管理，要将《3—6岁儿童学习与发展指南》中确立的三个不同年龄阶段，幼儿普遍应该达到的目标与《纲要》中的领域目标结合起来，来具体地分解和落实幼儿园课程总体目标。

第四，对幼儿园月、周教育目标的管理，这一级目标的管理强调在月和周的时间单位内幼儿园和班级期望幼儿的发展方向或者说所获得的成效。

第五，对幼儿园具体教育活动目标的管理。教育活动目标是幼儿园课程目标的微观目标，在管理过程中强调具体性、操作性、适宜性和可行性，同时必须结合不同年龄阶段幼儿的身心发展规律、学习特点、兴趣与发展需求，将前三位的目标贯彻到具体的教育活动过程中，才能真正落实到幼儿的发展上。

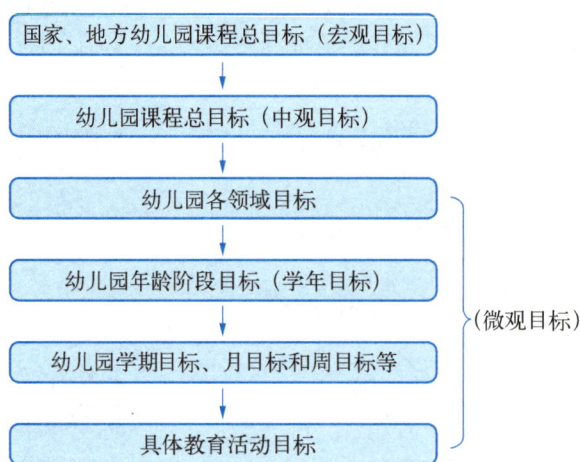

图6-2 幼儿园课程目标体系层次

以上这五级目标的管理应注意相互间的衔接与转化，如果从制定的角度看，这五级目标是自上而下的关系，但在具体实践过程和目标管理过程中，又是自下而上地实现、贯彻和检验着上一级目标，从适切性上去验证上一级目标管理是否准确，根据幼儿的发展需求以及对幼儿的观察与解读，来及时调整各级目标。这五级目标管理的关系是：每一级目标的管理都是上一级目标管理的具体化，同时又是下一级目标管理的抽象与概括。

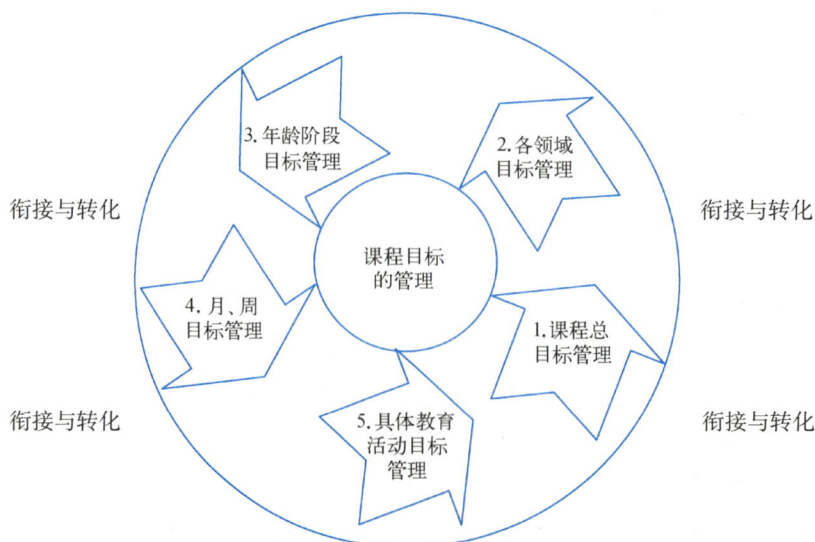

图6-3 幼儿园课程5级目标管理之间的关系

（2）课程内容的管理。课程内容的管理主要涉及课程内容的选择。在课程内容的选择上要把握这样六点。

第一，要根据课程目标选择课程内容。课程内容是实现课程目标的有效手段，课程目标为课程内容的选择提供了方向。所以，在选择课程内容时要有目标意识，可以是多项活动内容实现同一个目标，也可以是多项目标同时体现在同一项活动内容之中。

第二，要注重课程内容的适切性。课程内容要适合幼儿的发展规律、符合幼儿的发展水平与学习特点，贴近幼儿已有的生活和学习经验，基本上是所有幼儿都需要的课程内容，幼儿能够做到感兴趣。正如《纲要》中指出的"既适合幼儿的现有水平，又有一定的挑战性；既贴近幼儿的生活来选择幼儿感兴趣的事物和问题，又有助于拓展幼儿的经验和视野；既符合幼儿的现实需要，又有利于其长远发展"。因此，从课程内容上应反映出地域特色和幼儿园特色。

第三，要强调课程内容的基础性。课程内容的基础性表现在所选内容应该是具体直观、简单容易的，是幼儿通过视、听、嗅、味、触等五种感官可直接感知的事物和现象，符合幼儿思维的直观性和形象性特点，有利于幼儿经验性知识的获得。

第四，要关注课程内容的社会性。幼儿园课程内容要有益于幼儿走进社会、接触社会、了解社会、学习遵守社会规则。帮助幼儿由自然人过渡到社会的人，让幼儿能适应社会。

第五，要重视课程内容的全面性。《纲要》指出："幼儿园的教育内容是全面的、启蒙性的，可以相对划分为健康、语言、社会、科学、艺术五个领域，也可作其他不同的划分。各领域的内容相互渗透，从不同的角度促进幼儿情感、态度、能力、知识、技能等方面的发展。"这说明幼儿园教育是启蒙性的、全面性的教育，因此幼儿感受和体验到的各种经验应是丰富多样的，能够从身体动作、认知、情感、社会性等方面得到全面的发展。同时，课程内容的安排要注意领域的均衡性，考虑各领域的有机联系和相互渗透，有利于幼儿循序渐进地学习。

第六，要突出课程内容的发展性。时代在发展，科技在进步，幼儿园课程内容也要跟上时代发展的步伐，体现时代性、发展性、进步性、前瞻性和现代化，这也是现代化幼儿教育发展和幼儿园发展的必然要求。比如当下流行的电子产品，如平板电脑、智能手机，环保低碳的交通工具，如电动汽车、太阳能汽车等。这些与幼儿生活密切相关的健康的新事物、新现象都可以成为幼儿园的课程内容。

（3）课程组织与实施的管理。课程的组织与实施是产生教育效应的过程和实现课程目标的有效途径。因此，在幼儿园课程组织与实施的管理中要明确如下四点：

第一，幼儿园课程的组织与实施应以幼儿的全面发展为目标。根据学前期幼儿主要以直觉思维为主的特点，幼儿园课程适宜以主题活动、单元活动、综合教育、方案教学等课程类型进行组织与实施，全面的、综合性的内容比较适合幼儿发展，也才能促使幼儿的全面发展。全美幼儿教育协会将综合教育看作是学前教育最为重要的发展趋势之一。

第二，课程内容的组织与实施应充分考虑幼儿的学习特点和认识规律，各领域的内容要互相融合，有机联系，相互渗透，注重综合性、趣味性、活动性，寓教育于生活、游戏之中。

第三，要根据幼儿的兴趣、需要和能力组织实施课程内容。围绕幼儿生活经验整合领域内的知识或整合各领域间的知识内容，引导幼儿获得有益经验。

第四，在课程的组织实施过程中，要强调通过有效的师幼在行为和心理上的互动来促进幼儿发展，共同实现课程目标。

因此，幼儿园课程的组织与实施是幼儿、教师、教育情境共同互动、和谐运行与调节的过程。是教师创造性地开展工作的过程，教师要根据《纲要》，从我国、所处区域和本班幼儿的实际情况出发，制定切实可行的课程方案并灵活地组织和实施。

（4）幼儿园课程评价的管理。课程评价"不仅对幼儿发展结果作出评价,还要对教师的观念态度、活动组织形式、教学目标的适宜程度,以及师生互动的质量等作出评估,力求全面透视课程各方面的价值"。

因此,要对幼儿园课程评价进行管理,首先要明确幼儿园课程评价的目的是什么。

第一,了解幼儿的发展状况,使教师能够针对幼儿的需要、特点及个体差异,确立更加适宜的教育活动目标、适宜的内容、适宜的活动形式和适宜的指导和帮助等。

第二,了解课程的适宜性。

第三,为教师调整和完善课程服务。

第四,为幼儿园课程决策服务。

第五,为课程的改善与发展服务。

第六,为与家长沟通信息服务。

第七,为提高幼儿园保教质量服务。

第八,为促进幼儿身心全面和谐发展服务。

根据以上目的,幼儿园课程评价管理需从以下五个方面入手。

第一,确定评价主体。

评价主体应包括教师、园长、园内具体负责课程组织与实施的中层管理人员（如业务园长、保教主任、教科室人员、教研组长等）、所处区域的专业的教科研人员、教育行政人员、园内家长、社区工作人员甚至是社会等。这种多元评价体现了终身教育、全民教育和优质教育的现代化教育发展趋势。在这些人员当中教师必须积极参与课程评价,因为教师是课程的具体实施者,在保教实践中直接感知和操作课程,该课程对幼儿的影响与发展、存在的利弊和优劣程度,教师的感受最真实、最清晰。应将外部评价者与幼儿园内部评价者有机结合,而且应首先尊重教师的意见,尊重教师的主体地位,这样的评价会更有利于发挥教师、园长改进课程的主动性、积极性和研究精神。《纲要》指出,"评价的过程,就是教师运用专业知识审视教育实践,发现、分析、研究、解决问题的过程,也是其自我成长的重要途径",进而促进教师的专业成长,提升专业水平,有助于更深刻地领会课程发展的真正意图和目标,更积极地改进和发展课程,更好地实施课程计划,不断地提高保教质量。所以说幼儿教师在幼儿园课程评价中有着非常重要的地位和作用。

第二,明确评价对象。

表6-1 课程评价对象及评价要点

评价对象	评价要点
针对幼儿的评价	幼儿在幼儿园的各项活动过程中的态度、方法、行为方式等
针对教师的评价	教师在预设和生成活动中,从设计、准备、组织实施、教育评价等过程中所持的态度、方法策略及技巧等
针对教育活动的评价	教育活动目标、内容、形式、手段、方法、策略、环境是否能调动幼儿学习、表达与表现的积极性
针对环境的评价	对幼儿园教育环境中的物质文化环境、精神文化环境和心理环境中的有关因素进行价值判断
针对课程本身的评价	关注课程的价值、合理性和效果,以便改进和完善课程

第三,梳理清晰的评价内容。

评价内容涉及幼儿发展状况的评估,要注意"全面了解幼儿的发展状况,防止片面性,尤其要避免只重知识和技能,忽略情感、社会性和实际能力的倾向"。

下面就幼儿园课程评价的主要内容进行如下概括。

- 课程实施方案：方案的设计、方案的内容、时间安排、资源支持。
- 环境的创设和利用：园级环境、班级环境。
- 一日生活的安排与组织：生活活动（幼儿的安全与教师的保育、教师对幼儿行为的观察、幼儿自我服务、幼儿交往机会、特殊保育）、游戏活动（游戏条件的提供、游戏空间、游戏材料、游戏观察、游戏支持、游戏体验、游戏的整合性）、教育活动（目标的价值、内容的选择、方法的运用、师幼的互动）、体育活动（运动时间与运动量、运动器械与材料、运动资源的利用、运动安全与保护）。
- 幼儿园、家庭、社区的互动：家园共育、与社区的合作、幼小衔接、资源开发利用和共享。
- 教师的态度与行为：对幼儿的态度与行为、幼儿保育和教育的态度与行为、个人修养与行为。

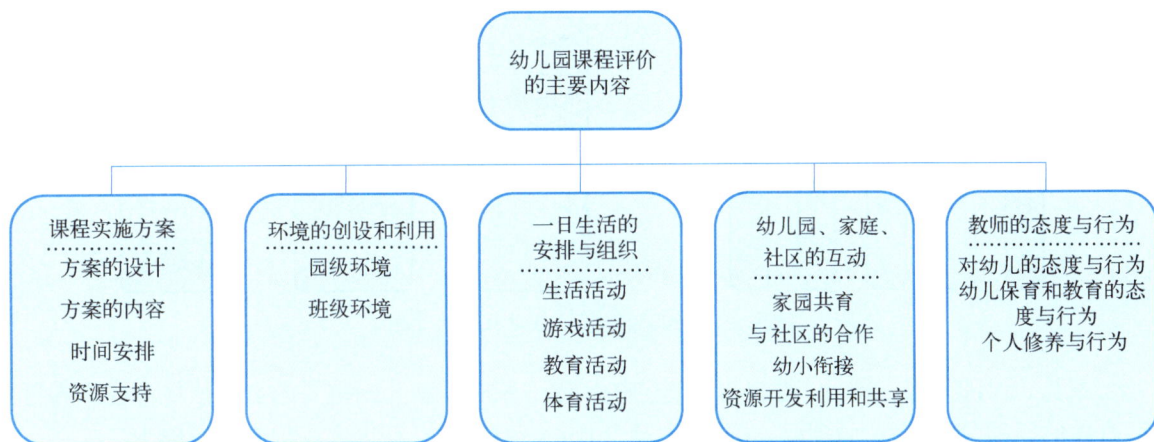

图6-4　幼儿园课程评价的主要方面

第四，使用恰当的评价方法。

在幼儿园课程评价过程中，主要采用以下三种评价方法：一是着重使用形成性评价法。这种方法既可在课程设计阶段进行评价，也可在课程实施阶段进行，通过诊断问题来改进课程，进而预测教育需要，是指导课程设计、调整课程计划、评估课程实施效果、动态性和即时性较强的评价方法。二是定性评价与定量评价相结合的方法。三是自我评价与他人评价相结合的方法。

这些评价方法要根据评价对象的不同来分别使用，当然也可以综合使用以上方法。如果是针对幼儿的评价，"评价应自然地伴随着整个教育过程进行。综合采用观察、谈话、作品分析等多种方法。""在日常活动与教育教学过程中采用自然的方法进行。平时观察所获的具有典型意义的幼儿行为表现和所积累的各种作品等，是评价的重要依据"（《纲要》第四部分教育评价）。

第五，严格培训评价人员。

对参与课程评价的相关人员有必要进行全面的培训，具体内容包括：学习了解评价方案，如何贯彻落实评价方案，评价过程中遵循哪些评价原则，熟悉并掌握评价程序，有哪些评价内容，如何对评价对象进行价值判断，运用哪些评价方法，如何使用评价术语，如何分析评价结果，如何减少评价主体之间在理论、价值观及目标上的分歧，如何提高评价主体对评价意义、作用等的认识水平及个人修养等方面。

2. 在幼儿园课程运行中对人与环境的管理

（1）人——教师和家长。

① 教师。教师在课程运行中的作用是非常重要的，他们是决定课程质量的最重要的因素，因此必须提升师资队伍的文化和精神内涵，要具有正确的儿童观、科学的教育观、全面的知识观、健康的生活观、和谐的人际观。

幼儿园课程管理中应将《幼儿园教师专业标准（试行）》作为教师管理的重要依据,从专业理念与师德、专业知识、专业技能、专业能力、专业发展等方面对教师进行管理。除此之外,还可针对以下三个方面进行管理。

一是为使教师的价值观、能力和特点能很好地与课程匹配,应该让教师参与课程内容的选择与设计。

二是课程实施前和实施中对教师进行培训,并不断地组织教师研讨。

三是利用家长会或家长学校,教师要与广大家长讨论有关课程和幼儿一日活动等方面的问题。

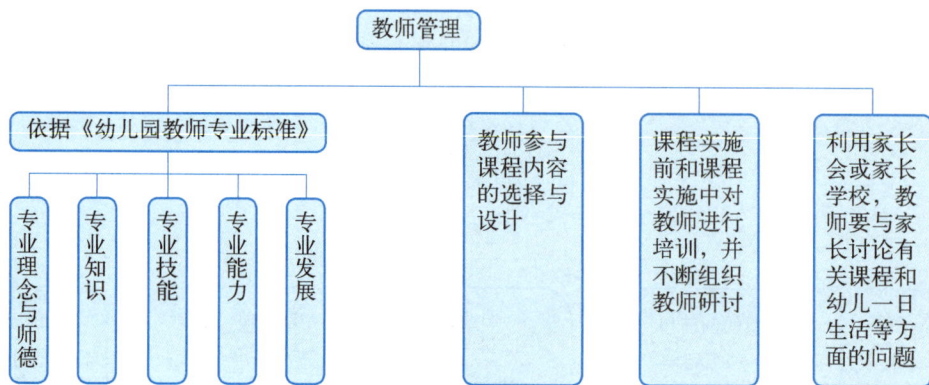

图6-5　幼儿园课程运行对教师的管理

② 家长。《纲要》第三部分"组织与实施"中指出,"家庭是幼儿园重要的合作伙伴。应本着尊重、平等、合作的原则,争取家长的理解、支持和主动参与,并积极支持、帮助家长提高教育能力"。

针对家长的管理可以这样进行:

一是搭建家长互相学习的交流平台,开设各种形式的家长学校、家长会、家长通讯、家长公告栏、家长便条、家长活动日、半日活动开放、家长沙龙、亲子活动、网络论坛等活动。

二是充分开发和利用家长的育儿经验,宣传先进的家庭教育思想,传播科学的育儿观念。

三是发挥家长委员会的作用,建立家长人才资源库,鼓励家长参与幼儿园课程建设与实施中来,利用不同行业家长的专业资源和职业优势,协助幼儿园组织参观活动、游戏活动、学习活动和实践活动,开展各类家长助教活动和家长志愿者活动。

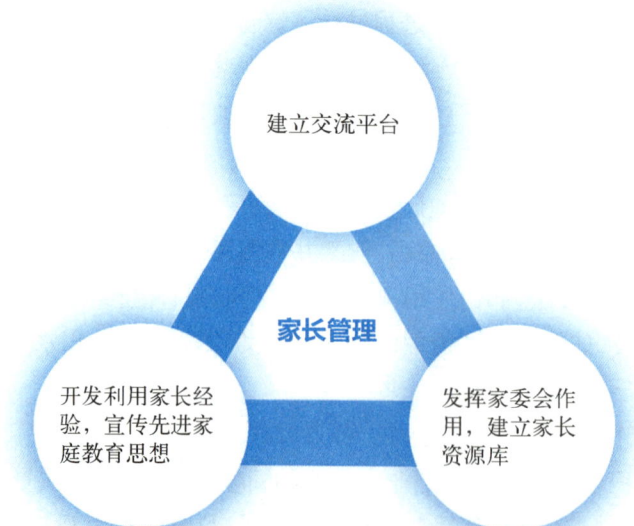

图6-6　幼儿园课程运行对家长的管理

因此,家长参与到幼儿园课程的实施过程中能使幼儿、家长和教师都获益。通过家长的参与和贡献来不断地丰富幼儿园课程。

(2)环境。

环境是幼儿园课程的重要组成部分,是幼儿园课程实施的重要因素。环境应体现课程,课程应融入环境。如果幼儿园创设的环境能让幼儿和教师异口同声地说:"我们喜欢这里,待在这个地方感到轻松、愉快,还可以获得成功!"这应该就是为幼儿创设理想教育环境的目标之一。有研究表明,在设计良好的环境中,幼儿会表现得更高兴,在社会性和认知发展方面表现得更有能力,学习的时间更长,运用的语言技能更多,参与合作游戏的频率也会更高。《纲要》指出:环境是重要的教育资源,应通过环境的创设和利用,有效地促进幼儿的发展。所以,幼儿园环境必须加以合理的、科学的管理,以更好地发挥其潜移默化的影响作用。

幼儿园是专业的教育机构,故将幼儿园的环境称为幼儿园教育环境,我们通常把它分为物质环境和精神环境两大类。

① 幼儿园物质环境管理。幼儿园物质环境管理的整体原则是安全、健康、舒适、卫生、经济、实用、新颖、变化、体现教育目标、师幼共创、有利操作。具体的管理内容与要求包括以下九个方面。

第一,要以幼儿为中心构建和使用园舍环境,避免高档化和形式化。

第二,要根据本园环境构造的特点、幼儿的活动需要以及本园的办园理念和课程要求对室内外公共环境和班级环境进行统筹规划、布局与设置。做到绿化、美化、净化、幼儿化、教育化、生活化,形成园所和班级特有的"物质文化标识",积极影响并作用于幼儿的审美情趣、学习内容方式与效率、行为类型、智力因素与非智力因素等。

第三,幼儿在园一日的生活活动环境、游戏活动环境、学习活动环境和体育活动环境等所需的空间范围、设施设备、操作材料等要能吸引幼儿,乐于探索,最大可能地满足幼儿的发展需要,获得成功的体验。

第四,要根据季节、主题、宣传等需要及时对环境作出相应的调整和更换,创设有效的室内外教育环境。

第五,班级微观环境的管理应注重立体化——要充分利用地面、墙面、空间、时间来提供教育信息和展示师幼作品。平衡化——各种知识之间、幼儿间的信息和经验、师幼互动的行为与心理表现等要相对平衡。动态化——环境创设的内容要随着课程的发展变化而变化。

第六,创设多功能的环境,充分发挥环境的综合效用。

第七,充分挖掘或开发已有环境的新功能。

第八,根据本地区和幼儿园的经济状况和民俗文化特点,创设具有地域独特性的物质环境。

第九,以低成本创高质量教育环境的原则,因地制宜,就地取材,合理利用自然物、废旧物来创设环境。

此外,还可以建立幼儿园健康和安全等方面的具体指标体系,它可以保证幼儿在园在班的健康和安全,同时也体现了规范、优质和人性化的幼儿园环境管理理念。

② 幼儿园精神环境管理。幼儿园精神环境管理的内容与要求有以下四个方面。

第一,素质文化环境的管理。因为高素质的幼儿教师及其活动是决定幼儿园教育环境质量的关键因素,也是保证幼儿园具有良好精神文化环境的基础。比如,团结、进取、积极、向上的幼儿园园风;严谨、务实的工作作风;丰富文明、幽默风趣的教育语言环境;教师合理的期望和温暖支持的态度;尊重平等的师幼关系,体现在能满足幼儿生理与情感、交往与活动、成功与自信的合理需要等,并积极主动地与幼儿平等交往;教师的形象塑造,包括着装打扮、言谈举止、行为习惯与方式、个人品质和个性特征、人文特征、内在涵养、生活风范等。

第二，幼儿园制度文化环境的管理。幼儿园用一系列规章制度制定的所有工作人员必须具有的教育信念、正确的价值观、健康的态度和积极合理的行为方式等。比如，教师建立并执行科学、合理的生活制度，帮助幼儿建立科学的作息时间，促进幼儿良好的生长发育；制定活动的常规要求，加强幼儿自律意识与能力等。

第三，幼儿学习环境的管理。比如，幼儿学习环境的教育功能和目标体现；幼儿学习环境适宜有效；有利于全面学习经验；学习环境具有儿童化、人文性、人情味，反映民族文化传统和特色等。

第四，重视心理环境的营造。幼儿园良好的心理环境应该是充满心理安全、关爱、亲切、体贴、鼓励、支持、满足、自由、平等、尊重、宽松、和谐的心理氛围。

（四）幼儿园课程资源的管理

课程资源是课程得以由构想变成现实的条件保障，是蕴涵各种课程目标的园内外的有形和无形的各种因素。它们可能被幼儿直接利用，也可能被成人利用进而对幼儿产生影响。

幼儿园课程资源是指有利于实现幼儿园课程目标的因素来源与必要而直接的实施条件，即一切能够为幼儿园课程服务的可利用的资源因素。幼儿园课程资源是幼儿园课程的内容载体和实现条件，直接作用于幼儿园课程。而目前很多幼儿园对幼儿园课程资源管理的重要性认识不到位，课程资源管理缺位，管理意识缺失，与课程相配套的教学具，每年都需要重复制作，浪费了不少人力、物力和财力；各年龄班课程因受资源限制而无法满足幼儿的合理需要；幼儿园经常要求家长来提供课程资源，给家长带来不少困扰等。这些问题已严重影响到课程成本和课程质量，严重制约着幼儿园课程的发展。

为加强幼儿园课程资源的管理，可以从以下三个方面着手进行。

1. 统筹规划，规范管理

将幼儿园课程资源建设与管理纳入幼儿园的整体规划和决策中，从园级层面加强课程资源的建设和管理，为教师设计和实施课程提供丰富、充足的资源支持。

具体包括：建立课程资源建设与管理制度（包括专人或兼职负责制度、自然材料收集制度、教学具收放借还制度等），设立专项课程资源建设与管理经费，设置课程资源建设与管理中心，配套相关管理人员。

2. 科学开发，合理利用

根据幼儿的年龄特点、活动需求、课程内容等科学开发、合理利用课程资源，强调资源的丰富性、多功能性、环保与低碳。提倡循环使用，资源共享，减少浪费。降低开发成本和课程成本，提升课程质量。

3. 建立课程资源建设与管理中心

课程资源建设与管理中心是为教师更好地设计和实施课程提供资源支持和信息服务的部门。具体管理内容包括以下六个方面。

（1）建立并不断完善幼儿园课程资源库。主要有教学资源库、图书资料库、电子资料库、教学具资源库等，方便课程实施工作有序高效地开展。

（2）课程资源的收集。由园内课程资源建设与管理中心的管理人员定期或不定期地进行课程资源的专门收集和随机收集，也可通过网络进行收集。同时，根据资源的使用情况与需求，有计划地发动组织相关资源的收集。

（3）课程资源的整理。资源收集后，课程资源管理人员应进行分类整理。可将资源分为美工材料、表演材料、主题活动材料、幼儿阅读材料、教师学习材料等，也可将课程资源分为物质资源（包括购买的成品教学具、自制教学具、废旧物品）、人力资源（分为园外人力资源和园内人力资源）、网络资源、数字资源等。为方便教师高效选用课程资源可以确定具体的使用标准。

（4）课程资源的加工。根据课程实施的需要，有些资源需对其性质或用途进行改变及加工，有时是简单加工，有时是复杂加工。

（5）课程资源的存放。课程资源可按上述资源整理类别进行存放。如果幼儿园多以主题教育开展活动，就可以将每个年龄段的每个主题的所有课程资源直接存放在资源袋中，便于使用。

（6）课程资源的发布。课程资源建设与管理中心可以将课程资源的更新情况、教育改革发展动态、最新的学前教育热点话题、好文章好书等的相关信息，借助网络、现代化通信工具、公告栏等平台，以"信息与资源动态""教师专业之窗""最新推荐"等形式，主动向教师通报与发布；还可以通过建立电子资源库，进行数字化管理，方便教师借助网络随时随地阅读和使用。课程资源建设与管理中心可以探索信息化环境下幼儿园课程资源的有效运用。

总之，加强幼儿园课程资源的管理可以整合全园课程资源，提高课程资源的共享率和利用率，增加课程设计的选择性和自由度，帮助教师及时获得课程资源更新情况和学前教育专业发展动态，拓宽教师的专业视野，极大地丰富课程资源，扩大课程实施效益，更好地促进幼儿发展。

六、幼儿园课程管理的层级与功能

幼儿园的课程管理可分为园级管理、平行班组管理、班级管理、自我管理四个层级，每一级管理组织均在课程管理过程中发挥着各自的功能，以确保幼儿园课程的有效实施。

（一）第一级——园级课程管理

幼儿园要从宏观角度对课程的方向与发展问题进行总体管理。这级管理涉及课程的理念、课程的框架、课程实施中人员的配备和经费保障、课程资源的统筹规划与管理、课程实施成效的评价等方面。

在这一级的管理中要特别强调园长在幼儿园课程管理中的作用与职责。我国幼儿园实行的是园长负责制，园长作为幼儿园管理工作的主要负责人，对幼儿园的课程管理同样也负有主要职责，是幼儿园课程管理实施的第一责任人。园长在幼儿园课程管理中起着至关重要的作用，其对幼儿园课程的管理水平是课程实施成败的关键。园长的课程管理观念及所产生的行为直接决定着课程在幼儿园中的实施状况。

园长对幼儿园课程的管理就是指园长为实现教育目标和幼儿园愿景，根据国家和地方的课程政策，在自身课程哲学和课程知识等专业基础上，发挥个人管理的影响力，促进园所成员彼此合作，对课程设计、课程实施、课程评价、课程发展等进行沟通、协调和支持的专业性管理。

目前园长在幼儿园课程管理中普遍存在着诸多的问题，如：园长课程理论素养不够；对幼儿园课程管理认识不到位；园长课程管理意识不强；园长课程管理水平较低；园长课程管理领域狭窄；园长课程管理缺失、职能不明确；园长在课程管理过程中，地方教育行政部门干涉过多；一些家长不重视、不支持等。

因此，在课程管理实践中应明确园长在幼儿园课程管理中如下三个方面职责。

首先，园长要全面了解学前教育课程改革的目标和任务。要整体、全方位把握本园课程建设与管理的总体目标与发展方向，并主持或参与幼儿园课程的建设与管理过程。

其次，园长要承担一定的保教指导任务，定期了解和把控幼儿园课程计划的实施情况。

最后，园长要指导教师明确各类课程在幼儿发展中的价值，理解和认同本园课程的设置结构、实施策略和评价方法，并在保教实践中自觉落实本园的课程理念。

（二）第二级——平行班组对课程的管理

按管理幼儿不同年龄阶段的班组进行管理，如小班平行组、中班平行组、大班平行组。这一级的管理主要涉及课程的审议、课程计划的制定、课程的过程评价及课程实施理念和策略的分享等。

（三）第三级——班级对课程的管理

班级课程管理是班级教师通过教育活动的计划、组织、实施、调整等环节，把幼儿园的人、财、物、时间、空间、信息等课程资源充分运用起来，以便达到预定的课程目标。这一级的课程管理与实施相交融，是在实施过程中进行的管理，它直接指向课程的质量和幼儿的发展，起着至关重要的作用。班级课程管理主要涉及班级课程计划（学年、学期、每月计划）、班级环境的创设、一日活动的组织管理、每个教育活动的设计组织与实施，以及具体的课程资源的管理、家园联系工作的管理等。

（四）第四级——教师的自我管理

教师自我管理是指教师根据班级的工作计划和常规，管理自己的课程实施行为。在自我管理的过程中教师要树立主体意识，要具有自觉的课程意识，学会对自己的教育行为负责和辩说，产生自觉的教育行为。这一级的管理主要涉及教师能自觉学习国内外先进的学前教育理论、经验及同事同行的成功做法；自觉研究幼儿，研究各教育领域，研究教育指导策略，研究保教实践过程；加强个人修养和言行；熟悉幼儿保育和教育知识；能自觉提升环境的创设与利用、一日生活的组织与保育、游戏活动的支持与引导、教育活动的计划与实施等方面的专业能力。

幼儿园要想发挥好自身管理课程的职能，必须处理好以上这四级的课程管理关系，使其上下合力、协调运行，将课程真正落到实处，切实促进每一位幼儿的全面发展、教师的专业发展和园所的持续健康发展。

小 结

党的二十大提出，要深化教育领域综合改革，加强教材建设和管理。幼儿园通过课程管理可以凝聚积极的课程愿景，建构以幼儿为本的课程体系，反映和满足幼儿、教师、家长这三种群体的需求，实现幼儿、教师、家长等多重主体的共同发展，这也正是幼儿园课程管理的真正效益所在。

随着时代的飞速发展，社会对未来公民的需求将是他既是一个具有健康体魄、智慧头脑、健全人格的个体，同时还必须是能协同合作、情绪稳定、适应性强、应变能力好的群体成员。联合国教科文组织召开的"面向21世纪教育国际研讨会"专题报告中提出，21世纪最成功的劳动者将是全面发展的人，将是对新思想和新机遇最开放的人。因此，为顺应时代的步伐以及我国基础教育课程改革和幼儿园课程改革的不断深化与国际化，现代化的、未来的幼儿园课程和课程管理，重点应放在努力培养"完整儿童"，其含义是指一个全面发展、和谐平衡的儿童，主要是指身体、社会性、情感、认知和道德等方面的整合性发展。培养"完整儿童"的教育课程以开发其智能、培养其情操、锻炼其意志为课程目标。通过丰富多样的活动，从小培养幼儿乐于合作的态度，善于交往和合作的能力，保持平衡的状态，让幼儿生活得愉快、幸福，在以后的成长过程中，有足够的体力和能力，健康的心态，美好的理想，坚定的信念去接受社会变迁和生活的各种挑战。这将是我们共同为之努力的方向。

园本教研促进教师专业成长

导读 >>>

　　党的二十大报告指出，办好人民满意的教育要培养高素质教师队伍。园本教研是促进高素质教师队伍培养的重要手段。幼儿园园本教研具有双重目标——提高教育质量和促进教师专业发展。什么是园本教研？园本教研的模式有哪些？园本教研的特点是什么？当前园本教研存在哪些问题？园本教研应如何组织与管理？园本教研如何进行评价？园长如何在园本教研中发挥专业引领作用？本专题将就这些问题进行探讨。

教学课件

一、幼儿园园本教研概述

2003年初，教育部正式提出在中小学探索和实施以校为本的教研制度研究。以园为本的教学研究即园本教研就是在这样的背景下诞生的。我国园本教研的研究刚刚开始，而且在很大程度上是借鉴国外和中小学校本教研的研究成果。

（一）园本教研的背景

随着"科研兴园""以研促教""做研究型教师"等理念日渐深入人心，园本教研作为幼儿园教研的一种新理念与新范式，正逐渐受到关注与重视。

1. 适应课程改革的需要

《纲要》提出，"教育活动的组织和实施过程是教师创造性地开展工作的过程""教师应关注幼儿在活动中的表现和反应，形成合作探究式的师生互动"等。《纲要》只是提供了一种思路与一个方向，而不是一个固定的模式，它的贯彻落实必须与各园的实际相结合，对教师在幼儿园教育实践中的角色与任务都提出了更高的要求。因此，密切结合本园实际，进行园本教研是贯彻落实《纲要》和《指南》的需要。

2. 依照教研制度革新的需要

（1）改革自上而下的被动研究的需要。传统的教学研究通常是自上而下的模式。一方面是完成上级的任务，另一方面是教师围绕教研组长或园长转，即教研组长或者园长手把手地指导教师设计教案与教学方式。教学研究模式单一，缺乏创新。这种教研模式已经远远不能适应课程改革的需要，也不利于调动教师参与教研的积极性和学习型幼儿园的建设。

（2）改革以"项目实验"为主的课题研究。目前许多幼儿园都以承担国家或省的课题研究为荣，却往往忽视课题是否符合本园发展需要、是否具备研究能力、是否有利于本园问题的解决与试验的推广等，如果幼儿园仅满足于做理论方案的"项目实验"、教师仅满足于做研究方案的执行者，都是不利于教研成果"为谁服务"问题的解决的。

3. 满足教师专业成长的需要

园本研究有助于幼儿教师的专业发展。园本研究促使教师直面个人工作的实际进行反思、研究、探索，自觉地把理论与实践相结合，更理性地认识自己的教育实践，在思考和解决实际问题的过程中学会活用理论，在提高实践的科学性、合理性的同时提高自身的专业素质。

4. 促进幼儿园可持续发展的需要

园本教研具有双重目标，即提高教育质量和促进教师专业发展，而提高教育质量应该是通过教师的专业发展来实现的。[1]园本研究是促进幼儿园可持续发展的需要。园本研究的问题来源于幼儿园实际所面临的突出问题，研究的主体是幼儿园的教师，研究的结果直接应用于幼儿园实践的改进，研究的目的在于提高幼儿园的教育质量，促进幼儿的学习和发展，从而为幼儿园的不断进步和发展奠定坚实的基础。

---

[1] 任瑛.构建以园为本的教学研究制度[J].学前教育研究.2005(02).

（二）园本教研的理论基础

1. 价值论基础："园本教研"是反思性实践

1970年，巴西教育家弗莱雷出版了《被压迫者教育学》，旨在阐明教学是一种反思性实践。他认为教学由反思和行动构成，两者不可分离。任何一方被剥离都会造成对另一方的损害。当教学被剥离了行动的一面，其反思的一面就会自动受到损害。这种教学就转变成无聊的唠叨、空话和遭人厌弃以及让人避而远之的废话。另一方面，如果只强调行动，教学就转变成行动主义，对反思构成损害。拒绝反思，为行动而行动不是真正的实践。园本教研中，教师既作为研究者，又作为实践者，坚持教学与行动相结合，反思与实践相统一。

2. 认识论基础："园本教研"是一种以园为本的教学研究制度

园本教研是一种以园为本的教学研究制度，其中涉及三个重要概念，即"为了幼儿园""在幼儿园中"和"基于幼儿园"。

（1）为了幼儿园：园本教学研究的目的是为了提高幼儿园教学质量，提高幼儿园的办学层次，提高教师的专业化水平。

（2）在幼儿园中：园本教学研究的主体是教师，研究的过程是教师的教学实践，是教师对自身的教学实践不断地加以反思、改进，获得教学质量的提高。

（3）基于幼儿园：园本教研的基点是幼儿园，研究要扎根于本园的实践，以本园教师教学中出现的问题为出发点，解决现存的问题。

由此可以看出，认识论意义上的"园本教研"就是指由单个的幼儿园作为研究的主体，以教学实际问题解决为目标而营造起来的一种教学研究制度。

3. 方法论基础："园本教研"是一种研究方式

"园本教研"是一种研究方式，它的内涵是行动研究。通俗地说，行动研究就是在行动中研究，在研究中行动，在行动研究中提高和改进。教育行动研究是一种以解决工作中的实际问题为目的，由教育实际工作者和专家共同合作，在实际教育情境中自主进行反思性实践的研究方法。教育行动研究借助于观察、反思、行动以及它们之间不断的循环来实现行为的改善，强调研究与活动的一体化，使教育实际工作者从工作过程中学习、思考、尝试和解决教育教学问题。

4. 实践论基础："园本教研"是教师反思性的实践和专业成长的过程

"园本教研"是教师改善自身行为的反思性实践和专业成长的过程。教师从事的实践——教学就是研究。因为一方面教师面对着复杂的充满情感和想象力的不同个体——幼儿，要使教学真正促进每一个幼儿的成长，教学必须是研究；另一方面，教师面临着复杂的教学情境，如随着时代和社会的进步出现的新的教学理念、新的教学思想、新的教学内容和新的教学方法，而这些理念、内容和方法的落实，需要教师在自身的教学实践中不断地加以研究。因此，研究和实践合一，在实践中开展研究，把自己的实践行为看作是一个研究的过程，是教师从事教育科研的价值取向。在实践中展开研究的过程就是教师为改善自身的行为而不断反思的过程，也是教师专业成长的过程。教师通过教学实践的反思活动，来检验自己的教学行为，拷问自己的教学思想，提高教学的技艺。

（三）园本教研的含义与基本力量

1. 园本教研的含义

园本教研的提出源于校本教研。校本就是以学校为本，以学校的教师为本。源于校本教研思想的影响，为促进基础教育课程改革全面协调发展，推进《纲要》的实施，教育部基础教育课程教材中心在全国范围内开展了"创建以校为本教研制度建设基地"项目，以中小学为主，也带动了一批幼儿园尝试进行幼儿园教研工作的改革，探索园本教研，在总结项目工作经验的基础上，又将幼儿园单独立项，拟用五年的时间建立和完善以园为本的教研制度。该项目以促进幼儿的发展和教师的专业发展为宗旨，以《纲要》实施过程中教师所面临的各种具体问题为研究对象，以教师为研究主体，通过研究和解决教学实际问题，提高幼儿园教育质量，努力把幼儿园建设成为促进教师专业发展的学习型组织。

园本教研是让幼儿教师开展"教学研究"，即幼儿教师对自己或他人的教学进行研究，是在幼儿园内开展的，以一线幼儿教师为研究主体，以幼儿教师在教育教学实践中所遇到的真实问题为研究对象，旨在促进幼儿教师专业发展，提高幼儿园保教质量的研究活动。[1]

2. 园本教研的基本力量

教师个人、教师集体、专业研究人员是园本研究的三个核心要素，他们构成了园本研究的三位一体的关系；自我反思、同伴互助、专业引领是开展园本教研和促进教师专业成长的三种基本力量，三足鼎立，缺一不可。

自我反思是教师的自主性研究，教师与自我的对话，是开展园本研究的基础和前提。反思不是一般意义上的"回顾"，而是实践反思，是教师反省、思考、发现、探索和解决教育教学过程中各个方面存在的问题，它具有研究性质，是园本研究最基本的力量和起点。

同伴互助是教师同伴之间的对话，是园本研究的标志和灵魂。同伴互助提倡在园本教研中有不同呼声，在一个群体中有不同思想，鼓励教师大胆批评，各抒己见；只停留在教师个体身上的研究，不能实现幼儿园整体教育能力的提升。

专业引领就其实质而言，是理论对实践的指导，是实现理论与实践之间的对话，是理论与实践关系的重建。专业研究人员（主要包括教研人员、科研人员和大学教师）的参与，是园本教研具有深刻性和持续性的关键。[2]

一般而言，专业引领是教研员的引领，是教研部门研究、指导、服务职能的集中体现，它强调教研员要运用专业理论和专业知识，采取专业化的工作方式，引导和带领教师开展研究，获得提高。专业引领也是专业研究者的引领，通常指的是具有教育研究专长的人员通过他们的先进理念、思想方法、经验引导和带领一线教育工作者开展教育实践探索与研究，以促进教师专业发展，促进学校内涵发展。专业引领除了教育研究专家的引领，还包括教师自身的引领。在幼儿园的园本教研中，专家、学者或是教研员不可能每天都深入幼儿园指导，园本教研质量的关键之一是业务园长的专业引领。业务园长作为园内资深的专家教师，自身就发挥了重要的引领作用。同时作为专业引领者，业务园长还要思考如何激发教师队伍的活力，调动园内优秀教师的引领作用；思考如何利用先进的教育理念，实现隐性的专业引领；如何设计丰富、多元的教研活动，引领教师喜爱教研、快乐教研。[3]

有学习了瑞吉欧教育思想的教师深有体会：专业的成长来自个人的努力，但更重要的是来自同事以及专家之间的讨论，在讨论中通过认知冲突的发生与解决，最终获得共同发展。

（四）园本教研的模式

园本教研的模式通常分为三种：学习研究（学习型教研）、课例研究（教学型研究）和课题研究（研究型教研）。

---

［1］ 马虹,李峰等.幼儿园保教管理工作指南［M］.上海：华东师范大学出版社.2014.

［2］ 刘占兰.园本教研的基本特征［J］.学前教育（幼教版）.2005（05）.

［3］ 马虹,李峰等.幼儿园保教管理工作指南［M］.上海：华东师范大学出版社.2014.

1. 学习研究（学习型教研）

学习研究的主旨是通过学习提高教师的教学水平和专业素质，为提高教学质量提供保证，为教师专业发展奠定基础。主线是读书、思考与反思，途径是观摩和交流。

2. 课例研究（教学型研究）

始于日本，目前正逐步时兴于我国中小学、幼儿园。课例研究以课例为载体，围绕如何上好一节课而开展的，把研究过程渗透或融入教学过程，贯穿在备课、设计、上课、反思和评课等环节中，研究成果的主要呈现方式有"文本的教案"和"案例式的课堂教学"。

3. 课题研究（研究型教研）

以课题研究为主线的园本教研活动，从教学问题中提炼课题，遵循科研的一般程序和基本规范，在教学实践中解决问题。"课题研究"包括"课例研究"，但内容不局限于如何上好一节课的问题，它所涉及的面更广一点。

以上三种研究模式既互相独立又相互联系、相互补充，缺一不可。

（五）园本教研的特点

作为"在本园中，基于本园，为了本园"的教育教学研究活动，园本教研具有如下四个特点。

1. 研究问题的针对性

苏霍姆林斯基指出："教育科学，只有当它去研究和解释那些最细微、最复杂的教育现象的相互依赖和相互制约关系的时候，才会成为精确的科学，真正的科学。"园本教研立足本幼儿园教学的需求和实践，在实践中发现问题、解决问题，满足幼儿的学习需求，追求教和学的效能，以解决本园教师在教育教学中遇到的独特而难以解决的问题，促进幼儿综合素质的提高为目的。

2. 研究人员的多元性

园本教研的目的决定了本幼儿园教师共同参与，同时吸纳各方的有识之士，尤其是与高校、教研机构和教育管理人员，组成优势互补的教研共同体，实现优势互补，扎实推进教研的进展。

3. 研究价值的实效性

分析幼儿园实际，特别是现有的和可能提供的资源和条件（如生源质量、师资水平、社区文化背景、幼儿园发展目标等），制定切实可行的研究方案；并吸纳和利用有关理论，边研究边实践，追求对幼儿园教育实践的切实改进。

4. 研究过程的行动性

园本教研的问题来源于本幼儿园教育教学的实践，研究的过程就是实践的过程，参与研究的教师边实践、边发现、边学习、边反思、边完善、边发展。

二、幼儿园园本教研的组织与管理

（一）园本教研存在的问题

园本教研具有四个基本特点：研究问题的针对性，研究人员的多元性，研究价值的实效性，研究过程的行动性。由于对园本教研的内涵、特点认识不够、理解存在偏差，导致当前的园本教研存在如下问题。

1. 研究问题缺乏针对性

园本教研应立足本幼儿园教学的需求和实践，以解决本园教师在教育教学中遇到的独特而难以解决的问题为目的。但是，不少幼儿园研究的也不是来源于一线教师常态下的教育现场、影响本园教育质量和教师发展的"现实真问题"，而是虚假的或"作秀"的问题；同时，存在着"研究是研究、实践归实践""只在教研活动时搞研究"等问题，从而造成研究与实践相脱节，研究成果不能在实践中落实——研究不能有效地帮助教师解决实践中困惑的问题，不能为改进教育实践服务，常常是"教师都清楚怎么做，但就是做不好"，或者是已经通过教研活动解决的问题却经常在工作中再现。

2. 研究人员缺乏多元性

教师个人、教师集体、专业研究人员是园本教研的三个核心要素。研究人员缺乏多元性要求本幼儿园教师、高校、教研机构和教育管理人员共同参与，组成优势互补的教研共同体，实现优势互补，切实推进教研的进展。但是，目前存在如下两个问题。

问题一：教师主体性的缺失。园本教研是以幼儿园为本位的教研，是以解决本园存在的突出问题为目标的，其研究主体当然是教师。可是，多数幼儿园开展园本教研多年以来一直遵循着自上而下的固定模式，从教研主题的确立到教研过程的组织实施、从研讨课由谁上到由哪些人参加研讨活动等，都由教研主持人策划和决定，教师成了配角或旁观者，主体性得不到体现。

问题二：缺乏有效引导。具体表现为以下四种情况：（1）组织者的强势引导；（2）缺乏有效引导；（3）没有引导；（4）错误引导。缺乏有效引导，缺少观点的碰撞，可能导致原有水平的重复和徘徊，可能导致依赖组织者、崇拜权威的学习习惯，很难激发教师深入思考，也很难给教师的原有经验带来新的冲击，无法真正对教师个体发生作用，必然影响自我反思、同伴互助的水平。

3. 研究价值缺乏实效性

园本教研要求密切结合本幼儿园实际，特别是现有的和可能提供的资源和条件，制定切实可行的研究方案。但是，目前不少幼儿园的研究方案存在如下两个问题。

问题一：研究主题不突出。具体表现为：（1）研究的主题偏大，难以深入探讨。例如：某幼儿园的一次园本教研活动主题是"幼儿常规的培养"，幼儿常规包括很多方面，靠一次教研活动是不能完成的，有效的做法是将其分解成若干小主题，分内容、分阶段地进行研讨。（2）研讨话题的游离。很多老师还没有养成围绕主题谈话的习惯，话题会随着同伴的话题而不断地转移，观点也会随着前面发言者的观点而改变。如果没有专业引领，教研活动就会变成畅谈会，预想问题得不到解决，最终导致教研活动的低效或无效。

问题二：研究内容不系统。有些幼儿园的研究内容只是不同问题的罗列，对某一问题没有系统的研究；有些幼儿园的研究计划虽然在一段时间内成系统研究，但学期或学年之间没有衔接；多数幼儿园没有园本教研的长期整体规划。例如：有一个幼儿园的教研计划，九月份的教研内容是"家园合作，引导幼儿快速适应幼儿园生活"，十月份的教研内容是"幼儿常规培养"，十一月份的教研内容是"如何优化幼儿一日生活"，十二月份的教研内容是"如何提高教学活动的有效性"。从这个教研计划可以看出，幼儿园的每一个月都有一个独立的教研内容，且内容之间没有内在的联系，而每一个研究内容量又都很大，不是一个月的教研活动可以解决的问题，这样下去教研活动只是流于形式，已有的问题得不到彻底解决。

4. 研究过程缺乏行动性

"园本教研"是一种研究方式，它的内涵是行动研究。行动研究以发现问题为研究的起点，以找到解决问题的方法为研究的终点，是在行动中研究，在研究中行动，在行动研究中改进和提高。

但是，有些幼儿园的教研活动有教师个人的反思，同伴的横向互助，甚至是专家的纵向引领等，基于这一活动的有关"观点"，往往因缺乏行为跟进这一必要环节，而使"这些观点"停留在"听一听"的层面上。这样，对参与者而言，就意味着失去了再次验证和内化有关观念与做法，或再次发现可能存在的更深层次的问题的机会。

（二）幼儿园园本教研的组织与管理

1. 确定研究问题

园本教研是"在本园中，基于本园，为了本园"的教育教学研究活动。园本教研应立足本幼儿园教学的需求和实践，以解决本园教师在教育教学中遇到的独特而难以解决的问题为目的。

教师在实践中会遇到许多困惑与问题，这些是否都可以成为园本教研的研究问题呢？首先，园本教研的研究问题应是多数教师、班级存在的共性问题；其次，研究问题应具有可研究性，解决的方案是开放的，具有多种答案；第三，研究需要结合实践探索，而不是依靠推理、思辨。

🐎 案　例

关于自制玩具研究问题的思考与选择

某幼儿园，教师们发现自己辛辛苦苦做出的自制玩具孩子们并不喜欢，感到很苦恼："怎样才能设计出幼儿爱玩的自制玩具？""怎样让幼儿爱玩自制玩具？"他们认为这两个问题都挺值得研究。后来，经过分析，大家意识到虽然两个问题都是教师最困惑、最需要解决的问题，但前者反映的是思维灵活性和变通性的问题，最好的解决方式并非是教研活动；而后者反映的是教师的观念和教育技能的问题，可以通过园本教研来解决。以往教师花费心思做过很多玩具，但是有的孩子不爱玩，因此教师感到苦恼和困惑，不知道如何解决。可见，教师缺乏对这一问题进行研究的意识和能力，缺乏对孩子的关注。如果这一问题不解决，会影响他们自制玩具的积极性，进而会影响教育质量。因此，引导教师分析自制玩具被冷落的原因，研究如何使玩具常玩常新，如何让孩子爱玩自制玩具，才是当时教研活动急需解决的问题。于是，他们最终把"怎样让幼儿爱玩自制玩具"这个问题确定为教研的主要问题。[1]

2. 建设教研制度

教研活动制度主要是围绕教研组如何落实幼儿园保教工作计划、开展保教研究、进行保教管理、提高教师教育教学专业化水平而制定的一系列保障性条款，以保证教研活动能够井然有序，并有效地开展。

建立与完善园本教研制度是园本教研工作开展的前提。应从人性的角度和教师的利益出发，激发教师参加教研的积极性，使教师参加教研活动成为一种主动行为；应突出管理者对教师的服务，促使管理者为教师提供开展教研工作所需的条件，提高教研工作效率。只有教师和管理者形成共识，只有认可了教研制度，教师才能真正地成为教研的主人。

上海顾泠沅教授在"教师专业发展的范式革新"中提出了中小学教研的4个变化：（1）从技术操作熟练取向到文化生态取向；（2）从研究教材、教法到全面研究学生、教师的行为；（3）从重在组织活动到重在培育研究状态；（4）从关注狭隘经验到关注理念更新和文化再造。

中小学教研与幼教教研在理念和最根本的价值取向上是一致的，中小学教研的变化也应该是幼教教研变化应有的取向。

---

[1] 刘丽.关于园本教研的几点认识［J］.幼儿教育.2011（Z1）.

🐎 案 例

××幼儿园教研活动制度[1]

为了切实履行教育教学的先进理念，围绕教改进行教学实践研究，特制定以下教研活动制度。

1. 教研组要根据幼儿园教师的教学实际情况，对照教改精神以及幼儿园的教改部署，编制切实可行的教研活动计划。

2. 按照计划开展教研活动，关注计划执行过程中的问题生成，并视具体研究情况作小范围调整。

3. 教研活动定期开展，两周一次，每次90—120分钟。

4. 每次教研活动要有主题、有目的、有内容。

5. 教研活动形式丰富，做到集体研修与个别学习相结合。活动前有预告，活动中有记录，活动后有评价，并及时对相关资料进行收集与整理。

6. 教研活动一般由教研组长主持，也可由有经验的组员轮流主持。

7. 学期结束时，需对照教研计划进行总结，梳理反思教研过程与效果，总结经验，整理文本，确定可持续研究的方向。

8. 各个教研组之间在教研目标、教研内容、教研形式与教研经验上，要加强沟通，共同实践。

3. 组织研究力量

教师个人、教师集体、专业研究人员是园本教研的三个核心要素。自我反思、同伴互助、专业引领是开展园本教研和促进教师专业成长的三种基本力量，三者缺一不可。

（1）关注自我反思的有效性。反思是实践反思，不是一般意义上的"回顾"，决不能仅仅停留在认识上，真正回归到他们日常的教育实践中和教育行为的改变上才是有效的反思。

通过体验活动、案例分析等方式，运用挖掘、质疑等策略，帮助教师捕捉幼儿表现中的关键信息，深入地分析幼儿学习了什么、幼儿的参与度、幼儿的学习方式（主动还是被动），反思自己的教育目标、内容、教师的教育行为和教育方式是否适宜，以及为什么适宜或不适宜，从而进一步思考如何调整自己的教育行为和教育方式。这样，让老师感受到反思的意义，愿意去反思，进而建立反思的意识，通过反思不断调整自己的教育实践，改善教育行为，使反思的效果落到实处。

（2）引发同伴互助中的认知冲突。当前，同伴互助常用的方式就是集体研讨，通过集体的研讨来共同诊断问题、分享经验、挖掘价值、寻找对策、丰富认识、增长经验。但是，现实中经常是"你说你的想法，我说我的想法"，而最后的结果往往是原有水平的重复和徘徊。没有思想上的交锋和碰撞，就很难激发教师深入的思考，也很难给教师的原有经验带来新的冲击（即认知冲突），更不能实现幼儿园整体教育能力的提升。

认知冲突存在三种形式：一种是教师之间自然出现的认知冲突；一种是来自教师群体认识之外的认知冲突；还有一种是教师个人在其原有经验和新的经验之间形成的认知冲突。其中，前两种认知冲突只有转变成为教师自身头脑中的认知冲突，才能真正对教师个体发生作用。

---

[1] 崔岚,黄丽萍.如何当好教研组长[M].上海：华东师范大学出版社.2011.

🐎 **案　例**

怎样看待孩子们的成功

　　一次我们参与幼儿园教研活动,中班老师就在引导幼儿制作陀螺的过程中,能否为幼儿的主动学习提供有效的支持展开讨论。中班老师自我反思:今天的活动没有很好完成目标,因为只有两位孩子制作的陀螺成功了,其他小朋友都没有成功。结合教师的反思,园长抓住了"如何看待孩子的成功? 成功的标准是什么?"这两个关键性问题,引导老师们开始关注和分析孩子们的作品,通过认真地观察分析、操作尝试孩子们的作品,大家得出了一致的结论:中班孩子很难有意识地将中心点的确立与转速建立联系,不应用成人的标准要求孩子。他们能把陀螺的平面图立体化就是成功了。

　　当我们又提出"为什么孩子认为自己做的陀螺是假的,做好后谁也不急于玩"的这一问题时,教师的关注点由作品开始转向孩子,有的老师提出"虽然有一位孩子的陀螺制作成功了,但为什么从孩子们表情和行为上看不到快乐? 他们感受到快乐和成功了吗?"这位老师的话,引发了大家的共鸣和深入的思考:这主要源于教师在每个孩子做完陀螺后,都要让孩子与买来的陀螺对比一下,看一看谁转的时间长,谁转的速度快,以引导幼儿关注陀螺的平衡点和固定点……由于教师的期望与孩子的自主探究水平和原有经验形成明显落差,所以这种做法直接带给孩子的就是不成功的感受。为此,作为教师应关注个体差异,使得能把陀螺做出来的孩子、能够使陀螺转起来的孩子以及不仅转起来而且转得好的孩子都有成功感。[1]

　　教研活动围绕"如何看待孩子的成功"这一生成的问题展开讨论,伴随着老师们由不成功——到成功——再到不成功的疑问,引发了教师思想观念上的一个又一个的认知冲突,帮助老师们由只关注教育目标,到关注孩子的行为表现,再到关注孩子的心理感受,直至关注孩子的个体差异,不断地引导着教师逐渐走向孩子,走进孩子。

　　如今,越来越多的幼儿园以教研组为载体,旨在深入开展引领性教育实践研究,领会课程的理念精神,高效解决幼儿园教育实际问题,共享科学有效的保教经验,从而保持和提高教师的专业水平与办园质量。教研组根据相应的保教任务,将园内教师进行系统的有机组合,是融集体与个别、实践与探究于一体的一个保教专业的研究组织,是一个有机的整体。

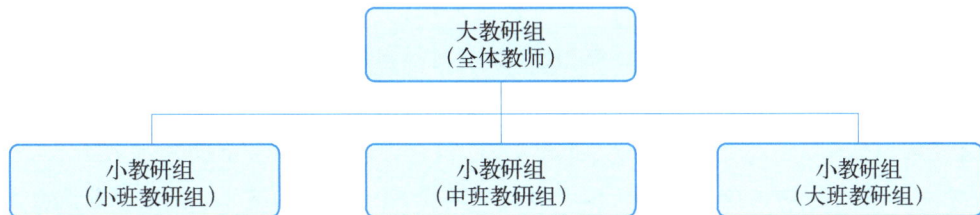

图7-1　幼儿园教研组机构示意图

　　(3) 关注专业引领的有效性。从前面的分析可以看出:为了避免原有水平上的重复,无论是自我反思还是同伴互助都需要专业引领。专业引领,是园本教研具有深刻性和持续性的关键。

---

[1] 西城区教育研修学院学前教研室.浅谈园本教研中需要处理好的四个关系——北京市西城区在全国"以园为本教研制度建设"项目.有删节.

专业引领并不等于专家引领,除了专业研究人员（主要包括教研人员、科研人员和大学教师）以外,园内的骨干教师尤其是业务园长应当承担专业引领的责任。

为了更好地优化教师队伍,合作解决教学问题,充分发挥专业引领作用,有力推动"传、帮、带"的教研机制,一些基于幼儿园教育与教师需求与发展的教研思路应运而生,并形成了一些极具特色的教研组织,其目的就是为了更好更全面地实践园本教研,让教师成为真正的研究者,形成先进的幼儿园教研文化。

● 名师工作室

"工作室"是金融行业、电子商务行业和艺术创作领域比较惯用的一种组织形态,它一般是指由几个人或一个人建立的组织,形式可以多种多样。许多工作室是为了同一个理想、愿望、利益等而共同努力的集体。从外行业引进这个概念,加上幼教的研究与带教色彩,名师工作室就有了另一种境界:一般是指由幼儿园内专业上较有影响力的（在一定区域内）教师领衔主持所形成的一个保教研修组织,目的在于"扬名师之长,传名师之优"。

园本教研核心元素之一"专业引领"在"名师工作室"可被活学活用。首先,名师拥有大量的、前瞻性的专业信息,以引领工作室的研修方向,保证专业引领的基础。其次是保证引领方式的可行,通过工作室的研修不仅能带来整体效应,在一定程度上还有后续延伸效应,即教师群体内的自觉滚动带教,为教师发展提供了可持续的专业能量。

🐴 案 例

张欣名校长工作室

张欣名校长工作室是由银川市教育局批准首次成立的五个名校长工作室中唯一一所学前教育领域的名校长工作室。自2013年11月挂牌以来,各项工作有条不紊地开展。短短六年的时间里,工作室充分发挥了主持人在学前教育领域的课题研究、专业引领、师资培养等方面的示范、指导、引领作用,采用理论学习和现场调研等方式,培养一批学习型、反思型、研究型、创新型结合的高端团队,全面提升各成员的办学理念、学术研究能力、教师管理能力,促进了成员所在园所的特色发展,取得了显著成果。

作为名校长工作室主持人,张欣园长一直考虑如何才能使工作室独具特色,学员们能学有所成,在活动中张欣园长以"提炼办园理念、打造园所文化、寻求幼教之根"为主题向一期、二期学员们开展了专题培训,在讲解、举例与诠释中,使学员们对如何结合本园实际,在园所发展的积淀中汇聚积极元素,通过自下而上、自上而下的方式凝练办园思想与理念。同时,通过专家讲座、外出调研、学员交流等,使工作室成员互相促进、互相提高,自身素质和能力得到进一步提升,从而提高了园所文化理念和行动研究的能力。张欣园长以银川市第一幼儿园为范本,指导学员探索本园发展的特色之路,把名校长工作室理念定位在"寻求特色 共谋发展",在"问题、现场把脉、诊断、治疗、解惑"中成就学员成长之路。

● 项目组

"项目组"这个概念源自企业的项目管理理论与实践,企业运用项目管理的经验,将工作细化为一个个独立的项目,以最佳的能力来管理项目,以最有效的方法来完成项目,从而在竞争中获得优势。这种趋势在现代工作管理中日益明显,幼儿园也可以借鉴这种模式,以项目组为单位开展园本教研活动。项目组根据研究的问题,通过鼓励性的措施,吸引志同道合的教师组成合作团队或研究小组,共同学习,共同完成专门的工作任务。项目组由多角色、多领域的教师共同组成,也是在自愿、自由的原则下参与,有助于充分发挥教师的专业优势,调动教师教育研究和团队合作的能力与积极性,将教师的"扬长"发展真正落到实处。

（三）运用多种研究模式

学习研究(学习型教研)、课例研究(教学型研究)和课题研究(研究型教研)这三种园本教研模式既互相独立又相互联系,相互补充,缺一不可。其中,学习研究是基本前提,决定着其他教研模式的方向;课例研究是当前园本教研的最重要模式,决定着园本教研的实效,如果课例研究没有实效,会直接影响双重目标(提高教育质量和促进教师专业发展)的实现;课题研究是提升,如果没有课题研究,教研也就没有深度。

1. 学习研究(学习型教研)

正确的教育思想和观念是做好园本教研的基本前提,通过系统的学习研究,更新教师的教学理念,提升教师理论素养;深刻理解园本教研的含义,建构园本教研的意义,调动教师研究的积极性,树立园本意识。

学习研究,以学为着眼点,以阅读为主线,以观摩和交流为基本途径。学习型教研主要是帮助老师提高学习能力,主要方式是引导老师去阅读。学习内容上做到三个必须:必须是先进的教育思想,必须是科学的教育理论,必须是与教育教学实际相结合。学习时做到边学习、边理解、边应用,使自己尽快更新观念,改进教育教学行为。学习方式有集中学习、小组学习、个人学习、沙龙研讨、学科论坛等方式。

2. 课例研究(教学型研究)

(1)一人同课多轮。其主要的操作过程是:① 研究小组共同备课,可以是先确定好活动目标,商定好教学内容,然后由执教者拟订活动计划。② 研究小组共同研讨执教者所拟订活动计划,提出具体的意见与建议,进行修改。有时也可以组织教师们观看成功的课例(教学活动光盘)并进行相应的讨论:该教师的教学体现了什么教学理念? 有何特点? 存在什么不足? 如何加以"园本化"或有何更好的设计思路? 集中研讨结束后,个别教师综合大家的意见再对该课例进行重新设计。③ 由执教者组织活动,其他教师到现场观课。④ 课后组织教师集中研讨,执教者反思,研究小组评价后再次修正活动计划。⑤ 用修正后的活动计划再次实施,视具体情况决定该活动内容的教学循环的次数。⑥ 分享结果,直到形成经典教学课例。这种一人同课多轮模式围绕一个活动内容进行系列实践和反思活动,集多个视角来看待同一个问题,有助于参研的教师,特别是执教的教师对某一问题获得较深入或多角度的认识,引导教师不断反思和改进教学实践,提升实践智慧和专业化水平。

(2)同课异构。其主要操作过程是:① 共同选定一个教学内容,由研究小组多名参与者各自独立设计活动计划。② 在一个相对集中的时间单位内,让各参与者"同台献艺",小组成员共同观课。③ 课后集中会谈,分别修正计划。④ 由另一个教师(或同一个教师)在另一个班级实施,其他教师观摩。余下环节同"一人同课多轮"。同课异构模式更能直观地展示出不同的教师在处理问题及其执教风格的个性化差异,有助于大家在比较中相互学习、扬长避短、共同提高。

在推行课例研究的过程中,要注意以下的问题:① 学习先进理念,自觉将研究建立在以《纲要》《指南》中先进的教育理念引领上。无论是自我反思还是同伴互助,都应寻找理论支撑,要克服过去过分依赖于经验的做法,简单地从经验到经验。要求参研的教师有意识地培养起良好的研讨习惯,既要指出问题的所在,又要说出问题的原因,提出解决问题的办法,更要思考解决问题的办法和依据,寻求理论的提升。② 培养观课者观察、记录与评价的能力。观察既包括教师"教"的行为，又包括观察幼儿"学"的情况；记录与评价亦然。观察、记录是评价的主要依据，要克服评价、研究的低效性，必须首先要克服观察的随意性。③ 分工明确，责任到人。所有的参研教师既要明确在本活动中的主要任务，也要明确本人在本次活动中要承担的具体任务。比如：将研究者分成两大组，一组负责研究（包括观察、记录与评价）教师"教"的行为（包括环境创设、材料投放、提问、言语与行为支持与回应等），另一组则研究（包括观察、记录与评价）幼儿"学"的情况（包括兴趣点、经验水平、学习困难及其解决策略、同伴交往行为等）。这样，活动前分工明确，责任到人，可以确保研究的针对性、深入性与有效性，避免随意性与走过场。④ 研究者要养成记录与反思的能力和习惯。首先要做好个人研讨的记录，包括观察记录、执教者的方案说明与课后反思、发言记录等；其次要及时反思，包括观察过程中的思考、研讨过程中的思考、研究后的收获与困惑等，并且将思考进行提炼与理论提升，写成"课例反思报告"，以便个人进行自我深层反思，为自身专业成长和发展助益，从而实现由教学实践向教育理论的升华。

3. 课题研究（研究型教研）

"课题研究"包括"课例研究"。以课题研究为主线的园本教研模式要求立足本园实际，以"小、近、实、真"为原则，以本园存在的问题与困惑为载体，灵活运用案例分析、问题解决、实践探索等方式研究；注重实践性，突出合作性，体现科学性，切实提高教育科研的针对性和实效性，提高教师的研究能力与解决问题的能力。

以课题研究为主线的园本教研模式要处理好如下三个问题。

（1）确定一个合适的研究课题。要使问题成为课题，就要分析问题，即所要明确的问题，使范围较广、概念不清的问题变得明确清晰起来。如果问题停留在模糊、笼统不确定状态，研究就很难展开。如"幼儿对数学学习不感兴趣怎么办？""如何通过数学发展幼儿思维？"等问题只是研究的一种"方向"，因研究的目的、范围不明确，就很难研究。对此，最简单的方法是具体化。比如，数学成绩为什么总是很差？数学成绩差这个问题范围太大，难以定为研究课题，必须对之进行分析。经过分析，发现：因为数学的抽象性与幼儿思维的具象性的冲突，导致幼儿对数学学习不感兴趣是一个普遍问题，同时，与教师的专业知识水平、教学态度、幼儿的前期预备经验（生活经验）与心理准备等都有关系。如果进一步分析，发现幼儿对数学学习不感兴趣的主要原因是幼儿没有具备必要的心理准备的缘故，那么，我们就可以把问题转化为"幼儿数学学习兴趣与心理准备关系的研究"这个研究课题了。这个课题就能够容易操作了。

一般来说，课题研究尽可能"小题大做"，"小"指的是问题的范围比较小，"大"就是要花大力气把它做深、做透。做研究，我们需要"挖水井"的精神，而不是"挖土坑"的做法。"挖水井"就是找准一个地方深挖下去，直至地下水出来；而"挖土坑"就是这边挖一下，那边挖两下，看似很用功，但因为方法不对，没有一个地方挖到水。我们将这一隐喻再延伸一下，那"管理"是"挖土坑"，而"研究"就是"挖水井"，这是两种不同的思路。

（2）教育行动研究法的步骤。凯米斯（Kemmis）认为行动研究是一个螺旋式发展的过程，每一个螺旋发展圈都包括了四个互相联系、互相依赖的环节：计划、行动、观察和反思。

① 计划：行动研究的第一个环节，它包括了对问题的分析与解决问题的设想。对于行动研究来说，它不要求设想完善的计划，任何计划都要在实施的过程中，根据情况的发展变化作出调整和修改。

② 行动：按照目的和计划行动，对研究对象的干预，即施加自变量的影响。

③ 观察：考察，搜集资料，对行动的整个过程、结果、行动的背景等尽可能有详细的了解。

④ 反思：反思是对行动结果及其原因进行思考，包括整理、描述、评价、解释。

以上四环节是不断循环的，每一次循环都有所改进。

在我国许多教育改革研究和探索中，研究者都在某种程度上契合了行动研究的几个环节。

案　例

湖南汨罗市的素质教育探索

设想——长期以来,我国课堂教学造成了一些弊端:重"教"不重"学",重"知"不重"思",重"灌"不重"趣"。怎样才能调动学生学习的积极性呢? 看来,首先应该改进方法,建立新的教学模式。

计划——课堂教学中突出"学"字,从让幼儿"学会"转到培养学生"会学"上来;突出"思"字,从让学生"学答"转到培养幼儿"学问"上来;突出"乐"字,使学生从"要我学"转变为"我要学"。

行动——改造教法、学法,让学生可以"自己走路";用"疑"激"思",把教学活动变成全体学生的"思维体操",用学生喜闻乐见的方式进行教学设计,使学生乐中求知、得知。

考察——考察备课、上课、评课是否都突出了"学法""思法"。

反思——对整个教改的实践进行归纳整理,注重"学""思""乐"。

(3) 课题研究的成果形式。作为园本教研的成果体现形式,既可以是教育案例、教育经验总结、活动设计、研究报告等文字材料,也可以是现场观摩与研讨的录影资料等。但是,对园本教研而言,上述的这些"成果",严格上来说只能算是课题研究的"小结",而非"终结"。既然衡量园本教研效果是问题的实际解决与否,那么,基于研究所形成起来的关于解决某一问题的认识(解决的方案)是否真正有效,最终还需要将之付诸实践去验证,只有在实践中得以验证是有效的,课题研究才能算是真正的结束。很多园长、教师没有领会到园本教研"研以致用"的实质,没有将基于研究所形成的解决问题的认识再次应用于实践去验证,不是以问题解决的实际效果为课题研究结束的标志,而是也像一些非园本教研一样,以"研究成果"的发表或通过鉴定作为课题研究结束的标志。这本身就混淆了园本教研与非园本教研的区别,也违背了园本教研的初衷。

(四) 园本教研的评价

1. 教研评价的主体

(1) 教师:教师在园本教研中处于主体性地位,既是研究的发起者、研究过程的实施者,也是研究结果的受益者。园本教研是否有效,能否切实帮助教师解决困境、提升能力,只有让教师来评价,才是客观真实的,只有让教师参与评价,才能进一步激励教师投身教研过程,才能营造民主宽松的教研文化环境。

(2) 教研组组长:教研组组长负责对整个教研活动的环节进行规划设计、组织与调整,因此,除了能制定切实可行的教研计划、组织开展有效的教研活动之外,还要善于汲取信息、总结经验、引发反思、合理评价,从而才能保质保量地落实教研计划并持久地坚持下去,保障教研组工作的良好运转。

(3) 园长:幼儿园园长是教研工作的第一责任人。园长既是整个幼儿园园本教研的规划者,又是引导者和实践者,从某种意义上来说,园长更是教师园本教研的同行者。在对教研活动不断进行反思与评价中发现教育现象与教育规律,让自己成为一名强有力的课程领导者;园长参与与支持评价所带来的激励机制有力推动了教师参与教研的积极性;园长在对教研的评价活动中将更多地了解教师的教育行为,接触到真实的教学信息,掌握幼儿园整体的教育教学现状及不同层面教师的专业水平与发展需求,有助于更好地实现自己的课程管理与办园理想。

2. 教研活动的评价视角

（1）教研计划的评价：制定科学有效的教研计划对于整个教研活动来说十分重要，它体现的是教研目标内容的适切性、教研形式方法的可行性、教研开展的有效性等。幼儿园园长、教研组组长或组员均可以对教研计划进行相关评价，从而不断树立计划的指引地位。

（2）教研活动过程与结果的评价：教研活动过程与结果的评价一般是常态性的评价，包括对本次教研内容、教研过程、教研结果等方面。

教师可以对整个教研活动进行全方位的评价，一般是体现即时的教研活动评价，可以帮助教师系统性地反思自己参加教研活动的情况。对教研组长而言，可以了解与反思自己的组织情况，从而不断提高组织教研活动的自觉意识与能力。对组员而言，可以了解与反思参与研究的情况、与同伴合作的情况，从而提高自身的研讨能力。

在一些情况下，教师也可以尝试针对教研活动的某个片段或某种特点进行评价。如对教研结果性评价，就是在教研活动结束后为判断教研效果而进行的评价。一般来说，结果性评价较容易，只要按照一定的评判标准就能评判优与劣，但必须重视的是：教研结果性的评价往往还要诊断出造成此种结果的原因，从而找到问题症结，有针对性地调整与改良。此外，教师也可尝试进行一些即时性的评价，例如，评亮点：谈谈教研活动过程中最有成效、最有收获的互动片段；评沸点：谈谈教研活动过程中气氛达到最高潮、互动最激烈、给人留下深刻印象的片段；评弱点：谈谈教研活动过程中留下的缺憾与不足及尚待努力之处等。

3. 教研活动的评价策略

长久以来，定量评价与定性评价相结合，过程性评价与结果性评价相结合，即时性评价与形成性评价相结合，自我评价与他人评价相结合等原则，已经得到广泛的应用与实践。在此基础上，根据教师的发展需求，进一步思考评价的要点，有助于更好地体现教研评价的人文性。

（1）注重评价的客观性：在园本教研过程中，评价者可从教研活动中及时获得反馈信息，及时调控教研的内容，提高教研的效率，因此，评价的客观性显得尤为重要。当我们运用不同评价工具对活动效果进行评价时，应如实反映教研信息，保证信息的真实性，排除情感因素，真正起到帮助教师诊断问题，发现不足，不断进取的作用，避免流于表面的"你好我好大家好"。

（2）采用鼓励性原则进行评价：鼓励的效果能给人更多的积极情感体验，更增强人的自信心，更调动人的内在热情。园本教研的评价是注重教师的未来发展，更是注重教师自身的发展期望以及注重教师的积极参与。因此，教研组织者在开展教研活动中，对教师的评价应体现在最大限度地调动教师的教研积极性，特别注重管理者与教师、教师与教师之间的平等对话，并充分挖掘教师的潜在价值，引发教师自身的发展期望，激励教师不断地自主发展。

（3）评价中折射自身发展问题：教研组里每个人都需要学习，需要成长，需要他人的关心和帮助，组长与组员都是如此。有时，在对教研活动进行评价时，教师可以互照镜子，从他人的身上发现自己的问题，尤其是组长，组员的言行可以折射出组长组织机制，所以，教研组织者需要具备一定的敏感性，在教研评价中主动发现自身发展问题，以更好地推动教研活动的进步与完善。[1]

（五）研以致用

园本教研的目标之一就是解决教育实践中的问题，提高幼儿园教育质量。研以致用要求做到如下四点。

---

[1] 崔岚，黄丽萍.如何当好教研组长［M］.上海：华东师范大学出版社.2011.

（1）教师参与研究，亲身经历成果产生的过程，深切理解成果的价值，自觉将成果转化为自己的行为。

（2）将研究成果通过图片、文字等形式转化为园本资源，为园内教师储备经验，教师随时可以提取并使用这些经验。

（3）将研究成果转化为工作规范，通过制度来保障落实。

（4）督促教师在运用中理解、检验知识。当教师看到新知识在实践中被有效应用时，他们就会理解、认同新的知识；"实践是检验真理的唯一标准"，找到解决问题的方法只是提供了解决问题的可能，只有把知识应用于教育实践，才能检验知识。

因此，幼儿园应当建立知识应用制度，督促、激励教师把新知识应用到教育实践中，切实提高教育质量。[1]

三、园长在园本教研中的专业引领

园长（尤其是业务园长，下同）在园本教研中，除了作为教研工作规划者、教研制度建设者以外，最重要的角色是专业引领者，在促进教师专业发展、推进园本教研方面起着关键性的作用。作为幼儿园园本教研的专业引领者，园长在园本教研工作中既要充当园本教研氛围的营造者，又要充当园本教研的倾听者，更要成为园本教研的引导者。

（一）做园本教研氛围的营造者

园长应努力创设民主、宽松、平等、合作的研究氛围。教研时，教师会有各种顾虑，不敢面对活动评价，既怕失面子，又怕得罪人。园长要理解教师的心理，不要将教研活动变成"批判"活动，应创设研究的氛围，重研究、轻评价，引导大家把关注点集中到问题研究上，将对个人的评价转变为对教育教学行为的分析与研究，尽量减少和避免对教师个人的"甄别优劣"与"甄别等级"的评价。这样，关注点的转移就能使大家在教研活动中没有顾虑，真正做到相互交流、启发、提高。

（二）做园本教研工作的倾听者

倾听属于有效沟通的必要部分，倾听本身就是一种认可，就是一种情感支持。学会倾听，才能善于捕捉、发现别人的主要观点和优点，才能有针对性地给予指导与帮助。园长只有认真倾听，把话语的主动权还给老师，即使教师表达了看似错误的思想，也不要随意打断话题或以自己的见解去简单说服，让老师充分表达自己的思想和见解，才能把握教师的观点，才能很好地引领教研的过程，所以园长要做一个文明的倾听者，耐心倾听教师们的想法。

倾听教师的教育目标和设计思路——了解教师对本班幼儿实际状况的关注和研究程度，了解教师对教育过程的设想及其关注点。

倾听教师的自我评价——了解教师的原有认识，判断教师对自身教育观念和教育行为的认识程度。

倾听教师的真实想法和困惑——了解教师的困惑，发现教师的内在需要，寻找阻碍教师发展的关键点。[2]

---

[1]　刘丽.关于园本教研的几点认识[J].幼儿教育.2011（Z1）.

[2]　西城区教育研修学院学前教研室.浅谈园本教研中需要处理好的四个关系——北京市西城区在全国"以园为本教研制度建设"项目.

（三）做园本教研工作的引导者

一个高水平的园本教研主持人可以巧妙地引领教研活动，让教师在轻松的氛围中参与研讨活动。教研现场的有效互动策略包含以下三个方面。

1. 提问

一场研讨的效果如何，最重要的是看教师的思维是否被激发。而教师的思维是否被激发在于提问是否具有中心性、层次性、全面性、双向性，以及灵活性。

（1）中心性、层次性。在每次教研活动中都应该有中心问题，保证教研活动的方向性；同时，中心问题还要分解为一系列的关键问题，这些关键问题要有明显的层次性和渐进性，让教师在问题中思考，一环扣一环地提问引领、支持教研活动一步步深入进行。这种过程既保证了教研活动的有效性，又使教师体验到胜任感和成就感，体验到教研的魅力。如在一次课例研究（教学型研究）中，活动中心问题是"活动目标重难点是否达成"，四个关键问题为：一是"活动目标重难点的确定是否合理"；二是"活动准备是否有针对性地为重难点和目标服务"；三是"活动环节是否逐层递进，每个环节分别解决了哪些重难点"；四是"教师是否关注孩子的主动学习与个体差异"。然后，将中心问题及关键问题都设计成表格，让教师带着任务，有针对性地观察、思考、记录、研讨。这样，观摩与研讨都有了方向和重点，中心明确、层次清晰，研讨效果和氛围都非常好。

（2）全面性、双向性。提问的全面性是指面向全体参与教师，既有普遍性又有针对性，对不同程度的教师，所提问题应该有所不同，要因人提问，有的放矢。比如：面对骨干教师，提一些较复杂的、有一定争议和挑战的问题，有时候甚至进行追问，激发对方进行比较深入的研究与思考；面对经验不足的教师，有意识地提些较简单的问题，并用眼神鼓励这些教师大胆发言。这样，使所有参与教师都有参与机会，都能在原有水平上有所提升。

提问的双向性是指不仅主持人要善于设问，还应鼓励参与教师主动提问。参与教师的提问既是强烈求知的反映，又是自主探索的表现；参与教师的提问既是其思考的起点，又是其解决问题的钥匙。他们往往是遇到在自己的认知经验范围内解决不了的问题时才求助于主持人或同伴的。因此，我们特别需要关注、鼓励、支持、引导参与教师发起提问。

（3）灵活性。灵活的提问方式是保证有效提问的途径之一。灵活的提问方式包括抢答、轮答、随机提问、小组合作回答等。这些灵活性的提问方式，从不同层次、角度来检验教师的原有水平和研讨的成果；同时，也可以培养其合作精神，支持、引导和促进教师主动研究和自我学习。

2. 回应

（1）反问：在研讨中，一些问题是教师们可以回答得了、马上进行讨论的，主持人可以通过反问，直接把问题反抛回去。虽然表面上是将问题悬置起来，而实质上则是通过一种对话双方平等交流的氛围促进其认知冲突，使其能改变原有的认知图式，重新建构知识与概念。有时，当一个人提出困惑时，并不一定真的不懂，而是没有深入思考，形成假性困惑，只要你把问题反抛给他，"逼"他现场专注地思考，他会神奇地豁然开朗，并把他的看法说出来与参与教师争鸣；这些问题好比是一种"催化剂"和"反馈环"，能有效地促进参与教师自我反思、同伴互助，促进其更好地主动建构知识，形成更充满开放性、生动性的对话氛围。

（2）追问：在园本教研中，面对不同层次的教师，园长在追问时应接住问题后再抛出去。这里，通常指园长面对教师不能抓住问题的实质时，应较有针对性地提出问题，抛出来一些直接讨论的问题；有时要迅速地把问题进行分解，再逐一抛出去，这样有层次地讨论，才能真正地把问题讨论清楚，在讨论的过程中教师对问题才能形成清晰的看法；有时面对教师在描述问题时表达不清晰，应迅速地理解教师的意图,抓住问题实质,帮教师把问题清晰、简捷地提出来,这样可帮助教师理清思绪,懂得如何提出问题,促进其他教师学会清楚讨论问题的方法,使研讨进一步深入开展。

(3)等待:等待是一种有效的回应策略,可以促使参与教师深入地思考问题,提高回答问题的质量。刚开始,主持人与教师可能会觉得有些尴尬,但一段时间后都会习惯起来。因此,主持人应尽可能多等待几秒钟,当然也不是越久越好。那么,等待多长时间为最佳呢?这要视情况而定。第一种情况是发问后候答时间。这是指主持人发问后,教师回答前的候答时间。有的研究者发现,在实验条件下主持人发问后的候答时间增至3秒以上时,应答效果明显提高。其主要原因可能首先在于给教师提供了更多的思考机会;其次是创造了有利于教师思考问题的更为宽松的教研气氛。第二种情况是教师回答后候答时间。这是指教师回答后至主持人对回答做出反应之前的时间。一般情况下,主持人往往对教师的回答在1—2秒内迅速做出反应。当主持人把候答时间增至3秒以上时,问答性质就会由"质问式"变成"对话式"。这种变化有益于教师集中注意力。

(4)提升:在园本教研中,无论教师的自我反思还是同伴互助,都需要专业引领,需要主持人的帮助指导和归纳提升。归纳提炼式的回应,一方面能够使参与教师在感性体验的基础上将零碎的感受和体验上升为系统的知识和概念,在同化和顺应的基础上使其原有的认知结构得到重组;另一方面能够由多条思路扩充教师的原有经验。比如,引导教师尝试从解读幼儿心理感受、创设支持性环境、关注个体差异等不同角度去思考问题,丰富他们的原有经验。

3. 调控

教研活动最怕的是"一言堂",缺乏思想碰撞,没有交流就会失去教研的意义;教研活动也怕"七嘴八舌",无序的交流是低效益的,也可能会让活动失去明确的方向。主持人需要及时给予有效的引领,将大家的注意力集中起来,如将问题再次提出,加以强调和提醒注意;也可以引导教师换个角度,重新思考,以保证大家对教研问题的关注和全身心的参与。

当活动出现冷场或一个问题的讨论已经明朗时,主持人就需要发挥调度作用,适时地抛出话题引发新一轮思考,确保教研围绕核心问题,层层推进。

当出现无休止的争执时,主持人要及时引导大家寻找分歧的关键点进行梳理性探讨。

总之,作为教研活动的组织者,要以敏锐的洞察和灵活的调控让教师自始至终保持参与的热情。

小 结

2018年中共中央、国务院《关于全面深化新时代教师队伍建设改革的意见》提出全面提高幼儿园教师质量,建设一支高素质善保教的教师队伍。园本教研是一种"在本园中,基于本园,为了本园"的教学研究制度,既促进幼儿园可持续发展,又促进教师专业发展。教师个人、教师集体、专业研究人员是园本研究的三个核心要素,自我反思、同伴互助、专业引领是开展园本教研和促进教师专业成长的三种基本力量。园本教研的模式通常分为三种:学习研究(学习型教研)、课例研究(教学型研究)和课题研究(研究型教研)。园本教研的特点:研究问题的针对性、研究人员的多元性、研究价值的实效性、研究过程的行动性。

幼儿园园本教研的组织与管理需要遵循园本教研的特点,确定研究问题,建设教研制度,组织研究力量,运用多种研究模式,研以致用。

作为幼儿园园本教研的专业引领者,园长在园本教研工作中既要充当园本教研氛围的营造者,又要充当园本教研的倾听者,更要成为园本教研的引导者。

专题八

幼儿园的全员培训

导读 >>>

党的二十大提出,要加快建设教育强国、科技强国、人才强国;加强师德师风建设,培养高素质教师队伍。实施素质教育的今天,建设一支具有较好的政治业务素质、结构合理、相对稳定的教职工队伍,已势在必行,刻不容缓。幼儿园作为一个相对特殊的教育单位,需要专业人员,这些专业人员要经历一个由不成熟到相对成熟的专业人员的发展历程,而培训则是催化"成熟"的必需环节。

培训的主要目的不是提高教师的学历层次,而是提高幼儿教育质量。幼儿园的全体教职员工都应该把自己当作教师、当成一面镜子,由自律到他律,真正做到为人师表。为建设高素质的幼儿园教职工队伍,提高全员培训的质量和实效,幼儿园务必不定期进行全员培训。

教学课件

一、全园培训的理念——全员育人

在园所管理中，管理者应该不断强化对员工的培养意识，加强对员工培养的内容、方法和途径的研究，逐步形成员工的培养系统，做到全员育人。管理者对员工的培养途径有两个方面：一是外部培训，包括学历培训、上岗培训、专题培训、专题观摩和专题研讨会等由外部机构组织的培训；二是内部培训，包括在岗培训、工作主题培训、案例分析培训、教育科研培训等由园所机构直接根据工作需要与员工发展的需要而组织的培训。这种内部培训与外部培训的结合，为员工提供了广阔的学习空间。园所管理者应该尽量创造条件，支持和鼓励员工选择不同的培训途径以加强自我学习。管理者还应该把员工的培训及其业务档案加以记录、存档、考核与奖惩，并建立培训工作的激励机制，以提高员工学习的自觉性。

（一）通识培训

1. 思想政治培训

思想政治素质是我们开展好一切工作的基础和前提，要在全园开展社会主义核心价值观教育、中国特色社会主义和中国梦宣传教育，努力提高教职工的政治理论素养，增强他们的道路自信、理论自信、制度自信、文化自信。思想政治培训应包括理想信念教育、德育教育、权力责任教育、倡廉教育等。可借助互联网开展新时代中国特色社会主义理论知识、国家重要方针政策、教育政策、国内外时事政治及党性修养等方面的培训。

2. 职业道德培训

近年来，党和国家都非常重视幼儿园的师德建设。2018年1月，国务院印发了《关于全面深化新时代教师队伍建设改革的意见》，突出了"德"对于新时代教师队伍建设的重要意义。习近平总书记在全国教育大会讲话指出"要把立德树人作为教育工作的主线"。师德建设离不开教师德育素养的提升，加强师德建设应是幼儿园培训中重要的内容之一。

幼儿园要提高师德建设水平，不仅要建立健全师德规范制度，而且要明确各岗位的职责范围。幼儿园应该通过集体培训增强对职业道德培训的认识，之后以分组讨论的方式，进一步解决培训遇到的问题，最后凭借自我总结，增强领悟。师德培训，需要幼儿园观察和研究本园师德问题出现的主要原因与具体情境，然后设计和实施具有针对性的师德培训内容，从而提高培训的时效性。

3. 园所文化培训

幼儿园园所文化是在社会大背景下，全体教职员工在办园思想引领下，通过长期教育实践所形成的共同认可、共同追求的精神风貌及教育风格。幼儿园园所文化是幼儿园实践的内在动力，好的园所文化能够激发和凝聚教职员工的内在动力，催人奋进，通过对教职员工进行园所文化的培训能够使教职工很好地达成共识。

4. 心理健康培训

当前，有关心理健康问题的研究如雨后春笋般层出不穷，但是研究呈现出"两级少，中间多"的特点，焦点是中小学，而对幼儿园的关注甚少。事实上，幼儿园教职工是基础教育的重要力量，是幼儿教育事业发展的主力军，其心理健康状况会直接影响基础教育的质量。

（二）重点培训方法

1. 全方位培养法

全方位培养法是一种对员工进行全面性培养的方法。在对员工培养的过程中，管理者最容易犯的错误是只重视对员工的教学技巧、业务能力的培养,却忽视对员工的人格素养、团队精神、品德行为培养。如果缺失了人格培养,那么,组织管理的最终目标也就难以实现。所以,管理者要正确处理人格培养与工作培养的关系,保证培养内容的全面性与完整性。

2. 全员式培养法

全员式培养法是一种着力于组织系统中的每一个员工都能得到培养的方法。这种方法要求管理者针对每个员工的实际情况,度身定制相应的培养计划,使每个员工都能在原有的水平上获得发展,成为有用之才。这是一种融公平性、针对性和发展性为一体的培养方法。只有让每个员工的潜能都得到充分发挥,组织才具有真正的发展动能。但这并不是说,对员工的培养只能整齐划一,不能培养杰出人才。这里强调的是少数杰出人才的培养应该建立在员工得到广泛培养的基础上,这样既有利于调动全体员工的积极性,又有利于构筑保障杰出人才成长的环境。

3. 网络式培养法

网络式培养法是将园所机构对员工的培养方法与培养内容,以及培养制度与相应的管理措施系列化,形成培养工作的网络系统,以确保工作有序进行的培养方法。某些管理者经常把员工培养作为一种临时性的、可有可无的工作。碰到检查、观摩、重大评比、比赛活动时,才想到抓员工的培养,对员工的培养没有系统的考虑与安排。为了确保员工培养的有序进行,管理者应该构建员工培养的网络工程,用建立网络的方式来推动培养工作的系统开展。这种网络是以园所组织机构为基础,由系列化的培养制度、系列化的培养内容、系列化的培养方法所构成的"三位一体"的组织运行的系统工程。

4. 规划式培养法

规划式培养法是指对每个员工根据各自的实际情况,在自我设计与组织策划相结合的基础上,用规划的形式对员工进行培养的方法。这种培养方法是对全方位培养法、全员式培养法和网络式培养法的综合运用。规划式培养法是在每个员工自我规划的基础上,由园所组织根据工作需要对其进行规划,然后将双方的草案对照,通过协商,形成正式的培养规划方案。每个员工都有一份经过自己设计组织修正,适合自己并属于自己的培养方案;每个员工都能找到自己的发展目标和工作定位;每个员工都能按照自己的发展进度提高自己的工作水平。在培养方案的指导与监督下,每个员工都能在原有的水平上得到发展。

二、幼儿园教师的培训

幼儿园教师是履行幼儿园教育工作职责的专业人员,需要经过严格的培养与培训,具有良好的职业道德,掌握系统的专业知识和专业技能,才能成为一名合格的幼儿园教师。

(一) 为什么要进行培训

1. 心理问题的主要表现

研究表明,幼儿园教职工存在不同程度的心理健康问题,这些问题主要表现在以下六个方面:(1)生理症状。长期的心理困扰会使幼儿园教职工产生一些生理上的疾患,常见的有厌食、失眠、头痛、恶心、心律失常等。(2)职业行为异常。心理问题总会通过行为表现出来,有些幼儿园教职工在工作中存在职业行为异常现象,例如,随意应付自己的工作,对儿童无端责罚、恐吓等。彭驾骍将教师的不良职业行为概括为怨职型、自我型、异常型、暴戾型、不良型五种类型。(3)不良人格。幼儿园教师常见的不良人格主要有抑郁、焦虑、人际关系敏感、敌对、偏执、强迫、躯体化、恐怖等。(4)心理压力。有关外国专家曾对公立幼儿园女教师进行了相关研究,通过对她们的日志、图表和反馈的数据进行分析,发现幼儿园教师在很多方面存在巨大的心理压力。他们认为这些压力主要来自时间的压力、满足儿童的需要、应对教学之外的任务、维持早期儿童教育的哲理与实践、不断满足个人的需要、儿童家长的问题、人际关系的处理以及对早期儿童教育的态度和感知等。许多幼儿园教师由于心理压力长期得不到有效的缓解而形成心理疾病。(5)工作倦怠。工作倦怠是在以助人为对象的工作中所表现出来的情感耗竭、去人性化和自我成就感降低的症状。研究发现，倦怠容易导致睡眠干扰、周期性头痛和肠胃不适等疾病。因此，幼儿园教职工长期处于工作倦怠状态，会给自身心理健康带来极大危害。(6)人际障碍。幼儿园教师的人际关系主要有教师与幼儿的关系、教师与家长的关系、教师与同事的关系、教师与园领导的关系等。一些幼儿园教师由于对上述关系处理不当，造成了人际关系上的障碍。在幼儿园教师的人际关系中，幼儿园教师与家长的关系是造成幼儿园教师人际关系障碍的最主要因素，因为双方在价值观、教育观、行为参考基准和隐私权的维护等方面存在很大分歧。另外，幼儿园教师经常会遇到儿童家长的一些非理性要求，如将教育孩子的责任完全推给教师，这会给幼儿园教师和家长的关系蒙上阴影。

🐴 案 例

教师的心理现状

我们经常听到这样一句话："每天太累了，回到家只想躺在沙发上一个人静静，话都不想多说一句。""晚上做梦都梦见幼儿园里发生的事情，觉都睡不好。""莫名其妙地回到家就想发脾气。"这些话反映出许多教师真实的生存状态，试想在这样一种心理状态下，我们教师的工作会怎样？培养出来的孩子又会怎样呢？另外，有这样一组调查：有21%的教师需要接受心理指导。"生活就像一团麻，有许多解不开的小疙瘩。"工作中的困惑、竞争、压力，同事间的矛盾，社会上的一些不公、偏见，这是客观存在的，我们不可能消除，但同时我们要立足于现实，切实关注教师的心理健康，关心教师的心理状态，帮助教师调整好自己的心态，让笑容在教师脸上自然绽放。

2. 促进心理健康的策略

在分析和总结以往相关研究的基础上，可以将促进幼儿园教师心理健康的策略归结为以下四个方面：(1)从国家的层面上看，国家要完善幼儿园教师制度，维护幼儿园教师的合法权益；增加教育投入，改善幼儿园教师的工作环境和工资待遇；做好教师职前和职后教育，促进幼儿园教师的专业成长。(2)从社会的层面上看，应该发扬尊师重教的优良传统，对幼儿园教职工的工作给予理解和支持，对其职业给予充分的认可和尊重，提升幼儿园教职工的社会地位，增强其职业自豪感，并为他们营造宽松、和谐的社会氛围。(3)从学校的层面上看，幼儿园应该建立合理的管理制度，为幼儿园教职工创设公平的竞争环境，提供合理的晋升和学习机会；建立完善的评价机制，使评价公平、公正、合理；多组织一些文体娱乐活动，为他们提供丰富的业余生活。此外，由于很多幼儿园教师来自幼儿师范院校，因此，幼儿师范院校应该承担起对学生心理素质的培养任务，使他们掌握心理健康方面的知识，从而在以后的幼儿园工作中保持良好的心态。(4)从个人层面上看，应树立正确的世界观、人生观和价值观，培养积极、乐观、豁达的人生态度；全面提高自身修养，不断完善自己的人格；确立正确的工作角色观念，克服由角色模糊和角色冲突带来的心理困扰；能正确地认识自我，悦纳自我；要学会自我心理调节，合理地调控情感，保持健康的心态；不要对自我期望过高，减轻自我压力；学会与人交往，建立融洽的人际关系；要合理分配工作和休息时间，避免过度劳累。

（二）幼儿教师专业素养培训

1. 幼儿教师专业素养和专业化成长

随着素质教育不断地推进，教育的发展和改革，对幼儿教育的质量要求越来越高，对教师的专业素质也提出了全新的挑战，教师是教育改革的关键性要素的观点已被人关注，因而能够贯彻和落实《纲要》的教育理念与精神，能否对幼儿实施高素质的教育，关键在于教师的专业素质和专业成长。教师的专业成长就是在自己原有的经验的基础上，不断探索、研究、验证、发现，不断吸收同化各种新信息，从而建构整合自己的教育理念，形成教育能力的过程。这一过程一方面取决于教师自身终身学习的意识和自我完善要求，另一方面也与当前教师在职培训的内容、过程有密切的关系。

2. 幼儿园教师专业素养提升培训设计

幼儿园教师专业素养培训的提升，可通过6种专业理念与师德、5种专业知识与能力、12种培训方式和16个目标完成。（见表8-1）

表8-1 幼儿园教师专业素养提升培训设计

序号	目标	专业理念与师德	专业知识	专业能力	培训方式
1	深入了解学前教育政策知识	《纲要》解读			专题讲座
2	提升教师对教育事业的热爱	教师职业类书籍专题阅读与分享			自主阅读
3	提升教师职业道德修养	《标准》解读			专题讲座
4	改善教师对幼儿的教育态度与行为，树立科学的儿童观	幼儿教育类书籍专题阅读与分享			自主阅读
5	深入掌握不同年龄段幼儿身心发展的规律	教师个人修养与行为理论学习	《指南》解读		专题讲座+案例分析+自主学习
6	促进教师与保育员的亲密配合	教育修养类书籍专题阅读与分享	保教结合的意义及其技能指导		专题讲座+自主学习
7	了解班级管理过程中易出现的问题及应对策略		幼儿园班级管理案例解析		案例分析+经验交流+自主学习
8	掌握幼小衔接的教学知识重点及基本方法		幼小衔接的有关知识及基本方法		专题讲座+自主学习
9	学会营造符合园所环境的学习氛围			园所公共环境创设	专家"现场诊断-指导式"
10	学会选择符合幼儿年龄段的教学内容并运用多种组织形式			幼儿园课程内容的选择与组织	专家参与式教学研讨
11	学会设计符合幼儿兴趣、需要的游戏活动并为幼儿提供游戏材料			游戏活动的设计与引导	专家"现场诊断-指导式"
12	学会从不同视角以及采取不同方式评价教育活动			教育活动的评价与反思	专家组织指导公开课及观摩优质课
13	提升教师对教师修养与行为的认识	教师个人修养与行为理论学习			专题讲座
14	加深教师对教师行为规范与道德标准的理解	教育修养类书籍专题阅读与分享			自主阅读+经验交流

（续表）

序号	目标	专业理念与师德	专业知识	专业能力	培训方式
15	掌握观察法、谈话法等了解幼儿的基本方法		学前教育教研方法学习		专题研究
16	掌握与幼儿、家长、同事之间的不同沟通方式			家园沟通方式与技巧	专家经验交流

（三）幼儿教师专业成长的培训

分层次有针对性地开展教师培训工作，具体形式与内容见表8-2。

表8-2　教师分层次培训形式与内容

教师类别	培训形式	培训内容
初入职教师（3年以下）	常规培训 项目组 教研组	1. 帮助教师树立正确的职业幸福观 2. 管理者要制定完善的培训制度，对新教师进行管理制度培训，让他们尽快熟悉幼儿园的各项章程 3. 教学实践培训。管理者对新教师进行教学实践培训，有利于将教师在学校所学的理论知识变为实践经验，为新教师快速适应幼儿园工作提供良好的理论与技术支持 4. 信息技术培训。加大资金投入，为幼儿园建设起信息化的教学平台，并对教学资源共享体系进行构建，以对幼儿教育资源进行有效共享。以幼儿教育特点为基础，注重对教师技术培训的有效创新，重点对教师获取、分析、加工、处理、应用信息的能力进行培养，"可以运用以老带新、以优带劣"的方式，确保教师在开展幼儿教育活动时可以对培训内容实际应用
经验型教师（3—5年）	常规培训 项目组 教研组	充分发挥经验型教师导师作用，指导新教师参加幼儿园常规教学培训以及市级以上的各级各类培训和业务考核工作。通过培训，新教师能按照《纲要》和《指南》精神，结合本班幼儿特点，科学合理地组织幼儿一日活动，完成教育教学任务
成熟型教师（5—10年）	专业培训 同课异构 教学论文 反思 案例撰写	1. 成熟型教师应具备较高的政治思想素质和职业道德修养，要掌握现代教育理论，并运用理论分析，诊断实际教育活动，明确改革思路，探究可行性策略 2. 培养成熟型教师的研究能力。培养他们善于发现和挖掘有意义的教育研究课题，能够通过教育科研承担起发展专业理论的职责
专家型教师（10年以上）	领航培训	1. 集中学习。包括思想政治教育、师德培训、现代教育理论、学科前沿知识与综合知识，教育教学研究，现代教育信息技术，教育科研等专题培训 2. 教育教学实践活动 3. 由专家型教师组成的教科中心组，定期开展研讨活动，提高专家型教师在园内的引领和辐射作用，发挥优势资源，促进教师队伍整体素质的提高 4. 外出参观学习。通过参观学习，取长补短，获得最佳的教育、教学效益，同时通过开阔眼界，不断创新，逐渐形成自己的教学风格；通过参加市级以上的各级各类培训、与共同体、姐妹园所的教师互相交流与学习，不断改进教育教学手段与方法，提高教育教学水平 5. 建立教研活动轮值制。可通过分年级组研讨和教师共同关注的问题研讨，轮流主持，充分创造机会让教师主动积极参与，形成教学互助，让教师既当学员又当教员

（四）幼儿教师观察能力的培训

1. 善于随意观察和有意观察

教师作为教育的第一线工作者，不可能在与幼儿活动的同时感知那么多的刺激，更不能像摄像机拍摄一样把众多信息如实地记录下来,因为这样的信息许多是无用的信息。因而要善于随意观察幼儿的一些行为表现,又要有明确的观察目的进行有意观察。

2. 善于整体观察和个别观察

整体观察技能可以使教师从整体的角度宏观地把握幼儿整体的发展水平。要善于面向全体幼儿,把全班幼儿作为一个系统、整体进行观察。而且对幼儿的观察能够从时间、空间、物体等整体入手。幼儿教师还要善于个别观察,因为幼儿心理问题有个别差异,有的幼儿活泼好动稳定性差,有的幼儿内向、孤僻,这就需要幼儿教师善于个别观察,才能发现每个幼儿内在的需要及存在的问题,才能因材施教。

3. 善于横向观察和纵向观察

对幼儿的观察要善于把幼儿放进幼儿同伴群体作横向观察即比较观察,这样有利于评判幼儿心理发展的水平。除了横向观察,还要善于纵向观察,因为纵向观察能够根据幼儿心理发展这一过程,及时察觉某一阶段出现的心理问题。学会观察,教师的注意力就会自然而然地以幼儿为中心。

（五）家长工作的培训

家园共育是幼儿成长的基础,家长工作是幼儿园工作的重要环节,也是幼儿园得以健康发展的保证。因此,如何开展家长工作就显得尤为重要。现代幼儿教育的不断发展,家长对孩子的重视程度也逐步提高了,家园合作也成了幼儿园必须做好的工作。教师与家长的互动效果直接影响着班级经营的成效。家园沟通就是教师与家长协力解决教育问题,提升对幼儿的关心,共同分担教育责任。

成立家长学校。让家长正确了解幼儿园的园所文化、保教并重的特点、保育教育的内容和方法。为了使家长了解幼儿园的工作,争取家长的理解与信任,幼儿园在开学初期就要召开家长会;利用早晚接送的时间主动与家长进行沟通,使家长了解孩子在幼儿园的情况;还可以开设家长服务热线、园长接待日、班级网站等,使家长充分了解幼儿在园的一切情况。

开展各种家园合作活动,让家长参与教育工作。充分利用家长资源开展主题活动,为了孩子的健康快乐成长,让家长也要参与到活动当中,因为,他们不再是旁观者,而是参与者、组织者、实施者,是幼儿园的合作伙伴!

以家长开放日为契机,提高家长育儿水平。家长开放日的目的是为了让更多的家长了解幼儿的年龄特点、教育方法、教育目标,了解自己孩子在群体中的表现。通过家长反馈,可以进一步改进幼儿园的教学,同时也可以促使家长更好地进行家庭教育。

三、幼儿园保育员的培训

随着社会的发展,幼儿园的保育工作越来越提到主要的位置上来。面对家长对幼儿园保育的新要求,幼儿园的保育工作也就不能仅仅停留在传统的幼儿体检、生活作息、膳食营养、健康与安全、环境卫生、疾病防治等方面。幼儿园的保育员担负着幼儿保育的重要工作,和教师一样一定要重视他们的职业道德和心理健康的培训,对保育员进行培训尤为主要。主要培训内容如下。

（一）明确幼儿园保育工作的目标

《幼儿园工作规程》(以下简称《规程》)第五条指出:"幼儿园保育和教育的主要目标是:促进幼儿身体正常发育和机能的协调发展,增强体质,培养良好的生活习惯、卫生习惯和参加体育活动的兴趣。发展幼儿智力,培养正确运用感官和运用语言交往的基本能力,增进对环境的认识,培养有益的兴趣和求知欲望,培养初步的动手能力。萌发幼儿爱家乡、爱祖国、爱集体、爱劳动、爱科学的情感,培养诚实、自信、好问、友爱、勇敢、爱护公物、克服困难、讲礼貌、守纪律等良好的品德行为和习惯，以及活泼、开朗的性格。培养幼儿初步的感受美和表现美的情趣和能力。"这明确了幼儿园保育工作的目标。幼儿园是实施保育和教育的机构，要实施保育和教育相结合的原则，搞好幼儿园的保育工作，必须树立科学的保育观。传统的保育工作往往低于教育，许多教师认为保育是保育员的事，而保育员的地位则往往比教师地位低。

（二）明确幼儿园关于保育员工作的职责

《规程》第三十五条指出："幼儿园工作人员应拥护党的基本路线，热爱幼儿教育事业，爱护幼儿，努力学习专业知识和技能，提高文化和专业水平，品德良好，为人师表，忠于职责，身体健康。"第三十八条指出："幼儿园保育员除符合本规程第三十五条规定外，还应具备初中毕业以上学历，并受过幼儿保育职业培训。"

幼儿园保育员的主要职责如下："负责本班房舍、设备、环境的清洁卫生工作；在教师指导下，管理幼儿生活，并配合本班教师组织教育活动；在医务人员和本班教师指导下，严格执行幼儿园安全、卫生保健制度；妥善保管幼儿衣物和本班的设备、用具。"

《规程》指出了幼儿园首先必须具备拥护党的基本路线，热爱幼儿教育事业，爱护幼儿，努力学习专业知识和技能，提高文化和专业水平，品德良好，为人师表，忠于职责，身体健康等规定，这也是职业道德的基本要求。这表明我们在加强教师岗位培训时要把保育员的职业道德列入重要的内容。同时把《保育员工作职责》《卫生保健工作规范》《保育员一日工作规程》等列入培训内容。

（三）保育员培训的相关理论知识

定期组织保育员学习幼儿卫生学、心理学的有关知识，学习新的教育思想；细化教育目标、教育内容，树立"以人为本"的教育理念。通过学习，保育员应认识到，促进幼儿身心健康既是幼儿教育的根本目的，也是幼儿健康教育的终极目标；幼儿健康教育既包含身体健康教育，也包含心理健康教育；保教结合，不仅要照顾到幼儿的"身"，而且要照顾到幼儿的"心"。通过不断的学习和探讨，保育员逐渐知晓幼儿心理卫生与社会适应能力方面的培养方法，从实践上完成保育工作重心由身体向心理和社会方面的转变与扩展。

（四）培训保育员管理幼儿生活的技能（重点）

1. 晨、午检
质量标准：协助老师晨、午检，做到一摸、二看、三问、四查。

技能技巧：一摸：摸摸幼儿头额部有无发热；二看：精神状态、面色、咽部有无异常，皮肤有无皮疹及某些传染病的早期表现，发现可疑者及时报告，以便隔离、观察、确诊；三问：饮食、睡眠、大小便有无异常情况；四查：查看有无携带不安全的物品。一旦发现问题迅速处理。

2. 洗手
质量标准：协助教师指导幼儿和帮助小班幼儿将手洗干净。手腕、手指、手指缝均要洗干净，注意节约用水和正确使用香皂（人手一巾）。

技能技巧：洗手时教幼儿按正确的方法：（1）卷好袖子；（2）拧开水龙头，将手打湿；（3）关水龙头、搓香皂；（4）两手心相搓；（5）右手搓左手、手指、手背、手腕（换反方向手）；（6）两手五指分开，手指交叉洗手指缝；（7）打开水龙头冲洗干净；（8）关水龙头，在水池内甩手；（9）摘毛巾擦手，将毛巾打开放在左手手心上，右手放在毛巾上，擦干（换反方向手）；（10）挂毛巾（秋、冬、春季擦油）。

3. 进餐

质量标准：桌面消毒干净,碗筷摆放整齐,中大班指导值日生擦桌子、摆碗。

技能技巧：掌握常用消毒液的配置及使用;饭前10—15分钟消毒餐桌;先用浸泡消毒液的湿布擦桌面,待间隔5—8分钟以后,用清水抹布再擦一遍餐桌。注意:抹布擦一张桌子翻一个面,一块抹布擦两张桌面,不能一擦到底。

4. 分餐

质量标准：分饭时要先照顾体弱、进餐慢的幼儿,饭菜少盛多添,分得均匀。纠正幼儿不良姿势,培养幼儿用餐的文明卫生习惯。

技能技巧：掌握幼儿进食量,根据每个幼儿进食量分饭菜和少盛多添原则。分饭菜时,动作快,均匀,先给进餐慢的幼儿和体弱儿盛饭,让他们先吃。注意饭菜的保温、保洁。注意冬季保暖,夏季降温。

5. 如厕

质量标准：照顾年龄小的幼儿如厕,帮助其穿脱衣裤,培养幼儿良好的如厕习惯。将手纸裁好放在固定位置上。

技能技巧：教幼儿正确使用卫生纸(擦屁股时从前往后擦),对折、叠好再擦一次,便后将裤子提好,内衣塞进裤子里,不露肚脐与后背。教育幼儿便后冲水、洗手。

6. 穿脱衣服、睡眠

质量标准：(1)做好幼儿睡前卧室环境的准备工作:空气清新、温度适宜、光线柔和。(2)帮助并指导幼儿正确穿脱衣服。按顺序穿衣服:袜子——裤子——鞋——上衣。检查幼儿衣服是否穿得整齐,领子翻平,内衣放进裤腰内,两条腿是否分别伸进左右裤腿内。按顺序脱衣服:上衣——鞋——裤子——袜子。检查指导幼儿将衣服脱下,叠放整齐,鞋放在床一侧,摆放整齐。(3)检查及帮助幼儿整理领口、袖口、裤口。

7. 整理床铺

质量标准：幼儿起床后,被子完全打开通风,等幼儿穿好衣服后再叠被子。注意检查床上、被褥下是否有异物,被里被头是否有开线。床单铺得平整,被子叠得有棱有角,宽窄与床一样,摆放整齐有序。横看竖看一条线,枕头放在被子上,枕巾铺平。(幼儿睡觉时爱出汗,应注意枕头、枕巾通风,切忌把枕头放在被子下面。)

8. 户外锻炼

在开展户外活动前,教师要检查活动场地和活动器材是否完好,如发现安全隐患要及时排除;还要检查幼儿的衣服、鞋子是否合适,宽松的衣服最好束在裤子里,纽扣要扣齐,袖口、裤管不能太长,鞋带要系紧。活动中,要按照活动要求向幼儿讲明安全注意事项:如在玩攀登架时,提醒幼儿双手抓紧架子,两脚交替往上爬,并注意观察四周情况,以免相互碰撞;玩滑梯时,双手应扶住边缘两侧从上往下滑,滑下后立即离去,决不能头向下倒着滑滑梯;游戏时,如果不慎摔倒要尽量双手撑地,避免头朝地;玩"秋千"等动荡的器械时,双手应抓紧绳索,旁观者则要保持距离,以免碰伤……对一些体育活动课程,教师还要加强活动过程中的安全保护措施,设置防护设备,保证足够的保教人员在场边,让幼儿在教师的视线之内活动;对体弱和生病的幼儿,要避免剧烈运动,及时提醒休息,运动量适中。运动后,要带幼儿做些缓慢且放松的整理活动,如慢跑、慢走、徒手操等,也可以按摩运动剧烈的身体部位,帮助促进局部血液循环等,并提醒幼儿喝水,补充水分。

9. 午睡看护

保教人员要特别关注幼儿的午睡情况。从睡前、睡中、睡后三个环节着手抓安全。(1)睡前,要检查幼儿身上有无不安全物品,如有要及时拿走;幼儿躺下后,要观察他们的被子,若有来回掀动的,观察幼儿是否不适，或是幼儿躲在被子里玩没被发现的小玩具，要及时查看，以免发生误吞等危险；对平时不易入睡的幼儿很快入睡了，或平时很快入睡的幼儿忽然睡不着了，要留意其身体是否不适。（2）睡中，要检查幼儿的睡姿，如有的幼儿把被子蒙在头上睡，容易造成呼吸不畅，可能导致窒息的危险；期间还要不间断地观察每个孩子，呼吸是否均匀，有无异常，如发现出大汗或呼吸不均匀的、脸色发黄或特红的，要立刻叫醒孩子，询问有无不适，并及时对症处理；还应该特别观察个别特殊幼儿，如有疾病史的幼儿、正在服药的幼儿是否有异常。（3）起床后（即睡后）仍要观察每个幼儿，正常睡醒的幼儿脸色红润有精神，而无精打采、脸色不好的幼儿，有可能是不舒服，要及时询问；对已穿好衣服的幼儿，要提醒其安静等候其他小朋友，不能打闹追逐，以免引发磕破碰伤等事故。

四、后勤人员的培训

（一）领导重视是根本

健全和完善各项规章制度。目标管理责任制层层落实到位，对于幼儿园后勤工作的顺利开展具有一定的保证作用，责任明确，职责分明，奖罚分明，才能保证后勤管理水平和服务质量的提高。但是，这种保证作用还得依赖于不断地完善各种规章制度，使后勤管理工作真正走上制度化、规范化的轨道，使所有的后勤员工都对自己的工作有法可依，有章可循，从而最大限度地发挥各自的工作积极性，提高工作效益，达到优质服务。

园领导要充分关心后勤工作，充分调动后勤员工的工作积极性，重视增强后勤团队的凝聚力。一方面要在园中形成一种尊重后勤人员劳动的舆论倾向，另一方面要努力改善后勤员工的工作条件，同时，要妥善处理好后勤团队内部的人际关系及后勤人员与教师、领导之间的人际关系。和谐的人际关系是影响后勤团队凝聚力的重要保障，也是实现优质服务职能的必要条件。

（二）常规管理是关键

幼儿园在常规管理方面，要重点抓好以下两项工作。一是制度管理。幼儿园建立健全管理制度，做到每项工作、每次活动、每个环节、每位教职工都要有详细、明确、严格的规定和要求，教职工都要按章办事，监督到位，奖惩严明。二是情感管理。要求每位教职员工都要有大局观念和集体观念，集体就是一个大家庭，后勤工作人员可以给孩子讲食品的营养、食物的品种及食用的方法等，时时处处呵护每个孩子，关心每个员工，努力营造家庭氛围，让大家吃得舒心、住得放心、工作得开心，强化后勤人员的服务意识。

（三）后勤员工专业素养的培训

1. 食品管理

首先严把食品采购关、加工关，不购买腐烂、变质的食品。存放食品有专人专门管理，其他人不得进入食品加工间和操作间，严禁外来人员出入厨房。完善进出库制度，由专人进行食品入库与出库的检查工作，包括：食品名称、生产日期、供货商地址、检验报告等。其次是重视抓改善幼儿伙食，提高膳食质量。为了管理好幼儿的膳食工作，对食品的采购、食物的保管、炊事员的工作等进行检查和指导，发现不合理的现象，及时指正。如发现食品有剩余，马上要求采购人员减量，尽量避免浪费；坚持把好进货关、幼儿饭菜质量关和卫生关，并想方设法，不断改善花样品种。按时公布"本周食谱"，并定期召开伙委会，听取老师与家长对膳食工作的意见，及时给予反馈调整，使幼儿食谱不断得到落实和提高，以提高家长的满意度。最后，从业人员严格落实厨房工作制度，确保幼儿健康。餐具做到勤洗勤消毒；各类器具做到生熟分开使用,并做好标记。

2. 幼儿园资产管理

坚持规范幼儿园资产管理,严防资产流失。建立固定资产台账,有专门档案记载,有固定资产使用、登记、维护制度,维护经费纳入年度预算,超过规定标准的设备购买、改造等均纳入政府采购,实行园务公开、民主理财、科学管理。严格按上级规定的收费标准进行收费,将收费标准向家长、教师、社会进行公布,并将每月的收支情况张贴在校务公开栏内,增加透明度。做到严格执行财务制度,认真做好经费预算,分清主次轻重,合理安排经费开支,账目清楚。严格执行伙食管理制度,伙食费专款专用,并每月向家长公布伙食账目。严格执行采购、验收制度,对购买物品进行登记、验收,并认真核对发票的物品数量及质量,对各部门所需物品,定时、定量供应,年底对所有财产进行清点。幼儿园设有仓库保管室,有专人负责,平时所有低值易耗品均有出、入库登记。

3. 幼儿卫生、安全管理

(1)加强行政值班、教师值班、门卫值班。坚持严把"三关",即每天晨检关、每天午检关、每天消毒关。坚持晨检与全日观察相结合,并做到有记录、有分析、有措施。杜绝幼儿将危险品带入幼儿园的现象,确保幼儿的安全,做好入园离园交接班的登记工作。做到有病及时发现,及时治疗。坚持卫生消毒及隔离制度,毛巾、水杯、玩具、被褥、图书、空气等严格消毒,做到一人一杯一巾制,各班应配有消毒柜,坚持幼儿餐具每餐消毒,口杯天天消毒,幼儿使用的玩具定期进行消毒。为了减少常见病、多发病的发生,定期进行空气消毒和药物消毒。

(2)坚持抓好环境卫生和卫生宣传。为了让幼儿有一个良好的环境,长期坚持每天小扫,每周大扫,每月全面检查,并进行评比,评比结果与奖金挂钩,促进工作的落实。根据季节和疾病的流行情况,每月通过宣传栏、讲座,向教师、家长、幼儿宣传保健常识、传染病的防治方法。

(3)定期对幼儿园设施进行检查。查找园内安全隐患,发现问题及时采取措施加以消除,主动与城管、民警协作,确保幼儿的安全。并建立安全检查档案,及时总结和改进安全工作。

因地制宜,绿化美化幼儿园。绿化面积应占园总面积的60%—80%,要做到四季有花开、有绿树。在幼儿园文化建设方面,幼儿园在园内醒目位置要设有专栏、公示栏、文化长廊、幼儿行为规范等,真正达到"让墙壁说话,使花草育人"的育人氛围。

(4)开展安全教育活动,增强幼儿防范意识。安全知识最终要转化为安全行为才是教育的根本,才是最有现实意义的。首先,在活动室周围和楼梯、过道两旁贴上安全标识,以经常提示幼儿。其次,开展一系列安全主题活动,如遵守交通规则,给小朋友介绍交通规则,认识交通标识,懂得红灯停、绿灯行的常识。带幼儿参观消防队,看火灾事故图片展,看演习。第三,让幼儿掌握简单的自救方法,并学习正确拨打特殊电话号码,如110、119、120等。要强化师生安全教育,经常宣传安全知识,不断增强安全防范意识和能力,确保万无一失。明确安全职责,昼夜巡逻值班,及时排查安全隐患。

小　结

　　党的二十大报告指出,教育、科技、人才是全面建设社会主义现代化国家的基础性、战略性支撑。2018年中共中央、国务院《关于全面深化新时代教师队伍建设改革的意见》要求建立幼儿园教师全员培训制度,切实提升幼儿园教师科学保教能力。应建立适合我国国情的幼儿园教职工培训模式。例如:以专业引领为主的专题培训与以园本教研为主的现场研修相互承接的在职培训方式;从能力本位角度出发的能力本位教学模式;网络环境下的教职工培训模式等。虽然这些研究角度各不相同,但这些培训模式总体上都强调教职工在培训过程中的主动性、反思性与合作性,并强调教育资源的共享。

幼儿园危机管理

导读　　　　　　　　　　　　　　　　　>>>

　　《纲要》提出,幼儿园必须把保护幼儿的生命和促进幼儿的健康放在工作首位。制定有效的幼儿园安全事故预防策略,是构建和谐幼儿园的基础与保障,而安全事故预防的关键之一应该是培养管理者的危机意识。在幼儿园一日活动组织的各个环节中、在管理制度的落实中、对突发意外事件的处理、家长工作、媒体公关和人事安排等方面,都可能隐藏着重重危机。幼儿园危机已构成当代幼儿园及其成员生存与发展的重要影响因素,因此加强幼儿园的危机管理,已成为幼儿园管理中的一项重要工作。

教学课件

一、幼儿园危机管理概述

（一）什么是幼儿园危机

危机就是风险事故，指组织因内外环境因素所引起的一种对组织生存具有立即且严重威胁性的状态。

那么，什么是幼儿园危机？幼儿园危机是指发生在幼儿园内或与幼儿园有关，由幼儿园内外因素引起的，干扰幼儿园正常运行的，严重损害或可能严重损害幼儿园组织功能及成员利益的突发事件、意外事故或演变趋向，对幼儿园全体和个人带来危害的事件。通常在幼儿园可能发生的危机事件包括：地震、洪水、台风等自然灾害；污染、中毒等食品卫生问题带来的安全事故；设施、用电、用水问题等导致的安全隐患；春（秋）游活动中的事故；突发性传染病的爆发和流行；外人侵入校园导致的意外伤害等。

（二）幼儿园危机与幼儿园安全事故、突发事件的关系

谈到幼儿园危机，很多人自然而然地会联想到一系列在幼儿园发生的安全事故而将两者等同，其实不然。安全事故主要是指发生在幼儿园内，或与幼儿园相关的活动场所，对教师、幼儿可能带来的人身伤害（亡）事故和对幼儿园、师生员工的财物损坏事故。幼儿园发生的安全事故，仅仅是较为凸显的导致幼儿园发生危机的因素之一，当然，也是较为关键性的因素之一。除此之外，发生在幼儿园管理工作中的矛盾、冲突，以及始料不及的外界突发事件影响、自然灾害等，都可能导致幼儿园危机的发生。

突发事件是指突然发生，造成严重危害、需要采取应急处置措施予以应对的自然灾害、公共卫生事件和校园安全事件等。突发事件强调事件发生时间出乎意料、而且有一定的偶然性。幼儿园突发事件数量种类繁多，但并不是每一个突然发生的事件都会构成幼儿园危机。只有那些对幼儿园组织利益构成严重损害的突发事件，才有可能引发幼儿园危机。因此，突发事件与危机是交叉关系。从危机形成的角度来看，危机的发生有一个过程，而突发事件有时是引发危机的导火索，有时则是潜伏的危机状态最后的爆发阶段。

（三）幼儿园危机管理的概念

危机管理就是一种针对危机情境所做的管理措施及应对策略，即组织为避免或减轻风险和危机所带来的严重威胁而从事的长期规划及不断学习、适应的动态过程。

幼儿园危机管理，是指幼儿园管理者根据幼儿园的危机管理制度和计划对幼儿园危机进行预防、应对、恢复的策略应对过程，涉及对幼儿园危机事件和幼儿园危机状态管理，是幼儿园管理的重要组成部分。它是一种有计划、连续及动态的管理过程。幼儿园危机管理是从幼儿园管理的各个环节中可能出现的危机出发，承认危机存在的可能性，在此基础上提出预防计划、应急计划和评估与心理干预计划，并不断使计划获得演练和落实。相对幼儿园日常管理的"确保幼儿园正常运转"而言，幼儿园危机管理则是幼儿园存在与发展的一道保护屏障。

（四）幼儿园危机管理的特点

幼儿园一旦发生危机事件，往往伴随着威胁性、紧迫性、破坏性、持续性、传播性、突发性、潜伏性、

可转化性等特点,为此,在幼儿园危机管理中,基于对幼儿园内外环境以及相关因素的认识而进行的危机防范和应对活动不同于一般的行政管理,具有以下三个特点。

1. 全程性

幼儿园危机管理不仅是危机发生时对危机事件的处理,危机过后的"亡羊补牢",更重要的是需要全程管理的思维。从时间进程的角度看,可以把危机管理活动分为危机预防、危机应对和危机恢复三个阶段。

2. 全员性

这意味着幼儿园危机管理需要全员参与。全体师生、家长乃至社区也要参与到危机管理中来。尽管危机主要是幼儿园管理者的责任,但幼儿园危机管理不仅仅指向直接管理者,如园长、管理层,还包括幼儿园间接管理者,更重要的是在危机防范和应对中,及时的参与者往往起着决定性作用。

3. 全面性

幼儿园危机管理要以创建和谐安全平稳的幼儿园为根本导向,管理者要对自身状况进行全面的认识,从基本设备到规范条例,从日常生活到教育教学,众多因素都是危机管理需要认真对待的;需从多方整合资源,积极开展危机公关,根据危机情况,争取公安、消防、医院,以及有关的行政部门参与到危机管理与防范中来。

（五）幼儿园危机管理的原则

1. 生命安全第一位原则

幼儿园危机管理的目标在于保护和保障幼儿生命安全,这是"以人为本"的教育观念在防灾事务中的体现,也是世界各国处理幼儿园突发事件的基本理念。

2. 快速反应原则

危机的一个重要特点就是突发性和不确定性。要求幼儿园领导和教职工在幼儿园危机事件发生后,能够在第一时间集中力量,利用最小代价、最少的资源实现危机事件的顺利解决。

3. 事先预防制度化原则

幼儿园对可能发生的种种灾难事件,都应结合实际,在总结经验教训和吸取相关预防研究成果的基础上,制定出综合预防和应对的措施来,并使以应对突发事件为核心的整个紧急处置过程形成制度。通过不同形式提高师生防灾、减灾和保护健康安全的意识和基本技能以及沉着应对突发事件的能力。

4. 教育性原则

在幼儿园危机管理的过程中,绝不应仅仅针对当前的危机,而应及时吸取危机造成的教训、总结危机管理过程中的经验,提高职工危机意识,预防今后危机的发生。

二、幼儿园危机管理

面对学前教育大发展时期,幼儿园管理者的竞争意识、经营意识更强了,但幼儿园的管理者和研究者更多的是谈论如何锦上添花,打造特色。其实,在幼儿一日生活学习中如进餐、如厕、午睡、同伴间相互交往、参加教学活动、玩玩具、教师教育的行为、班内设备使用、生活用品使用等都存在潜在危机现象。在一般的管理中,对加强职工危机意识、危机预防和应对能力往往只是会议上强调,落在纸上,存在事情发生了再想办法解决的现象。下面重点谈谈幼儿在园户外活动中的户外游戏、大型活动、户外活动设备;幼儿一日活动中各环节、室内区域活动、幼儿成长与教育;意外伤害事故中灾难防御、校车、门卫、食品安全、传染病预防等内容中的危机管理。

（一）幼儿园一日生活中的危机管理

幼儿在园的一日活动涉及生活与教育的诸多方面，包括来园、晨检、进餐、早操、集体教学、区域游戏、盥洗、午睡、户外活动、自由活动、离园等环节。而在这集体生活的每个环节中，幼儿的年龄和行为特点、环境中的不利因素、集体环境中传染病的威胁、教师之间的矛盾、教师不当的组织等情况，都将成为幼儿园危机。调查显示：76.6%的幼儿有过在游戏中摔伤或碰伤的经历；66.8%的幼儿有过从床上摔下的经历；25.8%的幼儿有过从楼梯上摔落的经历。从实际诸多危机事件中也不难看出，有些年轻教师在安排、组织幼儿在园一日活动中没有意识到危机的严重性，不能从思想上重视危机。表现出随意性大、考虑不周、不在乎等行为。而具有多年教学经验的部分教师却对有悖于幼儿园一日生活管理制度的现象司空见惯，缺乏危机意识，对幼儿在园生活各环节潜在的安全危机没有积极采取有效的安全防范措施，并习以为常，从而引发了令人震惊的习以为常中的"不寻常"危机。而且，对于另一部分具有多年工作经验的老教师，也会因"安全意识"太强而放弃部分活动的开展，认为不活动就可减少危险发生，在日常活动中总是让孩子坐在椅子上，禁止了孩子的自由活动，用划一的要求、严密的空间，剥夺孩子的自由，扼杀孩子的创造性。由此，我们应正确对待幼儿在园的一日活动中的危机管理，合理组织一日活动，全面促进幼儿身心健康、和谐发展。

1. 幼儿园晨检危机管理

幼儿园由于幼儿人数多，晨检容易出现疏忽，往往会发生一些事故。保健人员更多的只是检查幼儿手、脸，往往忽略幼儿携带危险物品，使晨检流于形式。

案 例

晨检疏忽

2019年3月，某幼儿园幼儿形形从家中拿了几颗螺丝钉装入口袋，带来幼儿园，晨检时老师未察觉。中午午睡后，螺丝钉散落在幼儿床铺上，将形形小腿扎伤，班级教师发现后立即联系保健医送往医院处理。事后，家长控诉幼儿园当班教师玩忽职守，不负责任。

案例分析：
案例中所发生的问题，晨检教师因为工作疏忽，未能对幼儿进行"一问、二摸、三看、四查"，从而导致事故的发生。

案例启示：
幼儿园一定要意识到晨检的重要性，严格落实晨检人员工作，做到"一问、二摸、三看、四查"。从安全角度来说，晨检过程中能及时发现问题，阻止幼儿带危险品进入幼儿园，杜绝一切可能发生的危险因素。幼儿年纪尚小，是非观念尚未形成，缺乏自我保护意识，经常将一些危险物品装入口袋，而家长有时忙于工作或因其他事情未关注到。幼儿园应与家长密切联系，做好家园共育工作，有义务提醒家长每日检查幼儿口袋，以减少安全事故的发生。

2. 幼儿园午睡活动的危机管理

幼儿园发生的安全事故，是导致幼儿园危机的关键因素之一。午睡事故的发生，是绝对不可轻视的幼儿园安全事故。幼儿园若缺乏有效的防范措施，后果将不堪设想。幼儿园应强化午睡活动危机管理意识，坚持防微杜渐原则，强化安全行为，建立幼儿园午睡安全事故的预防策略，把安全危机事故灭于萌芽之中。

案　例

溜出午睡室的花花

花花是新插进小班的,也许是她年龄偏大,所以不哭不闹。由于她的安静、乖巧,老师也就没有特别去关注这个新来的孩子。

一周后一天午睡,孩子们进入午睡室不到20分钟就都安静地闭上了眼睛,老师以为孩子们都睡着了,值班的王老师也感到了一些疲劳,就轻轻关上门,斜靠在椅子上,闭上眼睛想休息片刻,可不知不觉就睡着了。等王老师睁开眼睛,一眼看见午睡室的门打开了,再一巡视午睡室发现空了一张床,这恰恰是花花的床,她赶紧跑出去找,发现花花竟然一个人跑到了楼顶。正骑在彩色栏杆上四下眺望。

案例分析:

案例中所发生的问题,值班教师应负直接责任。作为值班教师却忽视对特殊孩子的教育,无视幼儿园的规章制度,不但没有履行中午值班要"不停巡视、观察孩子的变化、纠正幼儿不正确的午睡姿势",而且在幼儿午睡时放松警惕,造成了幼儿午睡期间的危机隐患,由此,险些酿成大祸。并且,在事情发生后,值班教师面对出现的情况,没有及时向相关负责人汇报,也没有寻求其他人员的帮助,只是抱着侥幸心理,希望自己把事情解决掉。这种做法是错误的。虽然本案例没有引发更大的危机,但通常情况下,这样做极有可能造成更大的危险。

案例启示:

一是幼儿在园生活的每个环节都存在潜在的危机,作为教师不仅要严格遵循《规程》和《纲要》精神,合理安排幼儿一日活动,更应该严格执行幼儿园规章制度落实活动。

二是教育家叶圣陶也指出:"教育就是培养习惯。"幼儿园一日生活皆教育,教师要重视一日活动的每个环节的养成教育,使孩子们知道哪些该做? 怎么做? 哪些不该做? 由此减少一日活动中的危机隐患。

三是加强一日活动中每个环节的监督检查,特别是幼儿午睡值班检查制,这样既保证了各活动的落实,同时,一旦发生危机,值班教师也能及时协助进行妥善处理,不至于出现无序局面。

3. 幼儿园室内区域活动中的危机管理

幼儿园教学有集体教学、小组活动、区域活动等形式,而室内区域活动是孩子们较喜欢的活动,它为孩子提供了自由选择、自主活动、自主探究机会,体现了兴趣和能力的培养。而要使室内区域活动有效开展,最需要关注的是区域创设的合理性、材料投放的适宜性和价值性以及教师在区域活动中的作用。否则区域设置将会成为一种摆设,区域活动也会流于形式并隐含危机。

案　例

玻璃瓶碎了

大一班的饲养角可丰富啦,有各种各样的小动物,为了培养孩子的责任感,老师请小朋友照顾好自己带来的小动物,负责给它们喂食、清理卫生等,孩子们很乐意。

一天晨间活动时，老师带孩子在户外活动，东东像往常一样一进班就给装在玻璃罐头里的小蝌蚪喂食换水。正当他小心翼翼捧着瓶子向水池走去时，童童小朋友迎面跑进来撞个正着，玻璃瓶打碎了。小蝌蚪洒落在地上挣扎着，两个孩子来不及相互责备，忙不迭地开始抢救小蝌蚪的工作，手忙脚乱地开始抓起地上的小蝌蚪……当老师闻声赶来时，东东的左手已被鲜血染红，碎玻璃不仅划破左手拇指表皮，而且割断了拇指的肌腱，若不及时得到有效的治疗，将会造成孩子的手指活动技能障碍，落下终身残疾。

案例分析：

案例中，老师创设的区域很让幼儿喜欢。但老师在管理中只考虑到为什么让孩子干，却忽视了孩子的年龄特点，使孩子承担了不能独立完成的劳动任务，致使事故发生。再者，没有将孩子的活动控制在自己的视线内，这也反映了教师危机意识的缺乏。

案例启示：

一是开展区域活动不仅要有计划性、目的性，还要根据实际制定有效的管理方法，给幼儿安排任务，首要考虑安全。

二是重视日常活动中的安全自护教育，要将安全教育渗透在日常生活的每个环节中。

三是教师应合理划分幼儿活动区角，不要把各区域分离得太远。在组织幼儿活动时，所有孩子的活动都应在教师的视线范围内，切不可为了防止区域间的干扰，将区域分离太远。

四是区域材料的投入要注意安全、环保。

五是遇事要及时与家长沟通，采取的治疗措施要先征得家长的同意，再进行妥善处理，避免产生家园危机。

4. 户外游戏活动中的危机管理

游戏是儿童的生活，是儿童学习的主要方式。户外游戏是幼儿一日活动中必不可少的活动，而在户外游戏活动中，除了因玩具引发的危机外，游戏本身是否符合安全规则、是否对幼儿存在一定的危机；活动器械是否会给孩子造成伤害；教师是否关注并及时引导孩子的活动等都存在隐形的危机。

案 例

喜欢的油桶

近几年，有许多幼儿园为了丰富幼儿户外活动器械，将使用后的汽油桶清洁、消毒投入到户外活动中，而且得到了孩子们的喜欢。圆圆和飞飞是同一幼儿园大班比较好动的孩子，一天，在户外活动时，听到老师说可以自己选择喜欢的器械自由活动后，他俩便直奔立在一边的汽油桶，两个人先是为争抢一个油桶而争吵，看没有老师发现，飞飞便用力双手推向圆圆，此时，毫无防备的圆圆摔倒在地，胳膊碰在一边的玩具上便大声哭起来，最后经医院诊断其结果是胳膊肘骨折。

案例分析：

本案例中，在事故发生的整个过程中，作为组织者的教师都没有看到，教师哪里去了？而户外活动中教师的职责又是什么？

案例中之所以发生事故，最重要的原因是教师安全意识淡薄，不注意细节中存在的隐患。在活动前，没有对户外场地进行安全排查，没能及时了解孩子对器械的兴趣，没有对幼儿进行活动前的安全保护的引导,所以,在活动的组织中没有预料事故的可能性。同时,通过事故反映了教师平时对幼儿的了解、分析太少,在活动中没有对特殊孩子给予特别的关注,由此,导致事故发生。

　　案例启示:

　　一是在户外自主活动前,首先,教师要对幼儿活动内容有所了解,由此,可以了解幼儿对器械的兴趣,同时,可以在活动过程中有目的对幼儿活动进行观察。但在活动前需引导幼儿讨论使用户外特殊器械或经常在户外活动时发生的一些事情的处理方法,以此来避免在活动中的问题。其次,教师要充分意识到幼儿在园监护权已暂时转移到幼儿园,孩子在园期间发生的任何事故,不管教师有无过错,幼儿园都难逃其责。所以,教师应以高度的责任心来关注孩子的安全。

　　二是户外活动形式和内容很多,更注重的是尊重孩子自主,所以,无论任何游戏都要注意通过不同形式,加强幼儿规则意识、自我保护意识和解决问题能力的培养。同时,还要注意在一日活动中培养幼儿间交往和解决问题的能力,避免孩子在问题面前用不当的方法,导致危机的发生。

　　三是孩子在活动中,危险很难绝对避免,为此,可为幼儿购买保险规避风险。

5. 大型户外活动中的危机管理

　　在幼儿园为了促进幼儿全面发展,更好地体现家园配合,丰富幼儿园活动内容,不同形式的大型开放性的活动越来越多,如新年元旦、六一儿童节、十一国庆节等节日期间开展一些文艺演出、运动会、比赛、家长开放日、集体春游等大型活动。

　　而面对缺乏安全意识和自理能力的孩子,面对人员众多、组织复杂、监管困难、开放的大型活动,安全维护是活动的重中之重,但在准备和组织活动过程中往往更多重视的是活动本身,有时甚至为了活动的质量占用孩子的大量时间,从而忽略了幼儿的生理和心理特点,忽略了孩子本身对活动的兴趣,如果活动前不进行详细的安排与规划,对潜藏的危机进行细致的分析与落实,就难免发生意外。

🐎 案 例

流泪的蜡烛

　　某幼儿园在"六一"儿童节到来时,举行了丰富多彩的文艺节目演出。活动中只见幼儿身穿盛装表演着,家长们看着孩子的表演各个面带笑容。其中,有一个班的孩子的表演吸引着每个人,她们身着用皱纹纸做的彩裙,手拿点燃的蜡烛,愉快地翩翩起舞。忽然,一个小朋友的蜡烛燃着了皱纹纸做的彩裙,在一片混乱中一起烧伤事件发生了。

　　案例分析:

　　首先,在大型活动中教师追求节目的精彩,追求活动的质量,这种想法是无可厚非的。而在本案例中,教师却忽视了燃烧的蜡烛对孩子的危险,更令人感到不安的是孩子身穿易燃的纸裙,手拿燃烧的蜡烛翩翩起舞。而且在活动中教师和孩子的精力都集中在表演上,忽略了孩子的年龄特点和"防火"这个重要的安全因素,忽视了潜在的危机,致使精彩的节目演变成悲剧。

　　其次,根据幼儿年龄特点,色彩鲜艳的东西是最吸引孩子注意力的,教师在设计时缺乏危机意识。

　　案例启示:

　　不同形式的大型活动在幼儿园是常见的,也是有必要的。通过丰富多彩的活动不仅能让幼儿感受到节日的气氛，让幼儿在活动中得到更多的锻炼和发展，它还能为幼儿园增添欢乐的气氛，能让更多的孩子在这样的活动中表现自己、展示自己，让他们在感受快乐的同时，培养他们自信和大胆地表现自己的能力。同时，宣传幼儿园的管理和教育理念，争取家长对幼儿园工作的理解与支持。但是，无论哪种大型活动，要想把很必要的活动开展得更有意义，达到一定的目的，就要在活动前制定详细的危机管理方案，明确分工，责任到人。要对庆典的节目进行必要的审查，对大型活动中已发生的诸如踩踏、火灾、走失等事件要坚持"安全第一，预防为主"的方针，做好危机的预防，最大限度排除危机，确保活动圆满。

（二）幼儿园意外伤害事故中的危机管理

安全是人类最基本和最重要的需求。对幼儿来说，安全往往意味着生命的保障。因此《纲要》指出："幼儿园必须把保护幼儿的生命和促进幼儿的健康放在工作的首位。"

近年来我国幼儿园连续发生恶性安全事件，幼儿安全事故频频发生，意外伤害已成为威胁幼儿生命安全和健康成长的第一杀手。在幼儿园面对年龄小、活动欲望强烈、自我保护意识薄弱、易受伤害的孩子，保护幼儿的生命是幼儿园工作的首要任务。

1. 幼儿园灾难防御的危机管理

在生活中，难免会遭遇天灾人祸，如：火灾、洪水、地震等。尽管在遭遇灾难的时候人们被灾难所带来的巨大伤害所震撼，会激发对灾难防御的迫切需求。但尚未遭到这些灾难的时候，人们往往会觉得灾难是那样的遥远，与己无关。幼儿园一片祥和的氛围往往也会让人们忘却灾难的存在，进而产生松懈的情绪，最终因灾难产生巨大的损失。天灾人祸虽然不可能完全避免，但若预防与应急处理措施得当，亦可减少经济损失与精神损伤。以火灾应急处理为例，基本流程见图9-1。

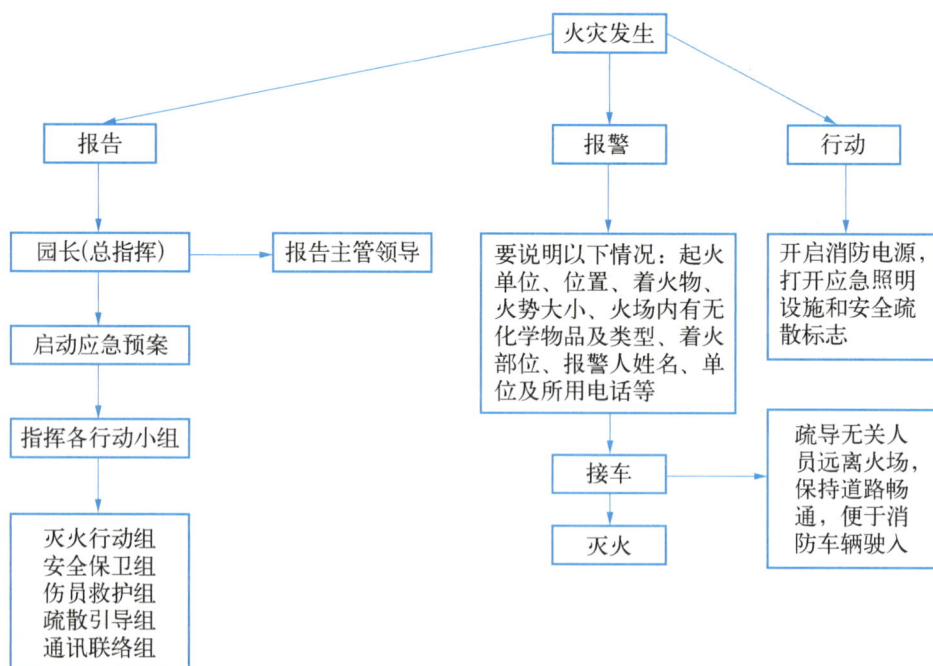

图9-1　幼儿园火灾应急处理流程图

案　例

地震中抢出400名儿童

2008年5月12日14时28分四川遭遇的强地震,是中国历史上极为悲痛的一段记忆。在强震突袭时,都江堰市幼儿园的3层教学楼剧烈摇晃,楼内块状的水泥不断往下掉。午睡室里,孩子被吓得哭喊起来。老师立即大喊:"孩子们,跟着老师快跑,跑到外面操场去!"孩子们凭借着以往"逃生演习"的经验,快速而有序地开始撤离。该园园长苏文在各个楼层指挥着,帮助孩子和老师撤离。宝宝班的孩子已吓得只知道哭了,根本跑不了。老师们就一人抱三四个向外冲。留守在最后的老师冷静地挨着床掀开被子检查着,她们心里只有一个信念:"不能漏掉一个孩子!"经过奋战,全园400余名幼儿和50多位职工都安全脱险,且毫发无损。

案例分析:

案例中,在众多幼小生命消失在废墟之中的时候,都江堰市幼儿园却用自己抗御危机的勇气和能力化解了危机,保证了全体幼儿的生命安全。而此次救护行动的成功,与该幼儿园平时对幼儿及教师的逃生演习有着密切的关系;与灾难来临时,有步骤的沉着应对有直接的关系。

案例启示:

一是幼儿园灾难有因自然因素导致的,还有因人为因素或管理不善而导致,如火灾、电灾等,更有不可预料的暴力袭击、盗窃等威胁人身安全和导致财产损失的灾难。面对灾难的预防,幼儿园应建立各项安全管理制度,形成安全管理网络,并且在严格监督下,使制度落实到实践中,避免制度的虚设,增强职工的危机意识。

二是要及时与各岗位人员签订安全责任书,明确职责,做到责任到人,从思想上引起高度重视。

三是将对职工进行安全知识培训和实地演练常态化;将对幼儿进行防地震、防火逃生演练等常态化;将对幼儿进行的安全保护知识日常化,减少惨剧的发生。

四是危机处理刻不容缓。危机已然发生,应当积极应对。面对情绪激动的家长和社会各方面的指责,幼儿园要积极配合相关部门做好善后的安抚工作。

2.幼儿园校车的危机管理

近几年,不同层次的幼儿园在逐渐增加,而幼儿园是否"有校车接送"成为招生时吸引家长的一个亮点。但是,校车的使用和管理却有着许多令人担忧的隐患。

案　例

不该发生的遗忘

2007年5月29日早晨6时10分左右,某幼儿园园长阚某与其丈夫孙某开车将两岁九个月的小夏和其他孩子接到幼儿园,到达后,原本应该由跟车的阚某将孩子一个一个抱下车,但她脚疼,下车后就直接回到了屋里,而让另一个老师出去抱孩子。谁都没有发现小夏被遗忘在车里。早晨7点10分,校车接回了第二拨孩子,所有坐车的孩子下车后还是没有发现小夏,老师关上了车门,司机将车停放在幼儿园旁边。整整一上午，没有人想起被遗忘在车里的小夏。下午13时驾驶员孙某才发现了横躺在车里的小夏，此时孩子已口吐白沫，全身湿透，随后，孩子被送到医院，但已经没有了呼吸。

据了解，出事当天，气温是29—34℃，而这辆四周都密闭的校车从早上8时到下午13时一直都在烈日下暴晒，事后警方的模拟试验显示，当时车里的温度高达50℃以上。

案例分析：

从案例中可以看到，车到幼儿园后，跟车的阚某并没有将接到的幼儿抱下车，也没有向另安排抱孩子的教师交代幼儿坐车情况，而径直离开，校车接送，无章可循。还有，一直到中午司机才发现出事的幼儿，这说明班内对来园幼儿人数既不知晓，也不过问。接车人与班内没有任何交接手续，存在诸多安全隐患。

案例启示：

要确保校车使用的安全，应做到以下四点。

一是要设专人接送幼儿。

二是制定严格的接送制度。因为幼儿园接送与家长自己送孩子上幼儿园的不同之处在于，孩子被送上校车后，还要经过一段路程才能到达幼儿园，而且，接孩子的教师又不是班内的教师，班内教师又不能确定今天本班有几位幼儿坐车了。所以，从接上车到下车交给班内教师这个过程，不仅要求司机有过硬的技术，严格遵守交通规则来确保孩子在途中的安全，还要建立教师对坐车幼儿的记录、清点和对下车孩子的交接以及在车上对孩子们情绪变化的观察、处理，上下车检查车辆等制度，以此来要求教师，确保孩子的安全。

三是加强幼儿园教职工的安全意识和责任意识教育。

四是加大校车安全管理。要选用技术过硬、较高素质的司机，在车辆的停放、安全达标的检修维护、司机对校车的安全操作等，应该杜绝一切可能的危险，否则危机难以避免。

3. 幼儿园门卫的危机管理

孩子在幼儿园中生活，幼儿园的大门可以说是孩子的一道安全屏障。作为幼儿园最重要的一道安全屏障，门卫的职责和管理非同小可。门卫管理存在的主要问题有：人员随意出入园所；门卫的聘用随意，缺乏必要的审核；门卫的监管不到位，制定的制度形同虚设。

🐎 案 例

外来闯入者的暴行

2010年5月12日新华快讯：一陌生男人闯入陕西南郑县一幼儿园，持刀砍向儿童，致7死20余伤，影响恶劣。

同年4月29日江苏发生持刀行凶伤32人，重伤5名儿童；5月12日陕西一幼儿园发生凶杀案9名师生死亡；8月4日山东某一幼儿园又发生血案。

案例分析：

案例中可以看到，幼儿园管理制度落实不到位，管理不规范，有门卫看守的大门却能轻易让陌生人闯入,而且对陌生人的闯入门卫没有采取任何紧急防御措施,缺乏安全和危机意识,缺乏应对突发事件的能力。而且,从幼儿园管理上看,管理人员没有足够的危机意识。

同时,从一年中发生的多起安全事故中看到,幼儿园门卫安全意识、防范安全的危机意识,对确保幼儿园安全的重要性。因此,在管理中要意识到门卫是安全防范最重要的岗位,切不可疏忽大意。

案例启示:

一是配备专业的保安。管理人员要有高度的危机管理意识,严格落实安全规范管理的要求,从保安公司配备专业的保安和相关的安保设备,安装规范的报警设备,做好安全防范的有效保障。

二是规范保安管理制度,严格按照岗位要求聘用。对保安的聘用不仅要了解保安的健康和整体素质,对其既往工作史、家庭情况等也要进行了解或者到相应的公安机构开具无犯罪记录证明,避免潜在的危险。

三是重视门卫的管理。大门是幼儿园安全防范的第一道防线,在管理中要落实主要领导负责安全,安全第一责任人的制度,加强对保安的规范管理,同时,要尊重和关心保安,使他们意识到自己岗位的重要性,增强其安全和责任意识。特别是接送和人员出入管理中,用敏锐的观察力识别人,用高度的责任心守护幼儿、教师和园内财产安全。

四是加强门卫的学习。在管理中要意识到保安是园内的一名员工,要请保安定期参加园内政治学习和各项安全演练活动以及培训,提高保安的思想认识和整体素质。

五是重视幼儿安全自救教育。幼儿园在对幼儿进行安全教育中,不仅要让幼儿了解哪些事情危险不能做,还应重视面对危机时,如何用正确的方法进行自救和自我保护。如:进行各种安全演练活动等。

4.幼儿园食品安全的危机管理

俗话说"病从口入"。幼儿园食品卫生与安全管理在幼儿园管理中举足轻重。一旦出现了食物卫生安全事件,往往意味着重大的安全威胁,会殃及整个幼儿园,其危害之大常难以想象。食物安全涉及原料采购、食物贮存、食品处理及烹调、环境卫生、器具卫生等各个环节,需要幼儿园有严格的食品安全管理制度。一旦危机发生,尤其是夏季等食品卫生事件高发季节,如果没有及时的应急处理机制,也会错失化解危机的时机。

案 例

亚硝酸盐引发食物中毒

2018年1月22日中午1点,河北省灵寿县青同镇韩朱乐村民办幼儿园误用亚硝酸盐,导致该园部分幼儿出现食源性疾病事件发生。截至22日24时,已有35名幼儿离院回家,59名仍在留院观察。

经调查,事件是由于1月20日该幼儿园负责人用自行购买的2两亚硝酸盐(当地村民过年传统方法烹烧猪肉常用的材料,民间俗称火硝),在幼儿园食堂加工春节自用肉食后,将剩余的不足1两的亚硝酸盐留在幼儿园食堂厨房。因亚硝酸盐与食盐相似,22日中午,该园炊事员徐荣菊在烹制大锅菜过程中,误将亚硝酸盐当做食盐放入炖菜中,导致食源性疾病事件发生。

案例分析：

一是食物中毒，暴发流行。虽然食物中毒有不同原因，症状各异，但一般都具有潜伏短的特征。食入"有毒食物"后短时间内会出现一批病人，来势凶猛，很快形成高峰，呈暴发性流行。不管最终结果如何，这对幼儿园来说注定是一场危机。

二是高发季节，提高警惕。夏秋季多发生细菌性和有毒动植物食物中毒，冬春季多发生肉中毒和亚硝酸盐中毒等，因此，不同的季节有不同的食物中毒凶险，需针对性防范。

三是加强规范管理，防范危机。首先，幼儿园要严格落实安全责任制，做到责任到人，强化自身管理，高度重视食品管理以防范危机。其次，规范幼儿园食品管理，如：食品采购、厨房工具和食材的摆放、规范操作等，严格落实《中华人民共和国食品安全法》严把进出口关。第三，园方应主动加强从业人员卫生法律、卫生知识、卫生操作技能的培训和指导，强化自身安全防范管理意识、规范操作程序、杜绝食物中毒的发生，确保饮食卫生安全。

案例启示：

一是严格人员的聘用。在人员的使用上，不仅要聘用专业技术人员来确保伙食质量，更重要的考察了解每位人员的健康情况、社会背景、工作经历和人品，避免危险人员进入。

二是规范管理，防范危险。严格落实4D或6S管理，做到责任到位、标识清晰、整洁、养成规范操作习惯。重视对从业人员法律、卫生知识、规范操作等培训，强化安全意识，确保饮食安全。

4D管理：整理到位、责任到位、执行到位、培训到位。

6S管理：整理：要与不要，一留一弃；

整顿：科学布局，取用快捷；

清扫：清除垃圾，美化环境；

清洁：清洁环境，贯彻到底；

素养：形成制度，养成习惯；

安全：安全操作，以人为本。

三是高度重视食品安全管理。管理中在明确责任、规范管理的同时，要注意关心职工、观察职工精神状态，杜绝带病、带情绪上岗。

四是卫生监督，常抓不懈。幼儿园应加大对食堂的日常卫生监督力度，经常查找薄弱环节和漏洞。尤其是在夏季容易引发食物中毒的特殊季节，更应注意卫生的监督检查，必要时请上级卫生行政部门到园进行监督指导，以消除隐患。

5. 幼儿园传染病预防的危机管理

幼儿由于年龄小，抵抗力偏弱，容易引发各种疾病。特别是在集体生活的环境中，还容易造成传染病的流行。这不仅对孩子的健康造成危害，引发家长的恐慌，也会让幼儿园面临危机。幼儿园如果有应对疾病和传染病的完备的危机防范和处理机制，在面临危机时处惊不乱，就能成功化解危机（见图9-2）。反之，危机处理不善就可能引发一场灾难。

幼儿园常见的传染病包括流行性腮腺炎、手足口病、水痘、猩红热、流行性感冒、细菌性痢疾等，其他常见传染病还有麻疹、风疹、百日咳、病毒性肝炎、脊髓灰质炎、流行性乙型脑炎等，均有不同的传染源和传播途径，对儿童的健康危害极大。因此，要确保儿童健康，就要努力降低传染病的发生，杜绝传染病的爆发。

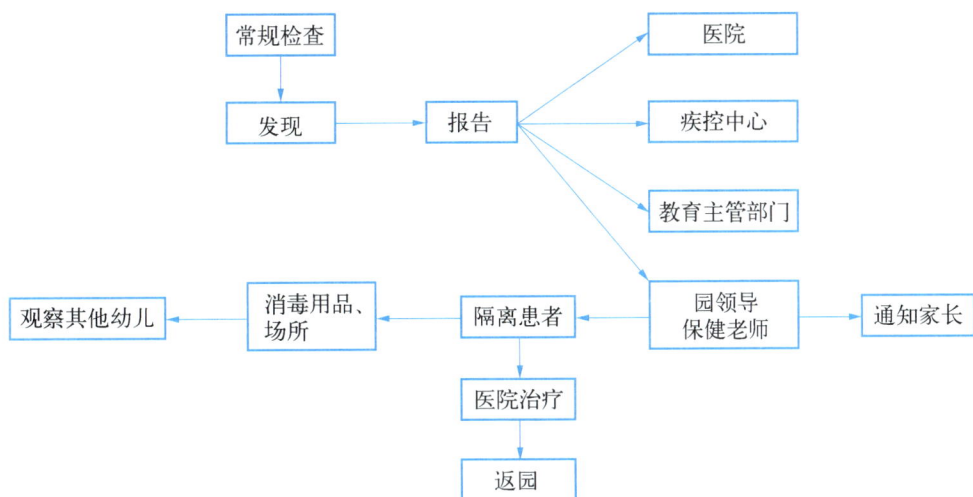

图9-2 幼儿园传染病应急处理流程图

案 例

幼儿园手足口病的暴发

近两年手足口传染病暴发非常普遍,不分季节地发生,而作为幼儿园也总在不断反思,找原因,但最终是防不胜防,总是由一个传到两个、三个,直到停班。

案例分析:

一是幼儿园健康管理不规范。虽然手足口病暴发流行的原因不全在于幼儿园,但幼儿园对入园孩子有没有进行免疫接种等相关审核。

二是疫情报告意识薄弱。发现幼儿园孩子有传染病症状时,应及时与园内医务人员联系取得进一步诊断。

三是与家长沟通不畅。当出现传染病传播开来,说明与家长沟通不畅,没及早发现潜在的危险,致使传染病传播。

案例启示:

一是严格执行相关卫生制度。对于入园儿童的体检及免疫接种,要完全按照国家相关规定执行,以免引起不必要的危机。

二是做到及时汇报,及时隔离。对于传染病的暴发流行,要高度警惕,尤其是出现疑似症状时,要按要求立即汇报,并及时控制传染源,切断传播途径,保护易感人群。对疑似或确诊为传染病的患儿要立即隔离,对密切接触者还要进行检疫,以免大面积暴发流行。此外,在日常生活中,还要注意培养幼儿良好的个人卫生习惯,合理安排一日生活,开展体能锻炼,增强体质,提高抗病能力。

三是与家长保持及时的沟通。孩子生病了,幼儿园应及时向家长了解情况,尤其是比较严重的病情,幼儿园更应引起重视,主动了解详细情况。特别是出现了疑似传染病的症状,更要及时采取措施。对于疾病防治及传染病预防等知识,也要对家长进行相应宣传。

四是高度重视,增强防范意识。幼儿是传染病暴发流行的高危人群,幼儿园属于集体活动场所,人员较为聚集,容易发生传染病的局部暴发。老人和幼儿的抵抗力相对较弱,感染流感后容易并发其他的疾病,在传染病高发季节应该特别注意防护。要从思想上重视对传染病危害的认识。

6. 幼儿园班级物品存放不当的危机管理

在幼儿园的班级管理中，教师兼备了双重角色，既是教育者，又是管理者，不仅要为班级幼儿组织丰富多彩的一日生活，关心幼儿的身体健康，还要对班级的物品进行妥善管理。在幼儿园中，因班级物品存放不当造成的危机事例近些年来有很多，如果不对班级潜藏危机进行排查，将会导致意外事故的发生。

🐎 案 例

误食药物

小雨在幼儿园十分淘气，一天，趁保育老师不注意，拉开老师抽屉，把老师的降压药当成糖豆给吃了。保育老师发现后，立马抱着孩子来找保健医，随后赶往医院救治，小雨因抢救及时，未出现生命危险。事后，家长对幼儿园进行追责。（摘编自《华商晨报》）

案例分析：

在幼儿园，由于孩子们的辨别能力较弱，又活泼好动，对新鲜事物感到好奇，一旦药品或危险品放置、管理不当，很容易出现事故。

案例启示：

以上案例对幼儿及家庭造成了严重的伤害，幼儿园应该承担全部责任。首先幼儿园应和家长密切配合，在平时对幼儿开展关于药品使用的安全教育，让幼儿了解药的作用以及使用不当造成的危害，告诉幼儿在没有成人指导下不能服用任何药物。其次，幼儿园要对班级物品进行精细化管理，将班级幼儿所需物品一一分类存放，定期检查园内、班级内安全隐患。班级内危险物品及教师私人物品应该放于幼儿触碰不到的位置，以免事故的发生。

7. 幼儿园户外设备中的危机管理

幼儿园户外活动中，大型、小型玩具成为孩子百玩不厌的活动器械，然而组织户外大型玩具活动却也是老师最为担心、最害怕的活动，因为此时空间比较开阔，孩子动作幅度较大，往往不能在老师的控制之中活动。另外，户外玩具自身的质量、平时的维修保养、卫生消毒等是否到位，同样存在一定的危机。

🐎 案 例

长出来的螺丝

一天，在幼儿离园时，住在同一个小区的欢欢和笑笑看到家长来接，要求玩一会再回，于是，他们开心地奔向大型玩具，在大型玩具下面开始了你追我躲的游戏。不一会，就见笑笑一边喊妈妈一边用手捂着头，家长急切地拉开笑笑的手，发现笑笑的头流血了，便问其原因，得知是大型玩具下面的一个螺丝把头碰破了。家长去找园长，园长来到现场发现确实是大型玩具上长出来的螺丝造成的事故。

案例分析：

案例中，其管理人员大意、管理不善以及安全意识淡薄是罪魁祸首，在户外玩具的使用中，不能对玩具的整体性进行排查管理，虽然事故是在家长接走后发生的，但园方所提供的大型玩具本身确实存在一定的事故隐患,园方有不可推卸的责任。

案例启示:

一是大型玩具不仅引发"小事故",也会有"大事故"的隐患。作为园方在采购时一定要高度重视,切不可掉以轻心。应从源头杜绝劣质设备,购买正规厂家生产的各种凭证齐全、质量过硬的产品。并保存好各种原始凭证和记录,以便以后作为相关证据。

二是任何玩具在使用过程中都要注重检查、维修、清洁消毒,在全园树立危机意识和做好排解危机的行动。要规范管理,首先要设专人建立设备器械检查和消毒制度,定期检查、全面消毒,并及时做好检查、消毒记录;其次要定期请专业人员对大型玩具进行检修、保养,对于陈旧、老化的器械,要坚决更换,舍得花钱买平安。

三是在户外活动中,要合理分配班内教师,确保每个活动点位都有教师负责,便于对孩子进行监护和观察、了解孩子在活动中的发展以及问题,可以给幼儿提供更好的支持,使幼儿保持对活动的兴趣和探索欲望。

四是由园方设备引发的事故,园方有不可推卸的责任,要勇于承担,积极处理。当事故发生后,要协助家长积极治疗受伤孩子,积极向家长公布补救措施,对幼儿园设备进行全面清理检查,切忌强调理由或事故原因。

五是为孩子购买相关保险,将损失减轻到最低限度。幼儿园意外事故可谓防不胜防,可通过购买保险将事故风险释放给保险公司。

三、幼儿园危机管理的一般程序

鉴于幼儿园危机管理的全程性的特点,危机管理的一般程序有"危机预防、危机应对与危机恢复"。三个环节相互联结,构成不断循环、完善、发展的过程。

(一) 危机预防阶段

危机预防是指幼儿园要减轻或消除可能对生命或财产造成威胁的因素并制定危机管理计划。危机预防阶段是危机管理的重要阶段,即"防患于未然"阶段。这一阶段在很多危机意识淡薄或对危机有躲避心理的群体中,会流于形式或被淡化。要将危机消灭在萌芽之中应注意做好以下五点。

1. 强化危机意识

目前在幼儿园管理中常出现以下四种现象。

一是教学特色在幼儿园管理中的"显赫"牢牢地牵制着管理者的视线,危机管理始终处于被动地位。

二是老教师的职业倦怠、新教师的经验不足、招聘教师的管理机制不平等,造成人员流动大、幼儿园工作繁琐等问题非但没有有效地解决,还因某些幼儿园的管理一味追求赢利、盲目解决所谓社会压力而增加班级人数等愈发严重,导致教师在重压下无暇顾及危机的预防。

三是幼教工作者危机教育不足。从职前教育的课程设置来看,只设置了普通管理的课程,其中危机部分的篇幅微乎其微,而职后的培训多数侧重于新理念、新方法、特色办园上,危机管理难寻踪影。

四是幼儿园管理观念中的安全与危机意识错误对立的现象严重。幼儿园在家长送幼儿入园时,总是偏向于向家长宣传特色,承诺本单位有哪些安全措施,安全事故如何成为不可能,而很少会谈论幼儿园可能会遇到什么危险问题,将如何应对。

由此体现幼儿园教职工及家长、管理者危机意识十分淡薄，为此，面对以上问题，为避免危机发生，管理者需提升幼儿园整体危机意识水平。在园内要常念"危机管理"经。要意识到危机教育不是遭遇一个大事故或上级主管部门开展相关的检查活动时，大家才想到或谈起的事情。幼儿园管理者要把危机教育作为常规工作来落实。而且，要消除只有幼儿园园长才是危机管理者的错误观念，必须让每一个人都意识到自己在消除和避免危机中的巨大责任。幼儿个体要有"危机来了，我会如何做""哪里危险我要注意"等意识；保教人员需要认识到，班级的安全防范是日常工作的重要部分，别以为危机离我们很远；家长也要意识到"自己这样做虽然方便了，对幼儿园的安全管理是否带来了不便"。而且，要不断对发生糟糕的事情进行反思，问问自己："为什么会发生这样糟糕的事情？"以此警惕危机的产生。同时，要让家长意识到，幼儿园的安全离不开家长的积极配合与支持。

2. 建立危机管理小组

突发危机事件不仅对幼儿园日常教学、管理和师生生活秩序构成威胁，而且会严重损害幼儿园形象和声誉，直接影响幼儿园的生存与发展。幼儿园应高度重视防范和解决突发安全事故，为了使相关人员在危机事故发生时各司其职，及时有效地应对，可建立危机管理工作小组，使小组中每位成员明确职责，及时找出幼儿园管理中存在的可能引发危机的因素，并针对问题制定切实可行的行动方案，及时排除危机。

成立危机管理领导小组的人员取决于幼儿园规模的大小，一般包括总负责、助理负责人、后勤人员、医护人员、联络员、新闻发言人、小组长、顾问（法律）、心理辅导员等。幼儿园危机管理是一个全员性的管理活动，因此，除了组建危机管理小组外，幼儿园管理中必须培养每一位教师的危机管理意识和责任。在相应的危机管理方案中，对保教人员在危机预防和发生时的相应职责都要有细致的规定。

3. 排查危机

灾难经济学曾经提出一个正在被日益重视的"十分之一"法则：在灾前投入一分资金用于灾害的防范，通过降低灾害发生的概率或者避免灾难的发生，人类可以降低十分的损失。危机排查是幼儿园在日常管理经验的基础上完成的。幼儿园要经常组织员工分析幼儿园内部存在的可能引发危机的因素，可以在每月的中层会议上安排自审环节，分析幼儿园内部管理中可能引发危机的因素；还可以通过不同形式征求全体员工和家长从自己的视角出发对幼儿园内部管理中可能引发危机的因素进行的分析、提出的建议；通过对危机的排查，做好及时发现及时采取行动，消除不安全因素，将危机消除在萌芽状态。如果处理不及时，将会酿成重大危机事件。幼儿园每日危机排查内容见表9-1。

表9-1　幼儿园每日危机排查内容一览表

排查内容	负责人员	排查时间	排查报告接收与分析人	是否超过预警指数	超过预警指数通知危机小组负责人
幼儿发病率及发病类型	保健医生	上午10点	及时上报值班园长		幼儿园园长
户外活动场地环境安全情况	相关责任人	幼儿来园前10分钟			
幼儿园各教室环境安全状况	各班班主任教师				
室内外玩具安全、卫生状况	各班保育教师				
情绪、行为异常幼儿	各班教师	一日生活各环节			
幼儿意外伤害事故发生率及类型	各班教师	下班前10分钟			
家长投诉次数及类型	分管负责人				

4. 制定危机管理计划

危机管理权威萨金特·迈克·林奇认为，危机管理的关键是制定周密的方案。他在关于校园暴力听证会上的评论中指出：如果暴力情景会发生在纽约州的某个学校，每一位员工都要了解自己的作用，了解如何反应才能保护自己和学生。所有的员工都应该熟悉方案,应经常通过各种可能的方法测评方案。方案不能仅仅记录在案,而后束之高阁。

　　幼儿园危机管理同样如此。尽管危机的发生有其突发性,但根据对幼儿园突发事件发生的原因分析,我们可以归纳出幼儿可能会遇到的危机情况,并有针对性地进行防范教育。例如:在幼儿园危机管理中,大型活动、灾难性事件、食品卫生、幼儿意外伤害、突发事件、健康问题、交通问题等都需要制定危机管理计划。其计划中的要素主要有哪些呢?

　　(1)明确相关工作人员的基本职责,排查可能遇到的不安全因素,针对性排查不安全因素。

　　(2)当危机发生时,确保有联络人向危机事件管理小组负责人报告。危机事件管理小组负责人向成员分派专门的任务。如果危机事件管理小组负责人不在场或不能担当领导角色的时候,建立指挥链来确定由谁负责指挥。

　　(3)确保需要时可通过幼儿园的广播等设备将信息传达到每一个活动或休息场所。迅速通知所有未带班的教职工到事先确定的中心地点集合待命。

　　(4)准备一份幼儿园空间示意图,清楚表示出全园所有电话的位置,水、天然气和电的开关的位置。准备突发事件工具箱并放在便于拿取的位置。

　　(5)确定对外联系人员以及需要联系的人员、单位。

　　(6)确定不能获得外界援助时应采取的措施。

　　(7)确定危机发生后有专人负责对公众和媒体发布统一信息。

　　(8)确定专人负责危机事件的善后工作以及受伤害人员的心理干预或联系相关专业机构或人员及时参与。

5. 加强自护教育和危机管理计划的演练

　　某幼儿园举行了一次防骗演习,演习结果显示,50个接受考验的幼儿中有37个被"骗走",占74%,其中有小部分幼儿只要看到好吃的或听到有好玩的地方,一骗即走;还有部分幼儿虽有一定的警觉性,但一旦遭遇行骗者的情感投入,也立即上当。因此,教师和家长要有意识加强幼儿安全教育,特别是幼儿园要有意识地开展一系列安全主题活动,通过活动让幼儿认识到不注意安全产生的危险,懂得遵守规则的重要。让幼儿学会正确拨打特殊电话号码,如110、119、120,从安全和幼儿身心健康、年龄特点出发,通过不同形式、常规化的实践活动体验以及利用形象、便于理解的图标在醒目的环境中展现,使幼儿轻松识别环境,同时学会防触电、防溺水、防摔伤、防走失、防拐骗等自我保护的技能。通过定期开展安全疏散演习,使各班幼儿熟悉安全疏散线路,强化幼儿的安全意识,提高幼儿自护能力,"授人以鱼,不如授人以渔",万般呵护,不如自护。

(二)危机应对阶段

　　危机应对是指在发生危机的过程中有条不紊地执行应急的具体步骤及相应的措施,化解危机或减少危机带来的伤害或损失。

　　危机应对阶段要求危机管理人员反应迅速、有效,一方面能够按照危机预防阶段中的计划和训练,及时做出反应;另一方面也要根据当时的情形,对特殊情况或未考虑到的突发情况进行灵活应对。坚持时间第一原则,将危机的负面影响降到最低。

1. 在第一时间,要最大化地了解事实,化解危机

　　幼儿园危机事件管理小组的成员尤其是园长及其他主要领导要在第一时间深入现场,立即向上级主管部门以及相关部门发布警报,同时,周密安排组织员工,共同应对危机,消除危险因素,迅速安置好师生让他们脱离危险环境。协助相关人员进行事故原因的调查,即事件的起因、经过、伤亡程度、财产损

失、媒体报道范围等。

2. 要在第一时间，统一幼儿园全体人员的认识，避免无谓的伤害

幼儿园要加强内部沟通，告知全体教工事实真相，将重要信息直接而明确地传达到每一个人，让幼儿园全体教工明了事件发生的原委及幼儿园处理事件的态度。这样既缓解了教工情绪，又能使他们对幼儿园保持信心，还能统一信息口径、凝聚集体力量、得到支持，避免幼儿园遭到无谓的伤害。

3. 要在第一时间，引导媒体发布真实信息

幼儿园要将媒体管理纳入危机管理计划之中，一旦发生危机，要在第一时间建立有效的信息传播系统，做好沟通工作，争取媒体的理解与合作，以便对事件进行正确、真实的报道。其中，要做到谨慎地选择发言人，发言人要以低姿态、富有同情心和亲和力的态度表明立场、说明幼儿园应对的措施。对暂时还没有弄清楚的问题，发言人应主动表示会尽快给予回应，对无法提供的信息，发言人应有礼貌地表示无法告知并说明原因。还要敢于认错并诚恳致歉。

4. 获得医疗救助

危机发生时难免会有伤亡，因此在危机发生时应迅速通知医院或急救中心，进行相应的救治。除医疗救护之外，在医护人员尚未到达之前应进行必要的自救和人工急救。同时，在应对危机过程中要时刻对事态进行检测和评估，控制事故现场，保障人员安全。

（三）危机恢复

在危机处理完毕后，幼儿园要及时反思、总结、吸取经验教训，切实改进工作。危机恢复是指在危机事件发生后尽快恢复，缓解危机事件给幼儿、教师和家长带来的精神伤害，消除危机事件对幼儿园生存与发展的威胁，对危机的后果进行评估并改进危机管理计划。

1. 舆论管理

危机发生后，首先危机管理小组要重视信息的发布以及媒体发布的信息，要主动在第一时间将有关事件的处理情况再次向媒体发布真实信息，联合媒体的力量，站在幼儿园及媒体教育的立场，获得公众的理解与支持。

2. 人员身心恢复

危机发生后最直接的损害是师生身体受到的伤害，而容易被忽视的是心理创伤。对于受伤的师生，幼儿园相关领导以及人员要主动慰问，向伤者的家属表达真诚的关心。与此同时，对于伤者和未受伤但遭遇此次危机的成员应及时给予心理疏导和关心。

3. 恢复正常工作

危机发生后，幼儿园各个工作环节都会受到影响，有的幼儿园由于发生重大的危机事件，甚至导致整个园工作陷入瘫痪状态。而工作受阻会给幼儿园管理和发展带来巨大的阻碍，引发家长群体的忧虑，导致幼儿园失去家长的信任。因此，在最短时间内，消除危机造成的影响，使得幼儿园以正常的节奏运转非常重要。

4. 危机的评估

危机评估是指在危机管理的全过程中，根据不同阶段的管理目标和内容，选择不同的策略，通过日常评估、危机应对结果的评估，以达到排除危机因素、检查危机应对效果、评定危机后果的目的。

（1）危机日常评估。危机日常评估是危机管理的重要环节。严格、仔细的危机日常评估，能够及时发现危机的征兆；在危机尚未发生前将引发危机的各种因素消除，避免危机的发生。

危机日常评估的主要形式是检查，即按预先制定的标准对幼儿园的硬件、软件、人员组织状态进行定期的检查。

（2）危机应对结果的评估。危机应对结果的评估，是提升危机管理水平的重要环节。危机应对结果的评估包括危机的原因、危机的过程、危机的影响结果以及危机管理实效四个方面。它有助于对所发生的危机有一个清楚的认识、对现有管理措施的效果进行分析、有利于提出应对危机再次发生的措施、有利于完善反应机制。

危机应对评估是评估的核心，是提升危机管理水平的重要方面。

小　结

　　党的二十大提出，要实现好、维护好、发展好最广大人民根本利益，紧紧抓住人民最关心最直接最现实的利益问题。安全问题是幼儿园管理中最关心最直接最现实的问题。幼儿园危机管理的主要目的就是调动各种可能利用的内外资源，采取各种可能的或可行的措施，限制直至消除危机事件或状态，从而使可能发生的危机消除、使已发生的危机得以解决，使危机造成的伤害最小化，使危机状态快速回复到稳定状态。凡事预则立，不预则废。反应迅速、调控灵活的幼儿园危机管理体系一旦建立和完善起来，就能遇变不惊，处之泰然。为了使幼儿园管理更科学化，幼儿园发展顺利进行，望大家重视幼儿园危机管理。

专题十
幼儿园与家庭、社区的合作

导读 >>>

　　党的二十大报告要求办好人民满意的教育,建设全民终身学习的学习型社会、学习型大国。在我国,幼儿教育的发展具有广泛的社会参与性,主要包括家庭、社区、幼儿园的共同参与。家庭教育是在不拘形式的日常生活中随时对幼儿产生潜移默化的教育作用,在养育幼儿方面更具优势。幼儿园教育是根据《纲要》《规程》《指南》等指导性文件的精神,有目的、有计划地对幼儿实施体、智、德、美诸方面全面发展的教育。社区作为政府的基层职能部门,最大限度地发挥着它的服务功能,它涵盖了法制、教育、医疗、卫生、文化、社保等方方面面的资源,是家庭与社会安定团结、和谐发展的基本保障。作为幼儿生活和学习的主要环境,家庭、社区、幼儿园对幼儿的成长发挥着各自不同的作用,各具不同的教育特点,各有其不同的职责,同时三者对幼儿的教育又需要相互配合、相互协调、相互统一、相辅相成,共同承担起教育幼儿的责任,只有这样才能使三者相得益彰,形成正向的互动关系,从而保证幼儿身心健康和谐的发展。

教学课件

一、幼儿园与家庭、社区合作的意义

1992年国务院发布的《九十年代中国儿童发展规划纲要》中指出："发展社区教育，建立起学校（托幼园所）教育、社会教育、家庭教育相结合的育人机制，创造有利于儿童身心健康和谐发展的社会和家庭环境。"2016年国务院印发的《中国儿童发展纲要》中指出，应发挥学校、家庭、社区各自的教育优势，充分利用社区资源形成教育合力，促进学校教育、家庭教育、社区教育的一体化。可见，形成幼儿园、社区、家庭三方教育合力至关重要。《规程》中指出："幼儿园应主动与幼儿家庭配合，帮助家长创设良好的家庭教育环境，向家长宣传科学保育、教育幼儿的知识，共同担负教育幼儿的任务"，"幼儿园应密切同社区的联系与合作。宣传幼儿教育的知识，支持社区开展有益的文化教育活动，争取社区支持和参与幼儿园建设"。2001年教育部颁发的《纲要》中指出，"幼儿园应与家庭、社区密切合作"，"综合利用各种教育资源，共同为幼儿的发展创造良好的条件"。从以上相关文件法规中充分体现了幼儿园与家庭、社区合作的重要意义。因此幼儿园应顺应现代社会的发展，改变传统的、相对封闭的教育理念和方式，主动寻求与家庭、社区、学校的合作，进行开放、多元、科学、现代的幼儿园教育。充分发挥各自优势，积极整合教育资源，共同开发适合21世纪人才发展需求的幼儿教育。

二、幼儿园与家庭以及社区合作的现状

随着社会经济和文化的快速发展，教育理论和实践均得到长足发展，教育质量得到大幅提升。在学前教育领域，幼儿园、家庭、社区三方协同共育的重要性得到普遍认同，协同共育意识在教育政策和理论研究中得以明确体现，幼儿园在协同共育中的主导作用进一步凸显。在幼儿园、家庭、社区协同共育意识成熟的基础上，三方协同共育的具体落实情况得到重视。在相关政策引导和研究与实践的探索下，幼儿园、家庭、社区协同共育的措施逐渐具体化、明确化。

2006年至今，家庭教育仍是教育政策关注的重点，相关文件数量较多，内容详细具体，且大多关注学校、家庭、社区的有机结合。2007年，《全国家庭教育工作"十一五"规划》进一步细化了学校、社区对家庭教育指导的措施，明确指出中小学、幼儿园普遍建立家长学校；经济基础较好的城市，"70%的社区建立社区家长学校或家庭教育指导中心"；"50%具备条件的农村建立家长学校或家庭教育指导中心"。"普遍""70%"和"50%"从定量的角度明确了建立家庭教育指导机构的任务与要求。2012年，《全国家庭教育指导大纲》指出，在家庭教育过程中需构建学校、家庭、社会"三结合"的教育网络，发展社区志愿者队伍。同一时期，《中国儿童发展纲要（2011～2020年）》《教育部关于建立中小学幼儿园家长委员会的指导意见》(2012)、《教育部关于加强家庭教育工作的指导意见》(2015)等文件均关注了幼儿园、家庭、社区协同共育的实现。2018年，习近平总书记在全国教育大会上指出，"办好教育事业，家庭、学校、政府、社会都有责任"。学校、家庭和社区不是相互孤立的教育"孤岛"，而是彼此联系、互相补充的"环岛"。在政府的引导下，家庭、学校、社区合作共育，将会达到最佳的教育状态。

另一方面，当前幼儿园、家庭、社区协同共育仍然存在一些问题。

1. 缺乏专门的政策与监督机制

总体上讲，关于幼儿园、家庭、社区三方关系的政策在数量上呈上升趋势，但目前尚未有专门的政策明确三方的关系及其共育内容、途径。合理而明确的监督机制是政策有效落实的有力保障，然而相关政策中并未提及考核或监督机制，在地方上也缺乏对幼儿园、家庭、社区三方关系的考核与监督，这一定

程度上导致政策与实践脱节,呈现出实践中以幼儿园为主导,以及幼儿园与家庭、社区联系尚不密切的局面。

2. 幼儿园、家庭、社区协同共育实践中存在"不协同"现象

幼儿园、家庭、社区协同共育已经被广泛认可,但是在实践中依然存在"不协同"现象,主要体现在如下两个方面:其一,幼儿园、家庭、社区三方合作中地位不对等。幼儿园、家庭、社区协同共育是教师、家长、社区服务人员间以促进幼儿发展为目的的人际合作互动过程,彼此在协同共育中同等重要、互为主体。但在教育实践中,幼儿园、家庭、社区协同共育存在单向特点,即幼儿园是权威者、主导者,教师"指挥"着家长、社区参与共育,但较少考虑家长、社区的需求;家庭、社区是参与者、支持者,被动配合着幼儿园的共育,但缺乏主动性和主导权,缺少主体意识。其二,幼儿园、家庭、社区协同共育的表面化现象严重。幼儿园、家庭、社区协同共育是一种交互作用和相互影响的过程,是一个包括多主体、具有多种形式、多种内容的合作体系。但是,在当前的三方协同共育之中,合作行为比较表面化,合作程度较浅显。幼儿园、家庭、社区协同共育行为随意性、应付性明显,缺乏计划性、系统性;家长多应邀参与幼儿园活动,较少参与幼儿园管理与决策,参与程度较浅;社区在共育过程中常处于边缘化地位,活动组织与实施次数较少,与幼儿园、家庭之间的联系不紧密。[1]

三、幼儿园与家庭的合作

(一)幼儿园与家庭合作的重要性

《纲要》在第三部分组织与实施中指出:"家庭是幼儿园重要的合作伙伴,应本着尊重、平等、合作的原则,争取家长的理解、支持和主动参与,并积极支持、帮助家长提高教育能力。"现代社会越来越提倡教育的一体化和终身化,作为专业的教育机构幼儿园,更需要将家庭教育纳入幼儿教育的整体中,共同承担保育及教育幼儿的任务。

1. 幼儿园教育与家庭教育的关系

幼儿园教育与家庭教育的关系是相辅相成的辩证关系。家庭对幼儿的行为习惯、性格塑造有很大的影响,这是由于家庭背景、家庭环境、家庭成员的素养不同所决定的,这种影响可能是积极的或是随意的、片面性的,也可能会伴随幼儿的整个成长过程。由此看来,家庭教育对幼儿发展是非常重要的,它需要不断完善和改进,需要更系统化和科学化,所以必须要得到幼儿园教育的正确指导与帮助,才能使其更科学、更合理,才能促进幼儿健康成长。幼儿园教育是我国基础教育的有机组成部分,其教育目的是根据我国的教育方针和幼儿的年龄特点确立的,而且幼儿园教育目标的确立在一定程度上反映了社会的发展需求以及家庭对幼儿成长的期许。所以,幼儿教育必须建立在平等、互动的基础上,真诚沟通、紧密联系、互相配合,保持教育的一致性,这样才能促进幼儿健康和谐地发展。

(1)家园合作实现幼儿教育的优势互补。幼儿园教育与家庭教育各有优势。幼儿园教育的优势在于幼儿园是专门的教育机构,幼儿教师是具有专业技术资格的专职教育工作者,懂得幼儿身心发展特点和规律,掌握科学的幼儿教育方法,他们对幼儿进行有目的、有计划、系统的教育活动。因此,幼儿园理应比家庭更能认识到家园合作的重要性和目的性。在家园合作中,幼儿园应该处于主导地位。

家庭与幼儿之间的特殊关系决定了家庭在幼儿成长中起着重要的作用。家庭教育的优势有三个方

---

[1]　李晓巍,刘倩倩,郭媛芳.改革开放40年我国幼儿园、家庭、社区协同共育的发展与展望[J].学前教育研究,2019(02).

面。一是"家庭是孩子的第一所学校，父母是孩子的第一任老师"，"耳濡目染，言传身教""以身作则，潜移默化"等都说明家庭教育对幼儿来说是最为直接的方式。二是家庭教育的影响可能会伴随孩子一生。父母及其他亲人具有良好的品行，有宽松、美满、和谐的家庭气氛，家庭教育民主与权威并存，这种良性的家庭教育会循环延续。三是家庭教育易于接受。由于幼儿与父母间的亲情血缘关系决定了幼儿对家庭的依赖和信赖是无可替代的，家庭也是最有安全感的地方。父母的一言一行，喜怒哀乐以及家庭中的时事变故，孩子都身在其中，"动之以情，晓之以理，导之以行"的家庭教育更易于让孩子接受。

（2）家园合作是提高幼儿教育质量的关键。

首先，家园合作是教师全面了解幼儿的有力保证。作为幼儿教师，虽然掌握着特定年龄段幼儿的发展规律，但要想全方位了解一个幼儿就必须通过和家长建立有效沟通，从家庭状况、教育背景等方面入手更好地了解每一个幼儿，才能使自己的幼儿教育更得心应手，也会提高自己的教育质量。同时，父母对于教师工作的正反应和合作意愿，能使教师感受到他们的辛苦努力受到了重视与尊重，得到了家长的肯定，因此会产生职业幸福感，对自己所从事的教育事业也会更具责任感。

其次，家园合作为家长提供了一个学习更多育儿经验的机会，通过与老师和其他家长的沟通交流，取长补短，获取更多有利的信息，帮助家长不断改进和修正有针对性的教育内容和方法。而作为教师，虽然有理论知识，有职业道德规范，但缺乏家长应有的亲身育儿经验。家园合作正好给家园双方铺设了一个沟通融合的平台，使教师与家长在交流中相互学习，形成互补，共同进步。

总而言之，要提高幼儿教育的质量，幼儿园和家庭两者必须同向、同步，形成教育合力，才能有效地促进幼儿的全面发展。

2. 家园合作是幼儿成长与发展的需要

随着年龄的增长，幼儿在生理和心理上都需要和同龄的伙伴一起成长，需要融入集体生活，需要老师对事物认知的肯定和引导；虽然都有着不同的家庭环境，不同的文化层面，但同样的年龄和认知使得他们更容易沟通交流，更容易相互学习。在与同伴的交往过程中，幼儿学会了评价自己的行为，激发了自我意识，这种幼儿间的影响对幼儿的成长是不可或缺的。家长也需要从外界获取更多的育儿经验和信息，丰富和充实自己的育儿知识。家园教育的结合是促进幼儿成长与发展的最佳状态，也是最有力的保障。

🐎 案 例

发挥主导作用，引导家长科学育儿

轩轩是个脾气很大的孩子，一不高兴就乱踢乱跳，大哭大闹。平时也非常孤僻、离群，不愿意参加集体活动，上课从来不肯回答问题，下课也不和小朋友玩，还伴有攻击性行为。有一次玩积木，他莫名其妙地打了一个小朋友，当老师批评他以后，他却一下子钻到桌子底下，大叫着用积木敲自己的头，以后，老师发现他常常这样无法控制自己的行为，无论和蔼的话语还是严厉的批评都对他无济于事，有时搅得整个班级都不能正常的上课、活动。

案例分析：

这是一个明显心理偏离的孩子，孩子产生心理偏离的原因是多方面的，新环境、新同伴、新老师等，但主要原因来自家庭。父母的素质、亲子关系、教养态度以及父母的性格等都能对孩子心理发育产生影响，如，父母感情不和或者离异，会对孩子失去应有的爱抚，容易使孩子情绪郁郁、性格古怪、心理反常。反过来，过分的溺爱容易使孩子形成骄横、自私、任性等不良性格，另外，有的父母把自己的愿望强加在孩子身上，这样做，很容易使孩子情绪压抑，影响身心发展。

处理措施:

　　首先,我对轩轩的行为表现与轩轩妈妈进行了沟通,告诉家长这是一种轻度的心理偏离现象,只要家长注意改变教育方式,用科学的、正确的方法抚育孩子,就可以很快矫正过来。并分析了这种情况应该来自家庭或环境的影响。轩轩妈妈告诉我孩子的爸爸脾气就很大,平时对孩子大喊大叫,有时还会打孩子。她也知道这对孩子的成长有很大的影响,但苦于没有很好的办法,也没办法改变家庭的这种环境,问我有没有切实可行的办法。我建议轩轩妈妈平时给予孩子多点关注,多陪陪孩子,与孩子一起读书、做游戏,让孩子慢慢快乐起来;也应该多学些科学育儿的知识,了解不同时期幼儿发育的特点,结合自己孩子的特点调整教育方式。同时,我们老师也会通过教育、带领孩子参加丰富多彩的游戏活动等,帮助他克服胆怯、粗暴、不合群、自私等不良心理和行为,促进孩子与他人的交往能力。

(二)家园合作共育的有效途径

　　如何才能使家园合作在平等和双向互动中产生良好的共育效果,这需要借助于有效的途径和方法才能得以实现。

1. 开办幼儿园家长学校,成立"家长委员会",确保家园共育的双向性

　　(1)开办家长学校。家长学校是以幼儿园为主,部分家长志愿者参与的,通过向家长讲授幼儿教育学、心理学、生理学、卫生学、营养学等有关家庭教育知识,宣传党和国家的教育方针和政策,介绍现代教育理念,从而提高家长的自身素质和家庭教育水平,提高家庭教育的科学性,促进幼儿健康成长成才的组织。家长学校以"分班授课"为主要教学形式,同时开展咨询、经验交流等其他形式的教育活动。通过开办家长学校,使家长们学到更多科学的育儿知识,增强了家长教育幼儿的信心,也更能自觉主动配合幼儿园做好幼儿的教育工作。

　　(2)成立"家长委员会"。让幼儿家长以合作者的身份,通过提出合理化建议与意见、交流育儿经验、讲课等形式,参与和协助幼儿园的教育和管理,促进幼儿园和谐发展。作为家庭与幼儿园之间联系的桥梁和纽带,家长委员会对增进家庭和幼儿园间的信息传递,整合家庭和幼儿园的教育资源,形成教育合力起到了巨大的促进作用。在家园共育的众多形式中,家长委员会具有独特的优势,家长委员会的建立有利于疏通家园双方沟通的信息通道、能够挖掘家庭潜在的教育资源,每个家庭、每个家长都有自己特有的优势,能够提供家庭和幼儿园共同感兴趣的话题作为家园共育的切入点。

2. 幼儿园开展"亲子活动""家长开放日活动""节日活动"增进家园共育实效性

　　亲子活动是促使家长直接参与幼儿园活动最为有效的活动形式。亲子活动有助于增强教师与家长,家长与幼儿间的情感交流沟通,也有助于加深彼此间的相互理解。从而更好地帮助幼儿成长和发展。幼儿园举行"家长开放日",或充分利用各种节日开展丰富多彩的活动,比如"三八妇女节""六一国际儿童节""元旦""风筝节"等节日,让家长有机会参与幼儿的游戏活动,亲自动手与孩子共同完成绘画或手工作品,亲眼见证自己孩子的成长变化以及幼儿园的教育实况,体会教育的全过程。通过这些活动,一方面增进了亲子关系,让家长为幼儿的成长变化感到高兴与欣慰;另一方面家长通过参与活动,深刻体会教师的辛苦付出,使其发现、了解家庭教育中需要加强与幼儿园配合的地方,从而使家园的合作更加默契。家长是一支不可忽视的教育力量,尤其是今天的年轻家长们有文化、有见解,对教育幼儿往往具有独到的观点。邀请家长来园参与活动是密切家园关系的良好途径,也是家长了解幼儿在园生活的良好契机。

3. 开办"家园联系园地"，建立"家园联系册""家园联系网"实施"一对一访问"等措施，保持家园共育多样性

（1）家园联系栏是反映保教工作的一扇窗户，更是进行教育交流的一块园地。各栏目版块图文并茂，形态各异，内容涵盖了多方面的内容，成为家长接受教育信息的主要渠道。联系栏中有各年龄班"月工作重点"和"周计划"，联系园地还以"亲亲宝贝""宝宝我想对你说""温馨提示""畅所欲言""童言稚语"等新颖别致的名称开辟各个栏目，家长感受到了亲切与温馨，拉近了家园的距离。

（2）《家园联系册》也是幼儿园经常使用的与家长联系的一个重要方式。《家园联系册》能及时向家长反映幼儿在园表现，充分挖掘教育资源，开阔了家长的视野，丰富了家长的幼教知识，使家庭和幼儿园对幼儿实施协调一致的教育，共同促进了幼儿的和谐发展。

（3）"家园联系网"为实现家园互动提供了一个新的思路和渠道。信息化时代，网络无疑成为人们获取信息的主要渠道。当家长对幼儿园教育和管理工作提否定性意见时往往会有各种顾虑，比如担心园方会因此而迁怒于幼儿等，因而家长即使要提意见也往往会小心谨慎、避重就轻。传统的见面交流、电话沟通等方式私密性较差，而通过"家园联系网"能有效地弥补这一不足，家长可以大胆地说真话、说实话，幼儿园也由此获得了更多合理的、有效的、可行的建议和意见。

（4）每一位幼儿都是独立的发展个体，他们在家庭教育中和幼儿园教育中所出现的问题会有共性问题，但更多的则是个性问题，"一对一"的访问方式能够有针对性地解决幼儿的个性问题，使家庭和幼儿园形成合力，更能让家长感受到教师对幼儿的关注，从而更积极地配合幼儿园教育。"一对一"的访问除了家访和家长预约访谈外，还可以利用幼儿来园、离园的时段随时进行，亦可以通过电话、网络等信息工具随时随地进行沟通，这些都是促进家园配合的有效途径和方法。

4. 开展"家长助教""家长沙龙""家庭教育讲师宣讲"发挥幼儿园教育与家庭教育的合理作用

（1）幼儿园家长助教活动指的是让家长参与到幼儿园的各项活动中，利用家长自身的资源，如职业专长、兴趣爱好等协助幼儿园开展活动，以实现更全面地促进每位幼儿的发展，让幼儿在活动中获得充分的支持，体验活动的乐趣。另外，通过家长助教活动，能够扩大教师的知识面，弥补专业领域的不足。

（2）家长沙龙是一种以家长为主体，以教师为主导，以调查了解为前提，在教师的牵头下提供场所和时间，以家长与教师、家长与家长之间的互动为基础的一种家庭教育指导形式。多样化的家长沙龙活动能够促使家长学习先进理念，了解科学育儿方法，审视自身教育的优劣，进而不断转变家庭教育观念、改善家庭教育行为，最终提升家庭教育质量。

（3）家庭教育讲师专门进行家庭教育指导，运用家庭教育理念和实用的家庭教育方法，进行家庭教育知识传授、问题咨询、信息服务、活动组织等。家庭教育讲师往往通过设立家庭教育服务阵地来组织开展家庭教育工作。帮助更多的家庭走出育人的误区，解决育儿过程中的各类难题。

🐴 案　例

银川市成立首批家庭教育讲师团

2018年9月28日，银川市家庭教育讲师秋季培训班开班。今后，首批评选出的100名家庭教育讲师将进学校、进机关、进社区、进企业、进医院、进村镇、进家庭，宣讲科学的家庭教育理念。

同时，该市将在38个脱贫销号村进行家庭教育全覆盖，38名家庭教育讲师将进驻扶贫村开展形式多样、内容丰富的家庭教育讲座、沙龙等活动。

2019年3月，银川市妇联与市教育局联合制定了《银川市家庭教育指导中心工作方案》，明

确提出要充分发挥社会工作者的积极作用,采取"政府购买服务＋公益"的形式开展家庭教育"百千万""七进"活动,即让百名家庭教育讲师,开展千场家庭教育讲座,使万户家庭受益。

根据授课对象的不同,该市提供了孕期教育、幼儿教育、小学教育、中学教育、特殊教育、心理疏导等菜单式的家庭教育服务,学校、社区、企业等可根据不同需要选择讲师授课。

当天,银川市妇联与银川网络学校、宁夏早期教育协会、世纪星文化培训中心3家办学机构签订了家庭教育公共服务购买协议。今后每年,这3个机构至少开展40场家庭教育讲座。

该市还创建了宁夏首个家庭教育微信公众平台:银川市家庭教育,内设家长学校、微课堂、资源交流三大栏目,下设13个子目录。公众平台的组建,将为该市家庭教育工作者和家长开辟一个网上学习交流的平台,通过音频、视频的直播使家长随时随地学习家庭教育知识,进行一对一授课。

同时,通过美篇的品读,使家长不断提高对家庭教育的认识与理解。在微信群,家长还可以随时与讲师们进行个案沟通,帮助解决育儿过程中的各类难题。

5. 利用网络平台促进家园间的双向互动

随着互联网的迅猛发展,越来越多人开始使用网络通讯。由于操作便捷,越来越受到大众的青睐和喜爱。网络平台也为家园沟通搭建了新的渠道,网络下的班级家长工作民主、宽松、开放。增进家园之间、家与家之间的交流,是家园联系工作和信息技术结合的一大途径,实现由传统单一的一对一的家园互动方式,转变成多角色、全方位家园互动方式。例如:利用班级QQ群和微信群发布幼儿相关讯息和通知,使家园沟通更加快捷快速。家长也可以把在家庭教育中的困惑发布在网络平台,针对困惑大家一起探讨,帮助找到教育孩子的正确方法。还可以通过网络建立幼儿园公众号及网站,上传公告、班级介绍、新闻简讯、一周食谱、保教工作、教师科研成果、家庭教育指导等。在教研方面启用云犀直播平台,在线直播教育研讨、观摩课、专家讲座、家庭教育等内容,加强资源共享,为幼儿园信息的传播、宣传、交流提供了方便。网络平台进一步激活了家园互动,实现快速双向的家园共育,开启了家园共育的高铁时代。

四、幼儿园与社区的合作

(一)幼儿园与社区合作的重要性

所谓"社区"是指比较完善的社会生活小区,是社会的一个缩影。幼儿园与社区合作是指幼儿园与其所处的社区与幼儿家庭所处的社区密切结合,共同为幼儿的健康成长服务。幼儿园是社区的细胞组织,社区中的自然资源和人文资源都能成为幼儿园教育教学服务的有利资源。因此,幼儿园与社区的合作实际上是以社区为依托,充分利用社区的现有资源,为幼儿创设开放的、广阔的大课堂。《纲要》明确指出:"幼儿园与家庭、社区合作,引导幼儿了解自己的亲人以及与自己生活有关的各行各业人们的劳动,培养其对劳动者的热爱和对劳动成果的尊重","充分利用自然资源和社区的教育环境扩展幼儿生活和学习空间"。由此充分说明了幼儿园与社区合作的重要性。

(二)幼儿园与社区建立平等互助合作关系的有效途径

1. 搭建沟通平台,明确相互职责

由于缺乏政府扶持和政策导向,幼儿园与家庭、社区合作共育缺乏权威的管理机构,这使得三方的交流与合作具有随意性和不稳定性。社区作为政府的一级基层职能组织,其在早期教育中扮演着很重要的角色。首先,社区要重视幼儿教育。因为幼儿教育不只是家庭的事,也是社会共同关注的问题,比

如入托难的问题、特殊儿童的教育问题、经济困难家庭的幼儿教育问题等，这些都是存在于社区中，也是社区应该积极协助解决的问题。第二，需要家、园、社区做好大量的宣传工作，倡导科学的教育理念，调动社区所有力量，尽可能为幼儿教育提供全方位的服务，让全社会都来关注幼儿教育，关注幼儿成长，从而深入人心，使家、园、社区合作共育工作顺利开展。

2. 发挥各自优势，平等互动

《儿童权利公约》提出"让每个儿童有更好的未来"，并强调"儿童有受教育权，幼儿教育应让每一个幼儿都能受到良好的教育，这是幼儿园、家庭和社会的共同责任"。幼儿园作为教育机构，应积极行动起来，发挥自己的优势，与社区教育相结合，为创建持久的合作关系而努力。幼儿园要主动接纳社区内适龄幼儿入园，或者吸收一部分外来务工人员、困难家庭的子女入托，解决家长和社区的后顾之忧；社区也会为幼儿园提供方便的服务，比如社区卫生所主动上幼儿园为幼儿接种疫苗；社区组织专人为父母不方便的家庭接送幼儿；社区所辖交警队来幼儿园为幼儿们讲解交通知识等。

3. 共享资源，和谐发展

（1）社区环境资源是幼儿社会实践的最佳资源。社区的环境资源是非常丰富的活教材，它向幼儿展示了真实具体、形象生动的学习内容。比如，社区的图书馆、博物馆、餐饮场所、超市等可作为幼儿的社会实践基地，图书馆的藏书量是幼儿园图书馆所不可及的，而博物馆更为我们提供了无法替代的人文历史。通过实践基地的活动，可以培养幼儿探索和认识各类事物及环境的兴趣，通过亲身体验，可以积累丰富的感性经验。提高对周围生活环境的感知与认识。

（2）社区人力资源是幼儿获取知识的不竭源泉。在社区居民及家长中，有着不同文化素养及职业特长的人力资源，如医生、律师、建筑师、警察、老师等，他们对幼儿来说是潜在的、丰富的教育资源。幼儿园可以有计划地定期请不同职业的人士走进幼儿园，为幼儿组织活动，让幼儿获得不同的信息，了解不同的职业特点。也使家长和社会各界人士更深入地了解幼教，从被动的旁观者变成主动的实践者，为我们提供鲜活的课程，使得幼儿的学习内容更加贴近自己熟悉的生活，让幼儿在生活中多方位地学习。

（3）社区物力资源是幼儿开阔视野的大课堂。社区优美的环境、完善的绿化设施、各种社会服务机构以及工作人员都是对幼儿进行教育的可用资源。及时地、有目的地选择幼儿感兴趣的题材，将幼儿从"幼儿园"里带到"真实的社会情景"中去，打破传统教学模式过多的禁锢，给幼儿创造了自由想象、充分发挥的空间。比如，为了丰富幼儿的日常生活经验，丰富幼儿的社会情感，提高幼儿的游戏水平，可带幼儿到小区超市观察售货员是如何接待顾客，激发幼儿的游戏兴趣，培养幼儿的独立意识；还可带幼儿参观理发店、银行、小吃店等，让幼儿通过与社区内各行各业工作人员的语言交流，培养幼儿的口语表达能力和社会交往能力；在节假日期间组织幼儿开展宣传幼儿园教育活动内容的活动，将幼儿园的主题教育活动成果向社区展示、汇报，让更多的人了解幼儿在园的生活学习情况。

（4）发挥"窗口"作用，加强社区精神文明建设。一个好的幼儿园可以成为社区精神文明的窗口，对社区的精神文明建设起示范推动作用。所以，幼儿园应加强园风建设，提高教师素质，树立良好形象，得到家长、社会的一致认可。幼儿园可引领家长带领幼儿开展一系列的社区服务活动，如参与环境教育活动，做文明的宣传使者；孩子们发现小区公园的环境遭到破坏时，能自发地为制止环境破坏"出谋献策"，通过为小区设计环保标志、收集环境污染图片在小区进行现场宣传、升旗仪式上的环保小卫士宣言等形式呼吁人们爱护身边的环境。利用节假日带领幼儿为小区做力所能及的劳动，如为小花小草浇水，清理垃圾死角等。这样的学习方式比教师只是借助挂图、录像、木偶教具等方式培养幼儿的社会性品质的效果更加显著，同时孩子们也用自己独特的方式为社区做贡献。

（5）发挥幼儿园教育的主导作用，改善社区教育环境。幼儿园应发挥幼儿教育的主导作用，组织教师定期为社区家长举办卫生保健、科学育儿等免费咨询与讲座，向家长介绍正确的教育观念，传授科学的育儿知识,帮助家长树立科学的育儿观。开展新生入园家长培训,帮助幼儿尽快克服分离焦虑,让家长、社区的居民学会促进儿童发展的基本知识和技能,让更多的人获得新的教育观念,开展丰富多彩的亲子活动,整体改善社区幼儿教育的环境。

（6）倡导"幼儿园——社区是一家"的理念,共建和谐社区。幼儿园和社区在双方资源的相互充分挖掘和有效利用中,可以使幼儿获得最佳的教育效果。我们努力倡导"幼儿园——社区是一家"的理念,积极互动,共同发展。比如,大班孩子中秋佳节到社区,与老人共度中秋,孩子们给老人表演节目、送月饼,使孩子们接受尊敬老人、懂得分享的教育;中班的孩子们金秋十月进社区,在老师的引导下,向小区居民发放环境保护的宣传资料,捡垃圾;助残日,孩子们带着礼物与居委会领导一起慰问社区的残障人士;六一节把孩子们的绘画作品陈列在社区的宣传窗内等。

幼儿园作为社区的一部分,既依托于社区而发展,同时也承担着为所在社区服务的功能。要发展幼儿教育,幼儿园必须向社区全方位开放,增加与社区的联系,了解并满足社区多样化的需求,扩大社会服务功能。

（三）幼儿园与社区合作中应注意的问题

第一,幼儿园与社区合作应注意双向互动与相互融合。只有积极配合、相互理解,才能解决一些实质性的问题,达成共识,促进共同发展。

第二,幼儿园与社区合作应注意以促进儿童全面发展为核心。这也是我们共同追求的最终目标。双方要充分发挥各自的资源优势,为幼儿教育提供更好的服务,促进幼儿园与社区的和谐共建。

综上所述,无论从幼儿个体发展的角度、时代发展的角度,还是从教育背景的角度来看,幼儿园、家庭、社区是影响幼儿发展的主要环境,各自都蕴涵了丰富的教育资源和教育内容。因此,三方都应该认识到幼儿教育事业的重要性,在此基础上发挥出自身重要的作用。只有三方做到良好的协作才能够在幼儿教育工作中发挥出巨大的作用,而三方共同协作的关键在于形成良好的沟通机制,在沟通协作的过程中,应当秉着平等的原则,以幼儿园为主导实现信息的共享,同时三方应该互相听取意见与想法,在互相理解的基础上开展三方协同教育工作,开发并探索幼儿园、家庭、社区合作共育的新模式,不断扩展幼教新天地,促进幼儿健康、全面的发展。

五、幼儿园教育与小学教育的相互衔接

（一）幼儿园与小学相互衔接的意义

幼儿园教育与小学教育的相互衔接我们简称"幼小衔接",主要包括幼儿对外在学习环境的适应和内部精神的衔接。孩子从幼儿园走向小学,从幼儿期走向少年儿童期,这是人生的一个重大转折点。幼小衔接的顺利进行对于幼儿尽快地适应小学生活有重要的意义,它能帮助幼儿做好上小学的准备,包括社会适应性、学习适应性、身体素质以及良好的学习与行为习惯、态度和能力,使幼儿在生理、心理上能够平稳过渡。

（二）正确认识差异,顺利完成角色转变

幼儿园生活是幼儿认知一切事物的开始,为了刺激幼儿的感观,调动幼儿生理机能,一般以游戏为主,寓教于乐。幼教专家陈鹤琴先生说"游戏就是幼儿的工作",提倡"一日活动即课程"。玩是幼儿的天性,"玩就是学,学就是玩",在玩耍中获取知识,在玩耍中汲取经验,是幼儿成长的主要方式。通过各

种游戏活动尽量挖掘幼儿的潜能,使其在德、智、体等方面全面和谐地发展;孩子们在温馨舒适的环境中,感受到的是老师对他们饮食起居的悉心照料,与他们共同参与各种活动,让他们不因为离开父母而产生恐惧和不安,养成良好的生活和学习习惯。小学生活是在幼儿园生活的基础上,主要通过课堂教学逐渐接触抽象的知识内容,接触更多的人和事,他们要学会完全的生活自理,学会按老师要求完成作业,学会遇到困难自己想办法解决等。对他们来说,这些生活环境、内容、师生关系以及学习方式等方面的变化和差异是一个大跨越,只有正确认识这种差异,才能顺利完成角色转变。

（三）做好入学准备,实现平稳过渡

一个人的性格、素养、为人处世的能力以及习惯的养成,大多是在幼儿阶段形成,为成人后的生活和学习奠基了良好的基础。孩子们在幼儿园里学会了基本的生活自理能力,比如穿衣吃饭;学会了遵守基本的社会规则,比如不能闯红灯,上下楼梯靠右行,团结同学、尊敬师长有礼貌等;养成了基本的学习习惯,比如集体活动时注意倾听,不能打闹,看书画画,完成一定的学习任务等。这些都是在为入小学做准备。为了让孩子们能适应学校的生活,我们应该帮助孩子们做好入学前的准备工作,让他们快快乐乐、充满自信地进入小学,完成幼小衔接的平稳过渡。

1. 增强孩子的自信心,激发入学的愿望

孩子进入小学后,面对教育方式、生活环境和师生关系的改变,心理上会产生巨大变化,因此在幼小衔接工作中除了在物质上帮助孩子做好准备外,还要营造入学的情境,让孩子对小学产生向往。幼儿园可组织幼儿去小学参观、试听各学科的授课活动等,通过系列的活动可以告诉孩子上小学是成长的重要阶段,证明自己长大了,成为一名小学生是多么骄傲和自豪的事情,自己一定能够胜任。家长可在生活中有意让幼儿适当接触小学生,让孩子知道在小学里会学到好多在幼儿园里学不到的知识,掌握很多上了小学才能掌握的技能,让孩子对上小学充满期待和向往。

2. 培养幼儿良好的生活和学习习惯

良好的学习习惯是幼儿顺利适应小学学习和生活的重要条件,培养良好的学习习惯比授之以知识更为重要。小学教师讲课内容多、速度快,如果幼儿不善于倾听,抓不住重点,就很难适应小学的教学方式。生活上,穿衣吃饭、洗脸叠被、整理房间、擦桌扫地等的自理能力也是最关键的。为了帮助幼儿尽快适应小学节奏,发展幼儿的学习适应能力,培养良好的生活、学习习惯是幼小衔接工作的重点,尤其是学习专注力和持久性等学习品质的培养,而这些习惯、兴趣、品质和能力的培养离不开幼儿园和家庭教育的支持,因此家园教育的一致性尤为重要。

首先,幼儿园和家庭应秉持一贯性原则。既在平时的生活中要求幼儿"自己的事情自己做",注意以下良好习惯和品质的培养:爱惜学习物品,放置东西有条理,自己动手整理书包;努力克服困难,有坚持做好一件事的毅力和习惯;对待学习任务细心认真,争取"一次成功",克服粗心大意、屡错屡改、靠橡皮擦的坏习惯;养成稳定有序的学习习惯,无论做什么事,注意帮助幼儿合理安排,做到有条不紊;强化"前书写"的良好习惯,形成正确的写字和看书的姿势等。陈鹤琴先生说过:"幼稚期（0—7岁）是人生最重要的一个时期,什么习惯、言语、技能、思想、态度、情绪,都要在此时期打一个基础。若基础打得不稳固,那健全的人格就不容易形成了。"

其次,幼儿园和家长要适时"放手",锻炼幼儿的自我管理能力。幼儿园教师在生活方面与幼儿的互动多,对幼儿的寝食起居照顾得十分周到。小学教师在生活上与学生互动的时间相对较少,孩子要具备较强的自我管理能力。所以,家庭和幼儿园都必须重视对幼儿的生活自理和劳动习惯的培养,但具体内容各有侧重。比如,在家庭中让幼儿知道出汗多了自己去喝水,热了会脱衣,冷了会添衣;自己准备要带到幼儿园去的东西,自己整理书包,自己收拾玩具、图书等用过的物品;家长还要经常鼓励孩子做

一些简单的家务劳动。而在幼儿园要让每一位幼儿学会做值日,教师不但要明确交代任务,还应及时了解任务完成情况;区角活动结束后,提醒幼儿把活动区的操作材料整理好;与小朋友发生矛盾或遇到一点小困难时,要让孩子自己想办法解决,教师先不急于参与调解和帮助等。适时的放手,一方面锻炼孩子的思维能力,另一方面,让孩子积累经验,锻炼自己处理事情的能力。

3. 增强幼儿任务意识和时间观念

任务意识包含着坚持性、独立性、时间性的特点。幼儿园基本上没有强制性的任务,小学的任务则具有很强的强制性,完成任务的情况要受到老师的检查和奖惩。所以,要引导幼儿做事的专注性,养成在一定时间内独立完成一项任务的习惯。比如,教师改变了写通知给家长看的做法,让幼儿当传令兵,把教师布置的任务传达给家长,与此同时教师会把任务通知家长,此时,作为家长则应该提醒、督促幼儿完成任务,帮助幼儿提高准确转述他人意图的能力,使其进入小学后能清楚地向家长传达学校的信息。

小学生活必须严格遵守时间,要有较强的时间观念,所以要让幼儿建立时间概念和自觉遵守的良好习惯。比如,在幼儿园大班阶段可适当调整作息制度,适当延长集体活动时间,并让幼儿了解一日生活中比较固定的各环节的活动内容和活动时间,加深其对作息制度的认识。作为家长则应引导孩子合理安排放学回家后的活动内容。

🐎 案 例

科学做好幼小衔接

升入大班的第一次家长会上,班里的家长都提出了一个令他们很焦虑的问题:马上上小学了,怎样培养孩子的好习惯才能适应小学生活?亮亮的妈妈尤其着急,因为他们夫妻开了个小店,平时忙着做生意,对孩子无论在生活上还是学习上都不能很好地照顾,而且他们又住在窄小的营业房内,没有一个良好的学习环境,故孩子养成了自由散漫的性格,自理能力和生活能力都很差,学习习惯也不好,课上坐姿不良,不够专心听讲,对学习不感兴趣,为此,他们很苦恼。

案例分析:

孩子从幼儿园到入小学,是人生的道路上的第一个转折点,由于生活上习惯上的骤变以及课目的繁重,使许多孩子进入小学后出现疲劳、消瘦、害怕学习的现象,因此做好孩子入学前的准备工作非常重要。亮亮的情况属于个例,但很多孩子都有同样的问题,这需要幼儿园和家长共同努力,帮助孩子克服困难、养成良好的生活习惯和学习习惯,从而很快适应小学生活。

处理措施:

首先,我决定从孩子的心理准备上做好幼小衔接,要求家长也配合我们,为孩子准备书包、笔盒等文具,让孩子每天背着书包来幼儿园。其次,带孩子们参观小学,进入一年级与小学生坐在一起听老师讲课。回来后与孩子们一起畅想当上小学生、戴上红领巾的自豪感,激发孩子们对小学生活的向往之情,让孩子们从心理上做好上小学的准备。同时,不管是上课还是做操,我都要求孩子们坐要正、站要直,挺胸抬头,写写画画时握笔方法要正确,一尺一寸一拳。这样经过一段时间的训练后,孩子们的坐姿、站姿、写姿都得到了很好的改观,也告诉家长们在家时也与老师的要求保持,持之以恒,促进孩子良好习惯的养成。

第二,我也非常注重培养孩子们善于观察、勤于思考的良好习惯。上课时要求孩子们先观察、再思考,然后再提出问题,不但调动了孩子们的主观能动性,而且激发了孩子的学习兴趣。

第三，加强幼儿时间观念和独立完成任务等习惯的养成。我要求每个孩子都准时来园，每天安排一位小朋友做当天的值日班长，在保证安全的情况下帮助老师做力所能及的事情，任务完成后可以得到奖励，孩子们乐此不疲，很为自己能完成任务得到奖励而高兴呢。

（四）幼儿园"幼小衔接"工作的重点

在"幼小衔接"教育家园合作中，幼儿园始终处于主导地位。正如前苏联教育家马卡连柯在论述学校教育和家庭教育的关系时所说："学校应当领导家庭。"这是因为学校是专业的教育机构，教师是专职的教育工作者，懂得儿童身心发展的特点和规律，掌握着一定的科学教育方法，所以幼儿园理应比家庭更能认识到"幼小衔接"的重要性和目的性，应该发挥主动作用，多途径指导家庭教育工作，使家长和幼儿克服在"幼小衔接"阶段的不安和焦虑，轻松愉快的跨过这个"小门槛"。

1. 召开互动式家长会为家长把脉支招

越来越多的家长开始十分关注幼儿的"幼升小"问题，盲目地将眼光放到了学前班上，导致社会中各种形式的学前班不断涌现。为了促使家庭与幼儿园对幼小衔接教育达成共识，在教育内容和措施方面实现共策共育，互动式的家长会是非常实用的形式之一。通过家长会帮助家长了解幼小衔接教育的意义和具体的衔接内容，还可以请家长发表看法，提出建议并解答家长的疑问。

2. 邀请专家讲座，为家长指明方向

幼儿园可以邀请小学教师、幼儿教育专家，针对"幼小衔接"问题进行专题讲座。帮助家长更好地认识到"幼小衔接"教育的重要意义，用生动有趣的案例，向家长呈现"有效衔接"的策略与手段。帮助家长对"幼小衔接"教育形成正确的认识，了解应该从哪些方面为孩子做入学准备，如何配合幼儿园做好"幼小衔接"工作。

3. 重视个别交流，随时准备答疑解惑

教师在孩子来园、离园时与家长及时进行个别交流，了解家庭教育的情况。对有困惑的家长进行个别指导，教师根据孩子的实际情况和特点，给家长提出中肯的建议。

4. 搭建家园互动平台，做好"幼小衔接"顾问

幼儿园可以利用校园网、园讯通或家园沟通信息栏等搭建家园互动平台，在平台上教师可以向家长推荐好的家教读本，提供"幼小衔接"教育策略，做好"幼小衔接"教育方面的顾问。家长之间也可以互相传递相关的信息，交流困惑，分享经验。

5. 宣传理论知识，提供科学的理念、方法和策略

通过宣传橱窗，家园宣传栏，向家长宣传"幼小衔接"科学的方法、策略以及在幼小衔接方面家长需要配合的工作，介绍学前教育动态、孩子的各项活动以及有关科学育儿等方面的知识，让家长多渠道接收信息并付诸实践。

6. 安排适当的家教任务，将家园合作落到实处

有的家长非常重视幼儿的"幼小衔接"教育，但却无从下手，特别是在习惯培养方面。针对这种情况幼儿园可适当安排家庭教育任务，指导家长有的放矢地开展"幼小衔接"教育。比如，让幼儿有意识记教师布置的任务内容，并将信息告知家长，而家长务必认真督促幼儿尽快完成任务，通过这样的训练，幼儿进入小学可以很轻松地记住老师布置的作业，并能自觉尽快地完成，帮助其养成良好的学习习惯。

总之，幼小衔接教育是一项十分复杂的任务，它需要幼儿园、家庭和学校共同担当。当前，一些家长受社会经营性办学机构的误导以及"不让孩子输在起跑线上"等错误观念的影响，纷纷送孩子上学前

班,殊不知,幼儿的思维方式是由形象思维逐渐发展到抽象思维,即先产生形象,后才会生成概念。学前班"填鸭式"的教学方式,可以促使孩子强化记忆,但这些知识和技能不是孩子这个年龄阶段能够理解的内容。我们不能把大人的思维和要求强加于幼儿,无视他们的身心发展规律。因此,幼儿园教师要注意通过适当的方式,对家长进行科学引导,帮助家长树立正确的教育观念。幼儿园应积极与小学交流沟通,分享幼小衔接经验,促使家庭、学校与幼儿园形成教育合力,从观念到行为能够达成一致,协同帮助孩子愉快、顺利地进入小学,更快、更好地适应小学的生活与学习。

小　结

　　《规程》指出,幼儿园应当主动与幼儿家庭沟通合作,为家长提供科学育儿宣传指导,帮助家长创设良好的家庭教育环境,共同担负教育幼儿的任务。幼儿园与家庭、社区的协同教育是我国乃至世界学前教育发展的必然趋势。目前,我国幼儿园与家庭、社区的合作方式主要是以幼儿园为主导,家庭为基础,社区为依托。期望今后能在政府的支持引导下,构建幼儿园、家庭、社区三位一体的教育网络,共同关心幼儿健康成长,形成全社会齐抓共管的幼儿教育网络。促使幼儿教育从家庭和幼儿园走进社区这个大环境中,拓展更广阔的教育空间,将教育内容渗透在真实的生活中。

参考文献

1. 晏红.园本培训促进幼儿教师专业发展［M］.北京：中国轻工业出版社,2015.

2. 潘建林.团队建设与管理实务：第2版［M］.北京：机械工业出版社,2020.

3. 上海市教育委员会教学研究室.幼儿园课程图景：课程实施方案编制指南［M］.上海：华东师范大学出版社,2013.

4. 马虹,李峰等.幼儿园保教管理工作指南［M］.上海：华东师范大学出版社,2014

5. 崔岚,黄丽萍.如何当好教研组长［M］.上海：华东师范大学出版社,2011

6. 王蕾.基于教师专业发展的幼儿园骨干教师培训［J］.管理观察,2019（30）.

7. 杨晶.幼儿园新入职教师培训策略研究［J］.甘肃教育,2019（14）.

8. 董慧芳.幼儿园教学中教师师德规范建设研究［J］.当代教研论丛,2019（08）.

9. 李元萍.幼儿园教师信息素养的培养分析［J］.亚太教育,2019（08）.

10. 徐铭泽,王黎秋.幼儿园教师队伍素质提升的培训策略［J］.大连教育学院学报,2019（04）.

11. 魏玉华.浅谈如何增强干部培训思想政治教育的时效性［J］.国际公关,2019（08）.

12. 陈嵌.以教师专业发展为导向的高校专任教师思想政治教育培训体系研究［J］.黑龙江教师发展学院学报,2019（12）.

13. 申倩琳,曾彬.民办幼儿园教师专业素养培训方式实验研究［J］,教师教育学报,2020（01）.

14. 李晓巍,刘倩倩,郭媛芳.改革开放40年我国幼儿园、家庭、社区协同共育的发展与展望［J］.学前教育研究,2019（02）.

15. 朱家雄,张亚军.给幼儿园园长的建议［M］.上海：华东师范大学出版社,2010.

16. 陈迁.幼儿园管理的50个细节［M］.福州：福建教育出版社,2011.

17. 周成平.给校长一生的建议［M］.南京：南京大学出版社,2010.

18. 何幼华.幼儿园管理创意设计［M］.上海：华东师范大学出版社,2006.

19. 张燕,邢利娅.幼儿园管理案例及评析［M］.北京：北京师范大学出版社,2002.

20. 何幼华,郭宗莉,黄铮.园长的故事：幼儿园领导与管理案例［M］.上海：上海教育出版社,2010.

21. 陶金玲.民办幼儿园管理概论［M］.天津：天津教育出版社,2010.

22. 孙葆森,刘惠容,王悦群.幼儿教育法规与政策概论［M］.北京：北京师范大学出版社,1998.

23. 杨莉君.学前教育政策法规概论［M］.长沙：湖南师范大学出版社,2008.

24. 林雪卿.幼儿教育法规［M］.北京：科学出版社,2010.

25. 苗青.团队管理——理念与实务［M］.杭州：浙江大学出版社,2007.

26. 姚裕群.团队建设与管理［M］.北京：首都经济贸易大学出版社,2006.

27. 孙科柳,石强.团队管理工具箱[M].北京:中国电力出版社,2012.

28. 许卓娅.幼儿园课程理论与实践[M].南京:南京师范大学出版社,2002.

29. 李季湄,肖湘宁.幼儿园教育[M].北京:北京师范大学出版社,1997.

30. 丁昀.幼儿教育管理[M].北京:北京师范大学出版社,2001.

31. 伊丽莎白·琼斯,约翰·尼莫.生成课程[M].周欣等译.上海:华东师范大学出版社,2004.

32. 李子健,杨晓萍,殷洁.幼儿园园本课程开发的理论与实践[M].北京:人民教育出版社,2009.

33. 朱家雄.幼儿园课程[M].上海:华东师范大学出版社,2003.

34. 王春燕.中国学前课程百年发展与变革的历史研究[M].北京:教育科学出版社,2004.

35. 唐淑,钟昭华.中国学前教育史[M].北京:人民教育出版社,1993.

36. 陈群.幼儿园危机管理实务[M].北京:中国轻工业出版社,2009.

37. 杰克曼.早期教育课程——架起儿童通往世界的桥梁[M].杨巍等译.北京:中国轻工业出版社,2002.

38. 李沐明.幼儿教育词典[M].哈尔滨:黑龙江科学技术出版社,1987.

39. 罗宾斯,艾维.新校长成功策略[M].常永才等译.北京:中国轻工业出版社,2006.

40. 线亚威.幼儿园文化建设指导策略[M].北京:高等教育出版社,2011.

41. Patricia F. Hearron, Verna Hildebrand.幼儿园管理——儿童发展中心管理学:第5版[M].严冷等译.上海:华东师范大学出版社,2007.

42. 李洪伟等.巧化危机[M].北京:科学技术文献出版社,2006.

43. 虞莉莉.幼儿园教育案例专题研究[M].杭州:浙江大学出版社,2005.

44. 张燕.幼儿教师专业发展[M].北京:北京师范大学出版社,2006.

45. 陈鹤琴.家庭教育[M].上海:华东师范大学出版社,2006.

46. 杨永明,雍少宏.现代家庭教育的奥秘[M].银川:宁夏人民教育出版社,1998.

47. 袁月娥.幼儿园教育活动中的问题与策略[M].西安:陕西师范大学出版社,2009.

48. 袁爱玲,何秀英.幼儿园教育活动指导策略[M].北京:北京师范大学出版社,2007.

49. 李燕.学前儿童发展心理学[M].上海:华东师范大学出版社,2000.

50. 彭向刚.领导科学概论[M].北京:高等教育出版社,2007.

51. 夏红青.团队建设的四大误区[J].中国中小企业,2003(01).

52. 丁翎.办园理念与幼儿园发展[J].学前教育研究.2011(04).

53. 王继华.园所文化与园所品牌创建[J].中国教师.2011(02).

54. 童云玉.刍议幼儿园的品牌创建[J].福建基础教育研究.2009(6).

55. 陈秀眉.论幼儿园的品牌管理[J].教育导刊(下半月).2011(10).

56. 孙玉洁.思路决定出路——关于幼儿园办园特色的几点思考[J].山东教育.2003(Z3).

57. 冯玉桃.品牌建设是当代学校建设的主旋律[J].文教资料.2006(18).

58. 吴剑清.幼儿园家长工作的策略[J].早期教育(教师版).2012(06).

59. 顾荣芳.保护幼儿生命,促进幼儿健康:《纲要》幼儿健康教育思想解读[J].幼儿教育.2002(1).

60. 黄颖.一日活动中的安全隐患及预防措施[J].早期教育.2005(11).

61. 中华人民共和国教育部.幼儿园教育指导纲要(试行)[M].北京:北京师范大学出版社,2001.

62. 中华人民共和国教育部.3～6岁儿童学习与发展指南[M].北京:首都师范大学出版社,2012.

63. 中华人民共和国教育部. 基础教育课程改革纲要（试行）. 2001.

64. 教育部. 幼儿园教师专业标准（试行）. 2012.

65. 妈咪爱婴网 http://www.baby611.com

66. 跃儿教育网 http://www.liyueer.com

67. 道客巴巴 http://www.doc88.com

图书在版编目(CIP)数据

现代幼儿园管理实务/张欣,程志宏主编. —2版.—上海:复旦大学出版社,2020.6(2024.7
重印)
ISBN 978-7-309-15010-0

Ⅰ.①现… Ⅱ.①张… ②程… Ⅲ.①幼儿园-管理-幼儿师范学校-教材 Ⅳ.①G617

中国版本图书馆 CIP 数据核字(2020)第 073898 号

现代幼儿园管理实务(第二版)
张 欣 程志宏 主编
责任编辑/查 莉

复旦大学出版社有限公司出版发行
上海市国权路 579 号 邮编:200433
网址:fupnet@ fudanpress.com http://www.fudanpress.com
门市零售:86-21-65102580 团体订购:86-21-65104505
出版部电话:86-21-65642845
上海崇明裕安印刷厂

开本 890 毫米×1240 毫米 1/16 印张 11 字数 302 千字
2024 年 7 月第 2 版第 3 次印刷

ISBN 978-7-309-15010-0/G·2107
定价:38.00 元